PUHUA BOOKS

我们一起解决问题

弗布克流程设计与工作标准丛书

采购过程管控
流程设计与工作标准

流程设计・执行程序・工作标准・考核指标・执行规范

孙宗虎 编著

人 民 邮 电 出 版 社
北 京

图书在版编目（CIP）数据

采购过程管控流程设计与工作标准 ： 流程设计·执行程序·工作标准·考核指标·执行规范 / 孙宗虎编著. -- 北京 ： 人民邮电出版社, 2020.7（2021.12重印）
（弗布克流程设计与工作标准丛书）
ISBN 978-7-115-54249-6

Ⅰ. ①采… Ⅱ. ①孙… Ⅲ. ①企业管理－采购管理 Ⅳ. ①F274

中国版本图书馆CIP数据核字(2020)第099237号

内容提要

这是一本关于采购过程管理工作人员如何干好工作的图书，本书始于流程，细说过程，关注全程，附带规程，成于章程，体现了很强的操作性和实务性。

本书在介绍流程与流程管理的基础上，详细介绍了采购组织设计、采购规划与预算管控、供应商过程管控、采购价格与成本管控、采购谈判管控、采购合同管控、采购进度与质量管控、采购结算过程管控、采购稽核与绩效管控、现代采购方式管控、招标采购过程管控等12大采购管理事项。

本书适合企业中高层管理人员、采购管理从业者，尤其是采购管理流程设计者阅读，也适合高等院校采购管理专业师生、培训和管理咨询人员阅读与使用。

◆编　　著　孙宗虎
　责任编辑　程珍珍
　责任印制　彭志环
◆人民邮电出版社出版发行　　北京市丰台区成寿寺路11号
　邮编 100164　　电子邮件 315@ptpress.com.cn
　网址 https://www.ptpress.com.cn
　涿州市京南印刷厂印刷
◆开本：787×1092　1/16
　印张：17.5　　2020年7月第1版
　字数：350千字　　2021年12月河北第2次印刷

定　价：79.80元

读者服务热线：（010）81055656　印装质量热线：（010）81055316
反盗版热线：（010）81055315
广告经营许可证：京东市监广登字20170147号

“弗布克流程设计与工作标准丛书”序

“弗布克流程设计与工作标准丛书”自2007年上市以来受到了广大读者的认可，其间，结合广大读者提出的许多宝贵意见和管理发展现状，我们对这套书进行了改版。在此我们向通过邮件、电话给我们提出意见、指出错误的热心读者深表谢意！

为了满足广大读者细化内容、增强标准的实用性、添加考核指标、提供执行规范、更新业务流程的诉求，我们对本丛书中的15本图书再次进行了修订。

在借鉴前两版的基础上，我们对本丛书进行了全新的设计，务求根据读者的新诉求、管理的新变化、业务的新形态、技术的新发展，以流程化、标准化、绩效化和规范化为中心，直面企业的管理和业务两大类工作，提供工作流程，设计范本，细化包括执行程序、工作标准、考核指标、执行规范在内的整体工作解决方案，以实现向工作要效率、向管理要效能、向结果要价值的目标。

本丛书通过流程、程序、标准、指标和规范，把完成一项工作的所有过程要素“逐一细化，一网打尽”，从而让管理者、业务执行者能够更系统、更规范、更有效地完成工作任务，实现工作目标，倍增工作价值。

工作流程：让执行有导图可看，有路径可鉴。

工作程序：让执行有步骤可依，有重点可抓。

工作标准：让执行有依据可参，有尺度可量。

工作指标：让执行有结果可考，有效益可算。

工作规范：让执行有制度可循，有方案可用。

本丛书的写作始于流程，细说过程，关注全程，附带规程，成于章程。通过流程、过程、全程、规程，最终形成关于各项工作的章程。

始于流程：对每一项工作都绘制了工作流程图，将工作显性化、程序化、阶段化。

细说过程：对每个程序步骤都给出了重点提示，将工作关键化、细节化、重点化。

关注全程：对工作的进展和目标达成全程关注，将工作阶段化、进程化、成果化。

附带规程：对每项工作都附带了相关制度规范，将工作制度化、规范化、方案化。

成于章程：通过对工作的360度解析，最终形成一系列关于工作规则的规范性文书。

在修订图书的过程中，我们也考虑了技术变化对工作的影响，并将新技术对工作方式、工作方法、工作流程的改变，尽力体现在相关的流程、程序、标准、指标和规范的设计中。

本丛书试图通过完美的设计，并兼顾技术发展对工作的影响，为读者提供贴合工作实际的管理内容，以达到“人与事的完美结合”，实现从“如何做”向“如何有效地做”的转变，最终为读者提供一套关于“干工作、干好工作、追求卓越工作”的有效解决方案。

我们希望本丛书能够为您的管理工作减少一些流程设计方面的麻烦，为您提供流程设计方面的帮助，并为您和您的企业在工作规范化方面提供完备的章程。

您的意见对我们下次改版非常重要！再次期待您的宝贵建议！

2020 年 6 月

前言

《采购过程管控流程设计与工作标准：流程设计·执行程序·工作标准·考核指标·执行规范》是“弗布克流程设计与工作标准丛书”中的一本，这本书围绕采购过程管理工作的流程设计，辅以相应的工作标准，将采购管理12大事项的执行工作落实到具体的流程上，既解决了“由谁做”“做什么”的问题，也解决了“如何有效地做、按照什么标准做”的问题，本书提供了一套关于采购过程管理工作人员如何干工作、干好工作、追求卓越工作的有效解决方案。

为符足当前企业发展的大趋势及精细化管理的需求，本书在之前版本的基础上做了大量修订，具体如下。

一、重构了流程体系，使逻辑关系更清晰

首先，从整体内容结构上，本书重新梳理了流程的顺序，从“服务”与“管理”两大维度，将采购过程管理的工作划分为采购规划与预算管控、供应商过程管控、采购价格与成本管控、采购谈判管控、采购合同管控、采购进度与质量管控、采购结算过程管控、采购稽核与绩效管控、现代采购方式管控、招标采购过程管控等12大采购过程管理工作事项，理顺了采购过程管理的工作内容，使原有的流程更加符合当今企业的实际情况。

其次，根据梳理后的采购过程管理流程体系，结合当今企业更务实地推行流程管理的需要，本书又增补了一些新的流程和工作标准，进一步细化了采购过程管理的具体工作事项，使采购过程管理流程更加全面、详细，便于企业将流程管理应用到采购过程管理的每一个具体事项上。

最后，为方便企业推行流程管理或应用本书推行流程再造，本书的每一章都新设计了一节内容，即在进行流程设计之前，先对流程设计的目的或流程在企业中发挥的作用进行了说明，并给出了本章流程之间的内在逻辑关系，为企业选用本书流程时提供决策依据。

二、细化了管理过程，使内容更翔实

（1）对于某一个具体的流程，本书按企业运行实际重新梳理或更新流程的步骤，进一步细化、补充了流程中节点事项的工作标准，使采购过程管理流程、工作标准更符合采购过程管理的实际工作需要，方便企业相应部门的员工“拿来即用”。

（2）本书还针对采购过程管理流程中关键事项的落实与执行设计了相应的考核指标与操作说明，为流程中关键事项的执行效果提供考核依据，从而确保流程与工作标准能够得到高效执行，最终为企业推行流程管理提供有力的保障。

三、根据管理现状编写，使企业能据实而作

本书提供的是一本“参照式”流程设计范本。随着企业管理水平的不断提高，企业的流程与工作标准也在不断地发生变化，因此，读者在应用本书时可参考以下建议。

（1）对于本书中提供的采购过程管理流程与工作标准，读者可根据所在企业的实际情况加以适当修改或重新设计，使之更加适合本企业的情况。

（2）读者可参照本书中的流程，将所在企业每个部门内每个岗位的工作流程适当压缩，力求达到流程再造的目的，以求提高企业的运营效率。

（3）读者要在实践中不断改进已经形成的工作流程，真正做到因需而变，高效管理、高效工作，最终达成“赢在执行”的目标。

最后，衷心希望本书能为企业在采购过程管理方面推行流程管理提供业务运用层面的借鉴和实务性的解决方案。

再次感谢数以万计的读者对本书的支持与厚爱，没有你们这些“意见领袖”，就不会有对本书的这些改进和修订！

目录 Contents

第1章 流程与流程管理

第4章 供应商过程管控

第5章 采购价格与成本管控

第1章 流程与流程管理

管理的核心目标是用制度管人，按流程做事。不论是制度设计，还是流程设计，都是每一个企业要开展的工作，而且是每年都要循环开展的工作。

企业在进行流程设计之前，应先对流程的概念有一个清晰的认识，并在此基础上掌握流程图绘制的方法，选好绘制工具，然后着手设计。同时，企业要根据自身的运营情况，及时对流程进行修改、调整和再造。

1.1 流程

1.1.1 流程的定义

关于流程，不同的人有不同的看法。有人认为，流程就是程序，其实，“流程”和“程序”是两个互相关联但绝不等同的概念。“程序”体现出一件工作中若干作业项目哪个在前、哪个在后，即先做什么、后做什么。而在“流程”中，除了体现出先做什么、后做什么之外，还体现出每一项具体任务是由谁来做，即甲项工作由谁负责，乙项工作由谁负责等，从而反映出他们之间的工作关系。

只有通过流程，才能把一件工作的若干作业项目或工作环节，以及责任人之间的相互工作关系清晰地表示出来。

一般情况下，企业流程有以下五大特征：

（1）流程是为达成某一结果所必需的一系列活动；

（2）流程活动是可以被准确重复的过程；

（3）流程活动集合了所需的人员、设备、物料等；

（4）流程活动的投入、产出、品质和成本可以被衡量；

（5）流程活动的目标是为服务对象创造更多的价值。

我们不妨给流程下一个定义：“**流程就是为特定的服务对象或特定的市场提供特定的产品或服务所精心设计的一系列活动。**”

流程包括六大要素，即输入的资源、活动、活动的相互作用（结构）、输出的结果、服务对象和价值。流程的基本模式如图 1-1 所示。

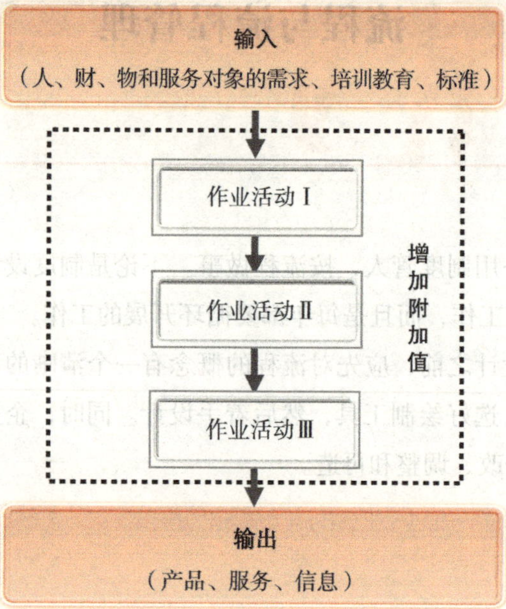
输入
（人、财、物和服务对象的需求、培训教育、标准）
作业活动Ⅰ
作业活动Ⅱ
作业活动Ⅲ
增加附加值
输出
（产品、服务、信息）

图 1-1　流程的基本模式

1.1.2　流程的分类

企业流程可分为决策流程、管理流程和业务流程三大类，具体内容如表 1-1 所示。

表 1-1　企业流程的分类

序号	类别	定义	特点 / 构成
1	决策流程	◎能确保企业达到战略目标的流程 ◎确定企业的发展方向和战略目标，整合、发展和分配企业资源的过程	◎股东、董事、监事会等组建流程 ◎战略、重大问题及投资流程 ◎企业决策流程的构成如图 1-2 所示
2	管理流程	◎企业开展各种管理活动的相关流程 ◎通过管理活动对企业业务的开展进行监督、控制、协调、服务，间接为企业创造价值	◎上级组织对下级组织的管控流程 ◎资源配置流程（人、财、物以及信息） ◎企业管理流程的构成如图 1-3 所示
3	业务流程	◎直接参与企业经营运作的相关流程 ◎安排完成某项工作的先后顺序，对每一步工作的标准、作业方式等内容做出明确规定，主要解决“如何完成工作”这一问题	◎涉及企业“产、供、销”环节 ◎包括核心流程和支持流程 ◎企业业务流程的构成如图 1-4 所示
备注	从企业经营活动角度来说，企业流程又可分为战略流程、经营流程和支持流程		

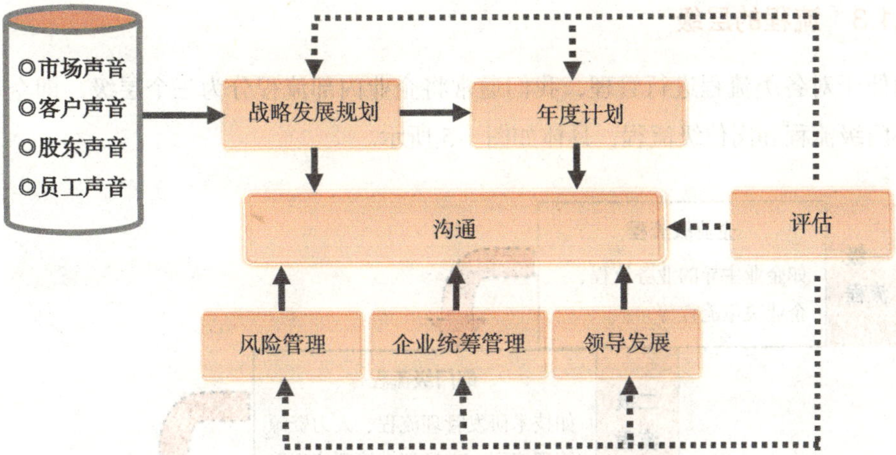
◎市场声音
◎客户声音
◎股东声音
◎员工声音
战略发展规划
年度计划
沟通
评估
风险管理
企业统筹管理
领导发展

图 1-2 企业决策流程的构成

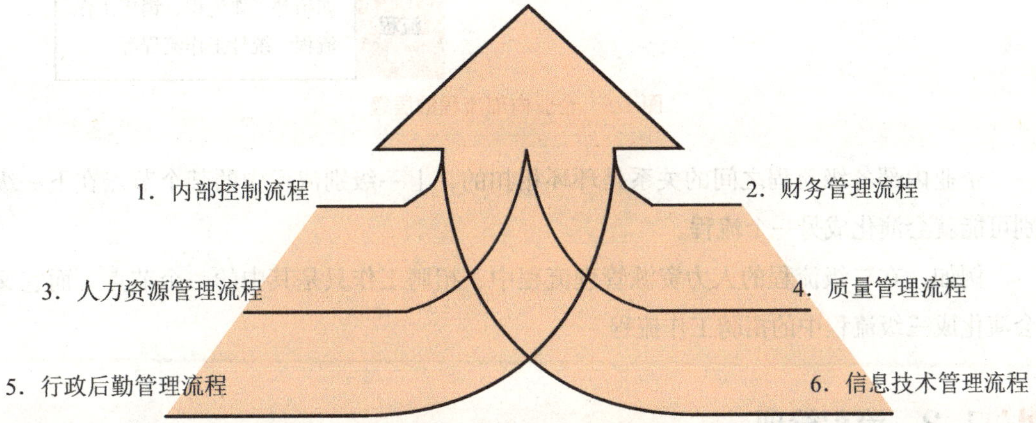
1. 内部控制流程
2. 财务管理流程
3. 人力资源管理流程
4. 质量管理流程
5. 行政后勤管理流程
6. 信息技术管理流程

图 1-3 企业管理流程的构成

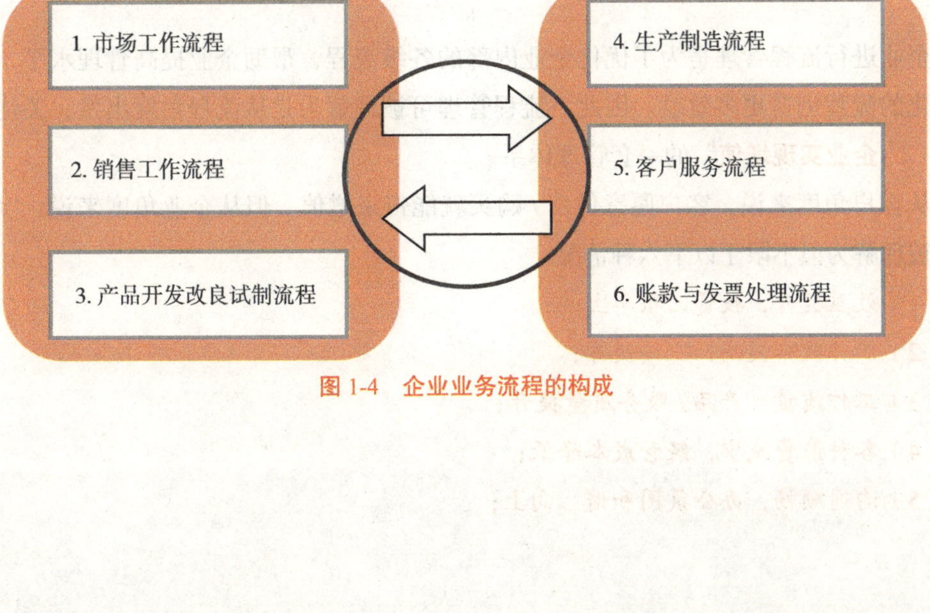
1. 市场工作流程
2. 销售工作流程
3. 产品开发改良试制流程
4. 生产制造流程
5. 客户服务流程
6. 账款与发票处理流程

图 1-4 企业业务流程的构成

1.1.3 流程的层级

为便于对各类流程进行管理，我们通常将企业内部流程分为三个层级，即企业级流程、部门级流程和岗位级流程，具体如图 1-5 所示。

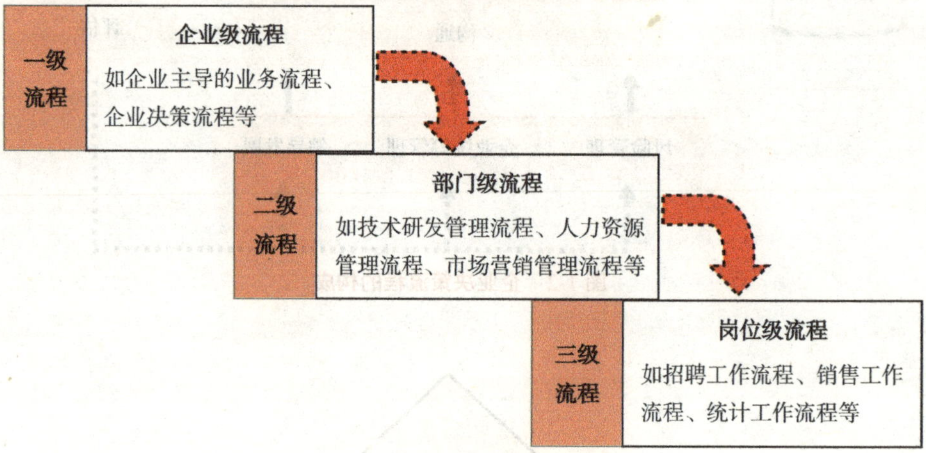
一级流程
企业级流程
如企业主导的业务流程、企业决策流程等
二级流程
部门级流程
如技术研发管理流程、人力资源管理流程、市场营销管理流程等
三级流程
岗位级流程
如招聘工作流程、销售工作流程、统计工作流程等

图 1-5 企业内部流程的层级

企业内部各级流程之间的关系是环环相扣的，上一级别流程中的某个节点在下一级别可能就会演化成另一个流程。

例如，在二级流程的人力资源管理流程中，招聘工作只是其中的一个节点，而它又会演化成三级流程中的招聘工作流程。

1.2 流程管理

1.2.1 流程管理的含义分析

企业进行流程管理是为了优化企业内部的各级流程，帮助企业提高管理水平，并通过优化的流程创造更多效益。因此，流程管理可被理解为是从流程角度出发，关注流程能否**“为企业实现增值”**的一套管理体系。

从客户角度来说，客户愿意付费 / 购买就能带来增值。但从企业角度来说，“增值”可以被理解为但不限于以下六种情况：

（1）效益提升，投资回报率上升；

（2）工作效率提高，业绩提升；

（3）工作质量、产品 / 服务质量提升；

（4）各种浪费减少，经营成本降低；

（5）沟通顺畅，办公氛围和谐、向上；

（6）品牌价值提升，知名度提升。

企业流程管理主要是对企业内部进行革新，解决职能重叠、中间层次多、流程堵塞等问题，使每个流程从头至尾责任界定清晰，职能不重叠、业务不重复，达到缩短流程周期、节约运作成本的目的。

1.2.2 流程管理的目标分析

流程管理是按业务流程标准，在职能管理系统授权下进行的一种横向例行管理，是一种以目标和服务对象为导向的责任人推动式管理。

流程管理的目标分析说明如表 1-2 所示。

表 1-2 流程管理的目标分析说明

项次	分析项	具体描述
1	流程管理的最终目的	◎提升客户满意度，提高企业的市场竞争能力 ◎提升企业绩效
2	流程管理的宗旨	◎通过精细化管理提高管控程度 ◎通过流程优化提高工作效率 ◎通过流程管理提高资源的合理配置程度 ◎快速实现管理复制
3	流程管理的总体目标	管理者依据企业的发展状况制定流程改善的总体目标
4	总体目标分解	在总体目标的指导下，制定每类业务或单位流程的改善目标
5	流程管理的工作标准与要求	◎保证业务流程面向客户，管理流程面向企业目标 ◎流程中的活动都是增值的活动 ◎员工的每一项活动都是实现企业目标的一部分 ◎流程持续改进
6	流程管理在企业发展各阶段的具体目的	企业需要根据自身发展阶段和遇到的具体问题对流程管理有所侧重 ◎梳理：工作顺畅，信息畅通 ◎显化：建立工作准则，便于查阅、了解流程，便于沟通并发现问题，便于复制流程以及对流程进行管理 ◎监控：找到监测点，监控流程绩效 ◎监督：便于上级对工作进行监督 ◎优化：不断改善工作，提升工作效率

1.2.3 流程管理工作的三个层级

总体来说，企业流程管理工作包括三个层级，即流程规范、流程优化和流程再造。各个层级的主要内容及适用情况如表 1-3 所示。

表 1-3　流程管理工作三个层级的主要内容及适用情况

层级划分	主要内容	关键输出	适用时机 / 阶段
第一层级 流程规范	整理企业流程，界定流程各环节的工作内容及相互之间的关系，形成业务的无缝衔接	流程清单 流程体系框架图 各流程图	适合所有企业的正常运营时期
第二层级 流程优化	流程的持续优化过程，持续审视企业的流程，不断完善和强化企业的流程体系	流程诊断表 流程清单（新） 流程体系框架图（新） 各流程图（新）	适合企业任何时期
第三层级 流程再造	重新审视企业的流程和再设计	流程再造分析报告 流程清单（新） 流程体系框架图（新） 各流程图（新）	适合企业变革时期，以适应企业变革阶段治理结构的变化、战略改变、商业模式变化，以及出现的新技术、新工艺、新产品、新市场等情况

需要注意的是，在流程建设管理工作中，企业应遵循“点面结合”的原则，在加强流程管理体系整体建设（面）的同时持续改进具体流程内容（点）。

1.3　流程管理工作的开展

1.3.1　项目启动

为确保流程能够满足企业战略发展的要求，企业需要从全局视角开展流程管理工作，构建企业流程体系框架，找到关键流程，设计出符合企业实际和发展需求的流程与流程体系。

企业可组建流程建设项目小组，启动流程建设项目的工作指引，具体如表 1-4 所示。

表 1-4　启动流程建设项目的工作指引

步骤	步骤细分	具体说明	责任主体	输出
启动流程建设项目	成立项目小组	具体参见表 1-5	流程管理部门	◎项目小组成员名单及职责说明 ◎项目工作计划
	选择规划工具或方法	包括基于岗位职责的建设方法（从下到上）、基于业务模型的建设方法（从下到上）和借助第三方（咨询公司）的流程建设方法等	流程管理部门	◎规划项目操作指引 ◎会议记录 / 纪要
	制订工作计划	明确项目里程碑，确定各项具体工作清单与步骤及其责任主体，可使用甘特图	流程规划项目组	

（续表）

步骤	步骤细分	具体说明	责任主体	输出
启动流程建设项目	发布项目操作指引	包括项目简介、工作计划、成员名单及职责、建设步骤方法、各步骤的详细操作说明、流程图模板、案例、已有流程清单、项目组激励方案等	流程管理部门	◎规划项目操作指引 ◎会议记录 / 纪要
	召开项目启动会	会议重点是项目整体介绍、背景及理念、角色与职责定位、总体计划、项目最终成果及意义等	流程管理部门	
备注	本阶段常用的工具或方法有甘特图、项目管理法等			

流程建设工作需要得到企业领导层的重视与支持，项目小组的组建及成员构成如表1-5所示。

表1-5　流程建设项目小组的组建及成员构成

角色定位	成员构成	主要职责
企业流程管理委员会	由企业高层领导组成，如总经理、各主管副总等，成员人数控制在3~5人	◎提供资源支持 ◎任命建设项目经理 ◎审核建设项目计划 ◎参与关键问题决策 ◎参与关键环节的建设及决策
流程建设项目经理	可由流程管理部门经理担任，也可考虑增设项目副总，由相关部门经理担任	◎编制项目计划 ◎监督项目成员完成目标 ◎评估项目成员工作表现
项目助理	可由流程管理部门人员担任	协助项目经理管理项目日常工作，如整理文档等
成员（各部门负责人）	项目成员应具有丰富的工作经验，多为各部门负责人，由其参与部门流程建设工作；也可指派部门人员参与项目小组的工作。各业务部门的流程应统一建设	◎根据项目计划，组织本部门完成相应的流程建设工作 ◎参与本部门流程图和企业全景流程图的绘制，宣贯和应用流程建设成果
成员（流程管理部门的人员）	流程管理部门的工作人员均应参与到项目中来	负责流程建设方法、工具的开发及各部门的相关培训与指导工作

1.3.2　识别流程

在识别流程阶段，企业需要做的是识别本企业有哪些流程，编制流程清单，界定流程之间的界限及为流程命名，帮助企业从流程的视角弄清企业管理现状，为后续的流程建设、每个流程的具体描述提供良好的基础。

由于各部门流程识别、流程清单的梳理对之后的工作至关重要，因此这项工作一般应由各部门领导牵头组织，先整理出部门业务流程主线，明确本部门的关键环节和核心业务，进而确定主要业务流程及流程之间的关系。识别流程阶段的工作指引如表 1-6 所示。

表 1-6 识别流程阶段的工作指引

步骤	步骤细分	具体说明	责任主体	输出
识别流程	流程建设培训	流程管理部门对各部门进行流程建设方面的培训，培训的重点是如何使用各种表格等，具体内容包括项目简介、涉及的概念、目的和产出、职责划分、建设步骤、表格编制、工作计划、答疑等	流程管理部门	◎培训课程 ◎培训计划 ◎部门流程清单 ◎企业流程清单（参见表 1-7）
	各部门流程识别	进行部门内岗位分析、业务线分析；将职责分解，细化到岗位、业务活动，并按活动的先后顺序排列，提炼出流程；界定流程的上下接口、输入输出及责任主体；汇总部门内流程，编制部门流程清单	各部门，包括岗位代表人员、部门负责人	
	编制企业流程清单	流程管理部门汇总各部门流程清单，与各部门充分沟通，删除重复流程，查漏补缺，形成企业流程清单	流程管理部门	
备注	本阶段常用的工具及方法有战略地图、业务单元分析法、部门职能分析法、岗位工作分析法等			

1.3.3 构建流程清单

流程建设项目小组在本阶段的主要任务是与各部门进行沟通、讨论，对企业流程进行分类和分级，构建企业流程框架，输出企业流程清单，具体如表 1-7 所示。

表 1-7 企业流程清单

序号	一级流程	二级流程	三级流程	归口管理部门	流程状态
备注	流程状态的填写说明：1——流程已有且有效；2——流程已有，待梳理；3——无文件，待设计梳理				

1.3.4 评估流程重要程度

本阶段的工作任务是评估企业流程的重要程度，识别出关键流程、核心流程等，将其作为流程设计、运行管理、优化再造工作的重点，以提高企业流程建设工作的效率和效益。

企业的所有活动都是为了提高客户的满意度，实现价值，企业流程重要程度的衡量标准是流程的增值性。一般情况下，直接与客户产生业务关系的流程（如售后服务流程）、与企业核心竞争力相关的流程（如产品质量管理流程）等为企业的重要流程。

表 1-8 为某公司流程建设项目的流程重要程度评估分析表，供读者参考。

表 1-8　某公司流程建设项目的流程重要程度评估分析表

流程名称	与客户相关度（30%）	与整体绩效相关度（30%）	与战略相关度（25%）	流程横向跨度（15%）	评估得分	重要程度等级
×××× 流程	60	60	60	60	60	
用表说明	1. 以“×××× 流程”的评估为基准，其他各流程与之对比 2. 各评估项单项总分为 100 分，各单项评分乘以权重后的“和”为总分 3. 重要程度评估根据最终评分结果，采取强制百分比法，排名前 5% 的为 A 级流程，排名前 5% ~ 20%（包含）的为 B 级流程，排名前 20% ~ 30%（包含）的为 C 级流程，排名前 30% ~ 50%（包含）的为 D 级流程，其他为 E 级流程 4. 评级结果为 A、B、C 级的流程要重点管理					

1.3.5　完善体系框架

完成流程重要程度评估分析后，企业需要在流程清单的基础上进一步完善流程体系框架，标注流程的重要程度等级，具体如表 1-9 所示。

表 1-9　企业流程的重要程度等级

一级流程	二级流程	三级流程	归口管理部门	流程状态
×××× 流程（B 级）	×××× 流程（B 级）	×××× 流程（A 级）		
		×××× 流程（B 级）		
	×××× 流程（C 级）	×××× 流程（C 级）		
		×××× 流程（D 级）		

1.3.6　进行流程设计

企业在进行流程设计时，可遵循以下七个步骤。

第 1 步：界定流程范围

流程设计的第 1 步是界定流程范围，即确定信息的输入和输出。

在这一环节，企业需要回答以下几个问题。

- 有哪些流程业务活动？
- 流程从何处开始、何处终止？
- 流程的输入和输出是什么？
- 输出的成果交给谁（客户）？
- 客户有何要求？

在此，我们以设计“外部招聘管理流程”为例，来说明流程范围界定，具体内容如表 1-10 所示。

表 1-10　外部招聘管理流程范围界定

流程名称	外部招聘管理流程	流程编号	
流程责任部门 / 责任人	人力资源部 / 招聘主管	流程对应客户	各用人部门
本流程业务活动	人力资源部招聘、面试、录用管理工作		
流程开始	招聘需求	流程结束	录用决策、签订劳动合同
流程输入	已批准的招聘计划、临时招聘需求	流程输出	面试评估报告、劳动合同
流程客户要求（目标）	1. 期限内完成招聘任务 2. 人岗匹配		

第 2 步：确定流程活动的主要步骤

流程设计人员在界定完流程范围后，接下来需要进行调查分析，确定本流程活动的主要步骤，操作方法如图 1-6 所示。

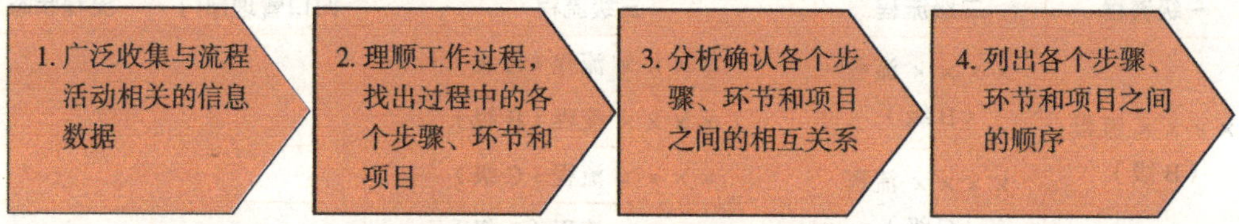
1. 广泛收集与流程活动相关的信息数据
2. 理顺工作过程，找出过程中的各个步骤、环节和项目
3. 分析确认各个步骤、环节和项目之间的相互关系
4. 列出各个步骤、环节和项目之间的顺序

图 1-6　确定流程活动的主要步骤

我们以设计“外部招聘管理流程”为例，其主要步骤（参见表 1-11）包括招聘需求汇总、招聘岗位分析与条件确定、发布招聘信息、简历收取与筛选、面试与评估、做出录用决策、签订劳动合同及试用期管理等。

第 3 步：步骤详细说明

本阶段应针对已确定的流程活动的主要步骤进行分析和描述，需要完成的工作如下：

- 分析每一个步骤的输入、输出（成果）；

- 明确后续步骤的客户要求；
- 确定每一步骤工作 / 活动的检查、考核、评估指标；
- 确定每一步骤涉及的部门 / 人员，明确其责任、权限和资源需求；
- 确定本流程的层次及与上下层级之间的关系。

我们仍以设计“外部招聘管理流程”为例，本阶段流程活动的主要步骤及具体描述如表 1-11 所示。

表 1-11　外部招聘管理流程活动的主要步骤及具体描述

流程名称	外部招聘管理流程	流程编号	
流程责任部门 / 责任人	人力资源部 / 招聘主管	流程对应客户	各用人部门
本流程业务活动	人力资源部招聘、面试、录用管理工作		
流程开始	招聘需求	流程结束	录用决策、签订劳动合同
流程输入	已批准的招聘计划、临时招聘需求	流程输出	面试评估报告、劳动合同
流程客户要求（目标）	1. 期限内完成招聘任务 2. 人岗匹配		
流程步骤	**步骤描述**	**重要输入**	**重要输出**
招聘需求汇总	人力资源部在经过批准的年度招聘计划指导下，按时进行计划内的人员招聘工作	招聘计划	—
	计划外招聘需由部门提出招聘申请并拟定上岗要求和资格条件，报总经理或相关副总经理审核	岗位说明书	招聘岗位清单
招聘岗位分析与条件确定	人力资源部根据当时的市场薪资行情和企业薪资架构体系，初步拟定待招聘的职位等级及基本薪资范围	—	—
招聘岗位分析与条件确定	根据待招聘职位的高低，呈交相应的决策层核准，之后正式启动招聘工作 ◎部门经理及以上管理职位由总裁核准 ◎部门主管及主管以下职位由分管人力资源副总经理核准	—	—
发布招聘信息	通过内外部多种渠道发布招聘信息，同时收集人才资料，可经由下列方式进行 ◎刊登内部职位空缺公告 ◎刊登报纸广告 ◎接洽人才中介机构 ◎请高校推荐 ◎参加人才交流会等	岗位说明书	招聘广告

（续表）

简历收取与筛选	人力资源部收到应聘者的各项资料后，先进行初步审核，审阅其学历、经验是否符合企业要求，再将审核通过的应聘者的资料转交用人部门进一步审核，通过书面资料审核淘汰一部分不符合岗位要求的应聘者	应聘简历	面试人员清单
面试与评估	由人力资源部主导，对通过审核的应聘者进行笔试及面试，从人员的基本素质方面进行评估，筛选出符合要求的应聘者	面试清单	面试记录 面试评估表
	在人力资源部的协助下，由相关业务部门的人员对应聘者进行专业技能考核	—	面试评估表
	◎主管级别及以下职位由副总经理进行最终面试 ◎部门经理及以上管理职位由总经理进行最终面试	—	面试评估表
做出录用决策	根据企业高层领导及用人部门的意见，人力资源部告知被录用者其最终职位和薪资金额	—	—
	将其他优秀但未被录用的应聘者的资料存入人才库	—	人才库
	通过面试的应聘者必须参加体检，体检未通过者不予录用	—	体检报告
签订劳动合同	人力资源部发出录用通知单，与被录用者签订劳动合同，并根据招聘/录用管理制度为被录用者办理相关的入职手续	—	劳动合同
试用期管理	执行试用期管理流程	—	—
考核评估方法	招聘任务是否按期完成、招聘人数完成率、招聘计划出错次数、招聘广告出错次数等		

第 4 步：选择流程形式

根据流程的分类、层级、复杂程度，以及流程活动的内部关联性等因素，企业流程主要有四种展现形式，即箭头式流程图、业务流程图、矩阵式流程图和泳道式流程图。

☆ 箭头式流程图

箭头式流程图的特点是直观、一目了然，适用于企业员工都熟悉流程中各项作业概况的情况或流程中各项作业任务较简单的情况。箭头式流程图的示例如图 1-7 所示。

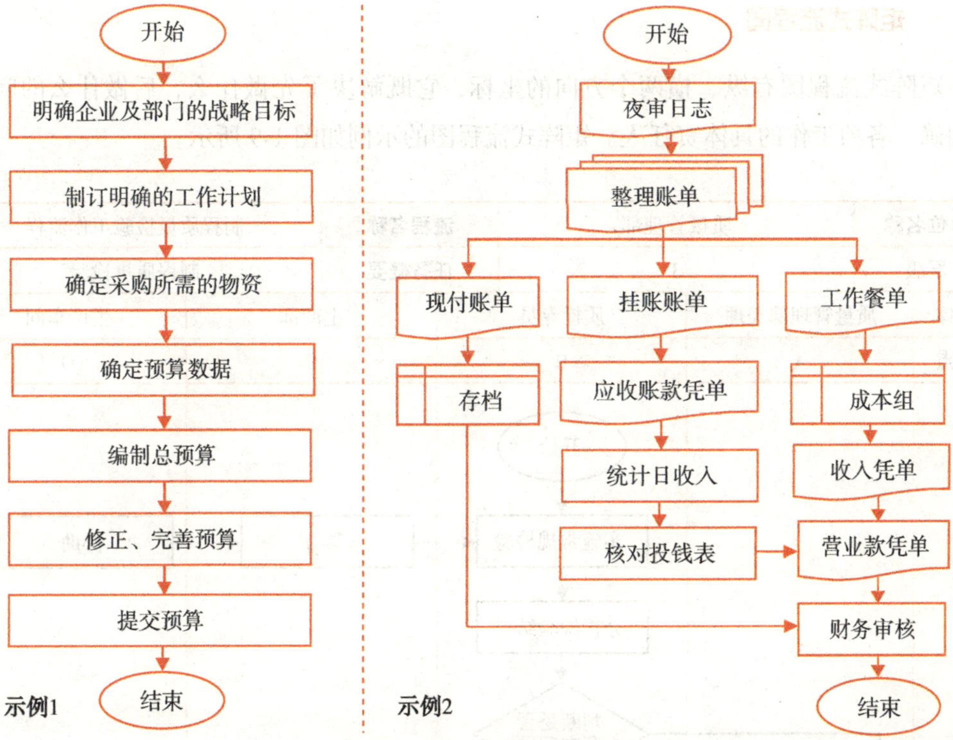
开始
明确企业及部门的战略目标
制订明确的工作计划
确定采购所需的物资
确定预算数据
编制总预算
修正、完善预算
提交预算
结束
示例1
开始
夜审日志
整理账单
现付账单
挂账账单
工作餐单
存档
应收账款凭单
成本组
统计日收入
收入凭单
核对投钱表
营业款凭单
财务审核
结束
示例2

图 1-7　箭头式流程图的示例

企业在设计箭头式流程图时，需要注意以下两个问题。

- 在图中明确执行主体，如果是单一的执行主体，可将执行主体省略。
- 用简洁的语言对流程图中的主要活动进行解释说明，以进一步明确活动要求和指令。

☆ 业务流程图

在业务流程图中，需要明确流程的上下执行主体、活动内容、要求及指令，并将要求和指令用统一的语言表达出来。流程活动的承担者之间必须是平等、互助、尊重、关怀的关系。业务流程图的示例如图 1-8 所示。

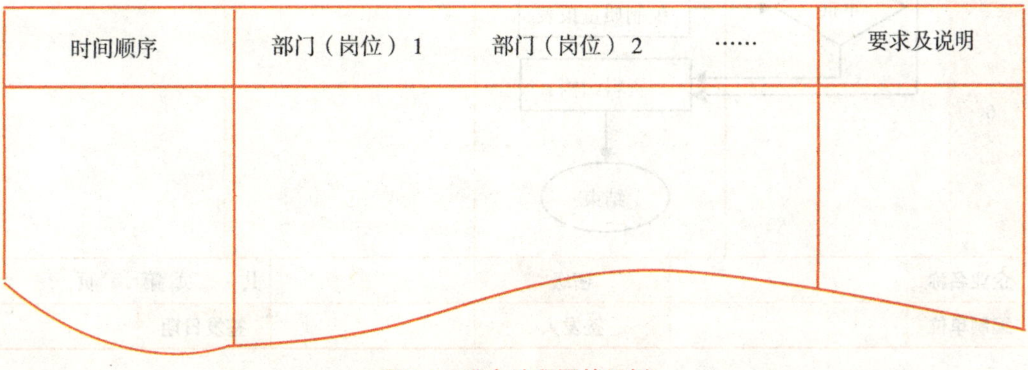
时间顺序
部门（岗位）1
部门（岗位）2
……
要求及说明

图 1-8　业务流程图的示例

☆ 矩阵式流程图

矩阵式流程图有纵、横两个方向的坐标，它既解决了先做什么、后做什么的问题，又明确了各项工作的具体责任人。矩阵式流程图的示例如图 1-9 所示。

单位名称	质量管理部	流程名称	制程质量检验工作流程
层级	3	任务概要	制程质量检验

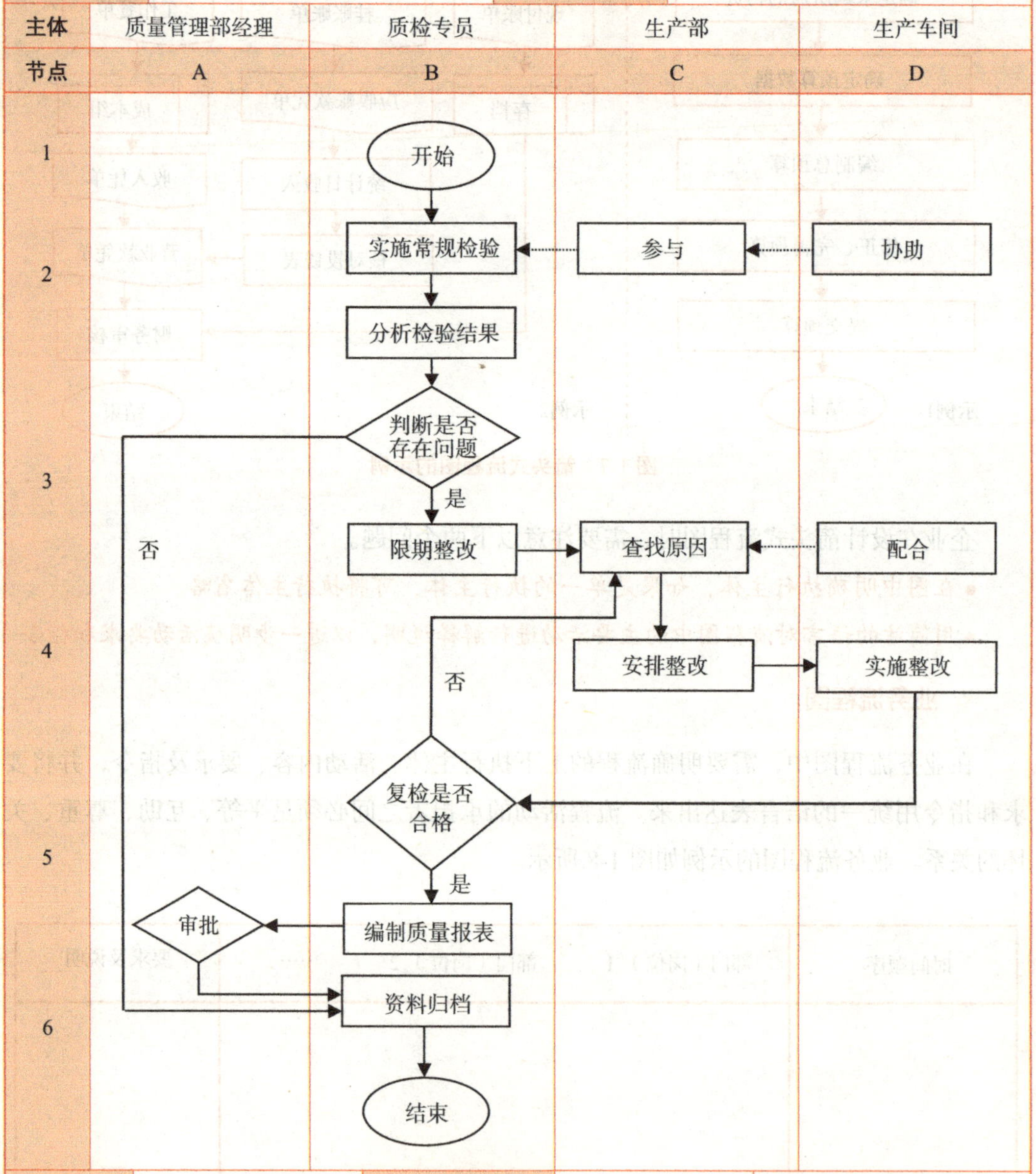

主体
质量管理部经理
质检专员
生产部
生产车间
节点
A
B
C
D
1
2
3
4
5
6
开始
实施常规检验
参与
协助
分析检验结果
判断是否存在问题
是
否
限期整改
查找原因
配合
安排整改
实施整改
否
复检是否合格
是
审批
编制质量报表
资料归档
结束

企业名称		密级		共　　页 第　　页	
编制单位		签发人		签发日期	

图 1-9　矩阵式流程图的示例

☆ 泳道式流程图

与矩阵式流程图相似，泳道式流程图也是通过纵、横双向坐标来设计流程，纵向为分项工作任务，横向是承担任务的部门、岗位（即执行主体）。

这种流程图样式与其他流程图类似，但在业务流程的执行主体上，主要通过泳道（纵向条）区分执行主体。泳道式流程图的示例如图 1-10 所示。

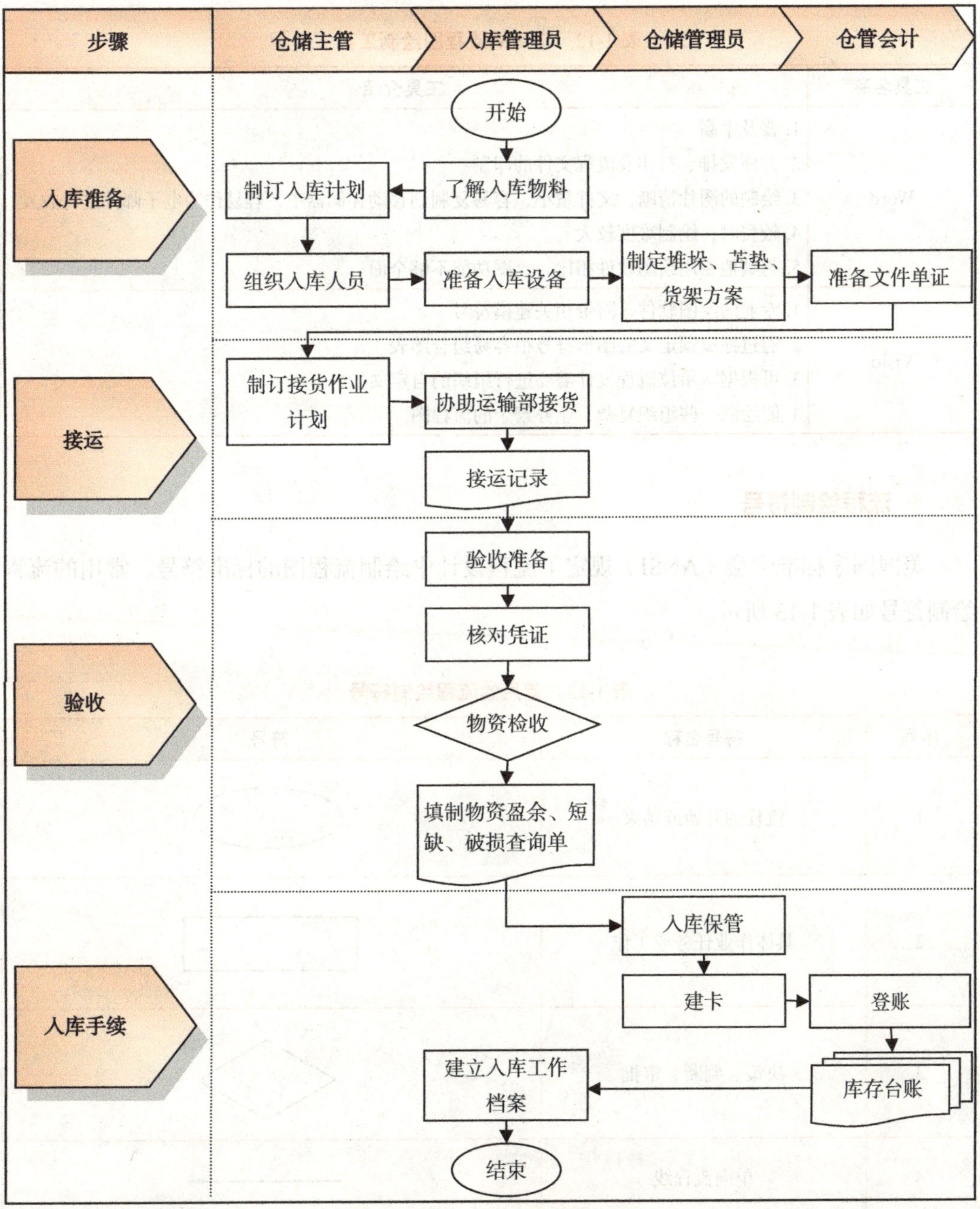

步骤
仓储主管
入库管理员
仓储管理员
仓管会计
入库准备
接运
验收
入库手续
开始
制订入库计划
了解入库物料
组织入库人员
准备入库设备
制定堆垛、苫垫、货架方案
准备文件单证
制订接货作业计划
协助运输部接货
接运记录
验收准备
核对凭证
物资检收
填制物资盈余、短缺、破损查询单
入库保管
建卡
登账
建立入库工作档案
库存台账
结束

图 1-10　泳道式流程图的示例

第 5 步：绘制流程草图

流程图的绘制是指流程设计人员将流程设计或流程再造的成果以书面形式呈现出来。

☆ 绘制工具的选择

绘制流程图常用的工具有 Word、Visio 等，这两个工具各有各的特点（见表 1-12），流程图设计人员可根据本企业流程设计的要求、个人的使用习惯等自由选择。

表 1-12　常用的流程图绘制工具

工具名称	工具介绍
Word	1. 普及率高 2. 方便发排、打印及流程文件的印制 3. 绘制的图片清晰，文件量小，容易复制到移动存储器中，容易作为电子邮件进行收发 4. 较费时，绘制难度较大 5. 与其他专用绘图软件相比，绘图功能不够全面
Visio	1. 专业的绘图软件，附带相关建模符号 2. 通过拖曳预定义的图形符号很容易组合图表 3. 可根据本单位流程设计需要进行组织的自定义 4. 能绘制一些组织复杂、业务繁杂的流程图

☆ 流程绘制符号

美国国家标准学会（ANSI）规定了流程设计中绘制流程图的标准符号，常用的流程绘制符号如表 1-13 所示。

表 1-13　常用的流程绘制符号

序号	符号名称	符号
1	流程的开始或结束	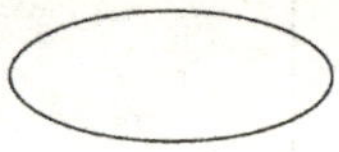
2	具体作业任务或工作	
3	决策、判断、审批	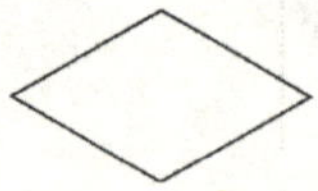
4	单向流程线	

（续表）

序号	符号名称	符号
5	双向流程线	
6	两项工作跨越、不相交	
7	两项工作连接	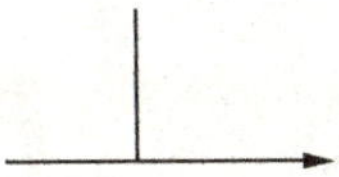
8	作业过程中涉及的文档信息	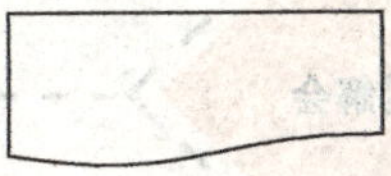
9	作业过程中涉及的多文档信息	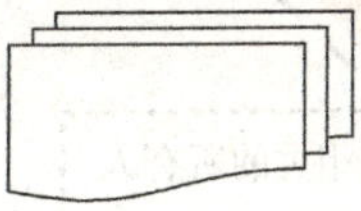
10	与本流程关联的其他流程	
11	信息来源	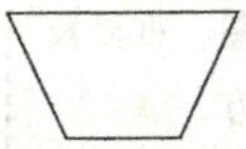
12	信息储存与输出	

实际上，流程绘制的标准符号远不止表 1-13 所列的这些。但是，流程图的绘制越简洁、明了，操作起来就越方便，企业也更容易接受和落实；符号越多，流程图就越复杂，越难以落实到位。所以，一般情况下，企业使用 1~4 项流程绘制的标准符号就基本可以满足绘制流程图的需要了。

☆ **绘制草图**

不同的流程展现形式体现了不同层次的流程。例如，一二级流程适合用矩阵式流程图和泳道式流程图呈现，而三级流程中的部分业务流程适合用箭头式流程图和业务流程图呈现。

值得一提的是，流程设计人员在绘制流程图的过程中，需要确定该流程与上下游流程之间的接口，以及与规范流程运行要求相关联的制度之间的关系，并根据实际情况尽量将其在流程图中反映出来，如流程图中可根据流程节点给出相应的制度、表单等。

第 6 步：流程意见反馈

流程图绘制完成后，需要通过意见征询、试运行等方式获得相关意见和建议，发现不足和纰漏，以便对其做出进一步修改和完善，直至最终定稿。

针对初步绘制的流程图，流程设计人员可通过以下三种方式征求各方的意见，具体如图 1-11 所示。

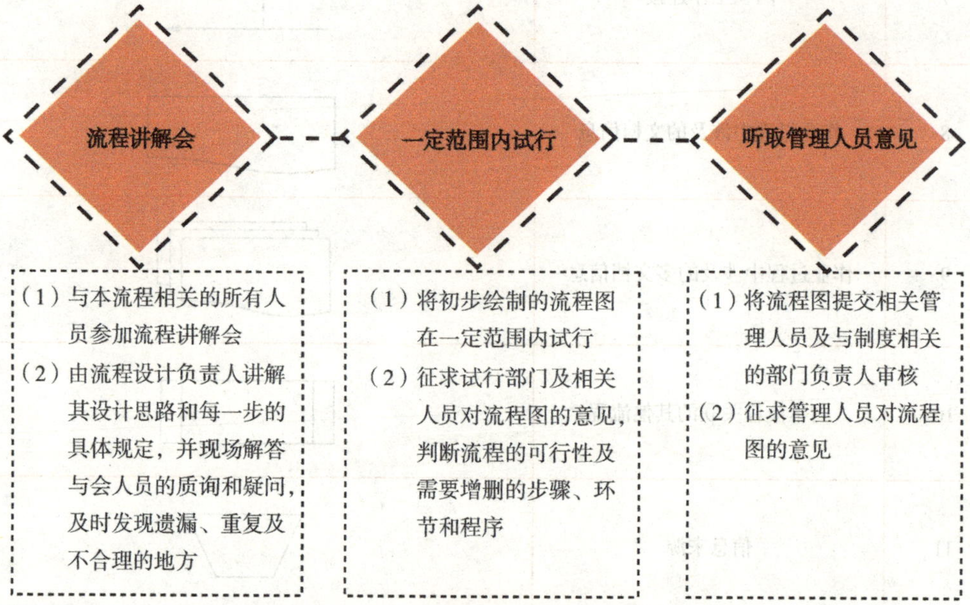

流程讲解会
一定范围内试行
听取管理人员意见
（1）与本流程相关的所有人员参加流程讲解会
（2）由流程设计负责人讲解其设计思路和每一步的具体规定，并现场解答与会人员的质询和疑问，及时发现遗漏、重复及不合理的地方
（1）将初步绘制的流程图在一定范围内试行
（2）征求试行部门及相关人员对流程图的意见，判断流程的可行性及需要增删的步骤、环节和程序
（1）将流程图提交相关管理人员及与制度相关的部门负责人审核
（2）征求管理人员对流程图的意见

图 1-11　流程图草案意见征询方式

第 7 步：流程调整修正

通过上述方式进行意见征询后，流程设计人员应综合分析意见征询结果，汇总各种修改意见，对流程图进行修改和完善，提交权限主管领导审核后再呈交总经理批准，或在董事会审议通过后公示执行。

☆ 流程定稿要求

老员工能够按流程图做事，新员工能够根据流程图知道怎样做事。

☆ 流程试运行与检查

流程设计人员要监控流程试运行过程，检查并汇总试运行过程中出现的问题，做好检查记录，为问题分析和流程改善做准备。流程实施与检查内容说明如表 1-14 所示。

表 1-14　流程实施与检查内容说明

项次	检查项目	具体检查内容
1	检查流程是否稳定	◎在实施过程中是否出现例外活动 ◎在实施过程中是否出现步骤、时间、权责方面的冲突 ◎是否出现上一部分的步骤成果（输入）不能充分影响下一步骤的活动 ◎是否出现资源（特别是人力资源）与任务不匹配的情况
2	检查程序是否合理	◎适宜性：程序适应内外部环境变化的能力 ◎充分性：程序各过程的展开程度 ◎有效性：达到的结果与所使用的资源之间的关系，确保程序的经济性

☆ 流程简化

流程简化的目标是用最少的资源执行流程，减少资源浪费。流程简化的方法包括取消环节、合并环节、环节调序、简单化环节、自动化环节以及一体化环节等。

流程简化工作的一般操作方法如下：

- 对评估流程进行再评估，确认和削减增加资源耗费的活动；
- 评估各种测量方法，判断其能否提供有用和可控的信息；
- 缩短时间，测试输出数量 / 质量是否相应减少；
- 依据上述变动调整程序简化计划；
- 将程序置于自动运行状态，通过周期性检查发现问题。

1.3.7 发布、实施与检查

1. 流程的确定与发布

流程设计人员将经过实践检验的流程图提交企业领导审核签字后，以适当的方式向全体员工公示，并自公示之日起生效，便于员工遵照执行。

一般情况下，常用的流程公示方式有四种，企业可根据实际情况选择运用，具体做法如表 1-15 所示。

表 1-15　流程公示的四种方式及操作说明

序号	公示方式	操作说明
1	全文公告公示	在企业公共区域将流程图及相关说明全文公告，并将公告现场以拍照、录像等方式记录备案
2	集中学习	召开员工会议或组织员工进行集中学习、培训，并让员工签到确认参与了学习或培训

（续表）

序号	公示方式	操作说明
3	员工阅读并签字确认	将流程及相关说明做成电子或纸质文件交由员工阅读并签字确认。确认方式包括在流程文件的尾页签名、另行制作表格登记、制作单页的“声明”或“保证”
4	作为劳动合同附件	将流程文件作为劳动合同的附件，在劳动合同专项条款中约定“劳动者已经详细阅读，并自愿遵守本企业的各项规定”等内容

企业的经营管理人员或人力资源管理人员，对流程公示工作要细心谨慎，注意以下两大事项。

事项 1：务必让当事人知晓

务必将相关通知、决定等送到当事人手中，而不是“通告一贴，高高挂起”，要确保能够达到公示与告知的目的。

事项 2：注意留存公示的证据

不同的公示方式有不同的证据留存方式。例如，让员工在“签阅确认函”上签字确认，可签“已经阅读、明了，并且承诺遵守”等。

2. 优化流程实施的环境

设计了流程并不意味着企业的运行效率和经济效益必然会有大幅度的提高，更重要的工作是抓好流程管理的落实。

在管理和实施流程的过程中，企业不能忽视对流程实施环境的管理，应该注意以下几点。

- **建立合适的企业文化**

企业流程设计或再造一般均以流程为中心、以追求客户满意度的最大化为目标，这就要求企业从传统的职能管理向过程管理转变。

企业在实施流程管理时，需要改变过去的传统观念和习惯做法，建立一种能够适应这种转变的以“积极向上、追求变革、崇尚效率”为特征的企业文化，以使每个流程中的各项活动都能实现最大化增值的目标，为企业经济效益的提高做贡献。

- **提高企业领导对流程管理的认识**

提高企业领导，特别是企业高层领导对流程管理的认识是企业发展中的重要问题，是企业提高运营效率和经济效益的重要措施，是企业战胜竞争对手的主要手段，是企业发展战略的重要因素。

只有企业的董事长、总经理、总监等高层领导重视流程管理，才能推动企业的流程再造，实施才能见到效果。

- **加强培训，使企业上下共同提高对流程的认识**

在实施流程管理的过程中，企业高、中层管理人员是推动流程管理的骨干，广大员工则是推动流程管理的重要力量。

通过培训，使企业的管理团队与员工提高对流程设计或再造的认识，共同认识到流程的意义，认识到流程再造对企业生存和发展的作用，只有这样推动与实施流程再造，才能达到良好的效果。

此外，通过培训，可以提高员工的自觉性，使员工自觉遵守新的流程。

3. 实现流程的有效落实

企业的流程图绘制完毕、装订成册后，应发给企业各部门，以便员工遵照执行。流程图实际上是企业的一项规章制度，它可以帮助企业建立正常的工作规则和工作秩序。

以下是流程有效落实的四种思路，具体如图 1-12 所示。

新员工入职流程、制度培训
明确流程负责人，实行问责制
流程E化
流程制度化

注：流程 E 化是指应用现有的 IT 技术，实现企业各项管理和业务流程的电子化。

图 1-12　流程有效落实的四种思路

4. 开展有针对性的流程检查

流程检查的目的是提高企业的效益，保证流程目标的最终实现。

- 控制流程检查的成本投入。流程检查成本投入需要与该流程的产出价值相匹配，否则既浪费资源，又不能创造价值。企业在流程检查工作中要有成本意识，强化“投资回报”的概念。
- 把握好流程检查的度。在设计流程检查方案时，需要确定流程检查的精细度、频次及抽样方法，控制检查成本。流程检查工作要抓住关键流程，抓住流程的关键环节，结合实际情况和流程的运转时间确定流程检查的频次和抽样方式。

5. 流程检查重点的选取

流程检查需要与流程实际执行情况相匹配，合理设置流程关键控制点。

- 对于流程成熟度高（流程绩效表现合理且稳定）、人员能力较强的流程，企业可降低检查投入，也可取消相关的关键控制点。
- 对于流程成熟度较低（流程绩效波动较大）的流程，企业需要加强对该流程的检查力度或新增关键控制点，以稳定流程绩效。

流程检查重点选取的矩阵分析如图 1-13 所示。

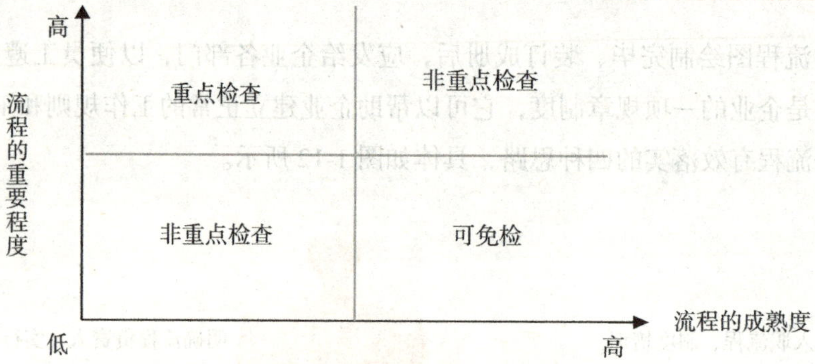

高
流程的重要程度
重点检查
非重点检查
非重点检查
可免检
低
流程的成熟度
高

注：流程的重要程度评估请参照本章 1.3.4 所述。

图 1-13 流程检查重点选取的矩阵分析

6. 流程检查工作的实施程序

流程检查工作的实施程序如图 1-14 所示。

7. 流程绩效评估与改进

从本质上看，流程绩效评估是为企业战略与经营服务的，企业需要对某些关键的流程进行绩效评估，将流程绩效作为企业绩效管理的一个重要维度。

- **确定流程的绩效目标**

企业战略目标被分解为部门绩效目标与岗位绩效目标，并被包含在关键流程中，即流程被赋予绩效目标。因此，流程的绩效评估需围绕目标展开，实行目标导向的流程绩效评估。

- **流程绩效评估维度**

企业流程绩效评估的维度及指标如表 1-16 所示。

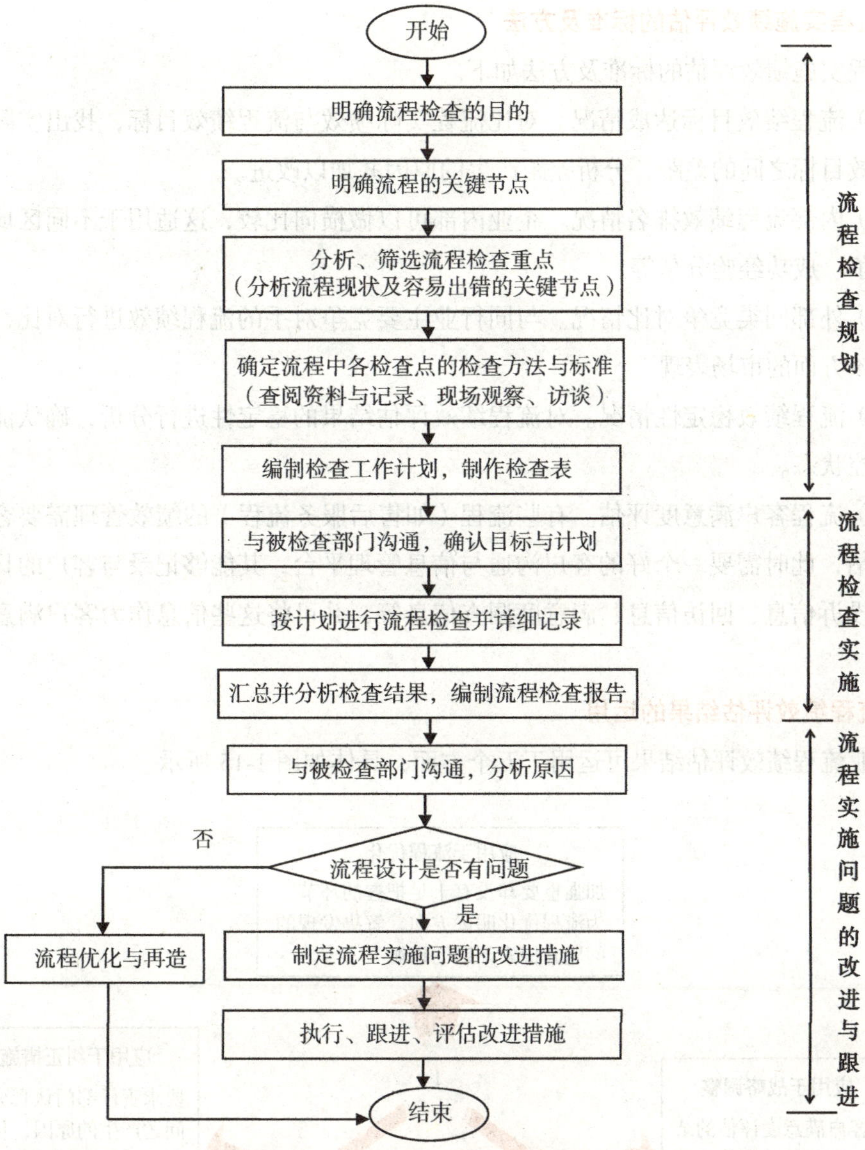
开始
明确流程检查的目的
明确流程的关键节点
分析、筛选流程检查重点
（分析流程现状及容易出错的关键节点）
确定流程中各检查点的检查方法与标准
（查阅资料与记录、现场观察、访谈）
编制检查工作计划，制作检查表
与被检查部门沟通，确认目标与计划
按计划进行流程检查并详细记录
汇总并分析检查结果，编制流程检查报告
与被检查部门沟通，分析原因
否
流程设计是否有问题
是
流程优化与再造
制定流程实施问题的改进措施
执行、跟进、评估改进措施
结束
流程检查规划
流程检查实施
流程实施问题的改进与跟进

图 1-14　流程检查工作的实施程序

表 1-16　流程绩效评估的维度及指标

评估维度	详细说明	指标举例
效果	◎流程的产出 ◎流程的产出满足客户（包括内部客户和外部客户）需求和期望的程度	产量、产值、计划目标完成率、外部客户满意度、内部客户满意度等
效率	通过效果评估，确认资源节约与浪费的情况	处理时间、投入产出比、增值时间比、质量成本等
弹性	流程应具备调整能力，以便满足客户当前的特殊要求和未来的要求	处理客户特殊要求的时间、被拒绝的特殊要求所占的比例、特殊要求递交上级处理的比例等

● 流程实施绩效评估的标准及方法

流程实施绩效评估的标准及方法如下。

（1）流程绩效目标达成情况。对比流程实际绩效与流程绩效目标，找出实际绩效与流程绩效目标之间的差距，分析差距产生的原因并加以改进。

（2）内部流程绩效排名情况。企业内部可以做横向比较，这适用于不同区域的业务流程竞争、成功经验分享等。

（3）外部同类竞争对比情况。与同行业主要竞争对手的流程绩效进行对比，以了解企业在该方面的市场表现。

（4）流程绩效稳定性情况。对流程绩效评估结果的稳定性进行分析，确认流程是否处于受控状态。

（5）流程客户满意度评估。有些流程（如售后服务流程）的绩效管理需要客户与市场的评估，此时需要一个好的客户沟通与信息管理平台，其能够记录与客户的日常沟通信息、投诉信息、回访信息、满意度调查信息等，并可将这些信息作为客户满意度评估的依据。

● 流程绩效评估结果的运用

企业流程绩效评估结果可运用于五个方面，具体如图 1-15 所示。

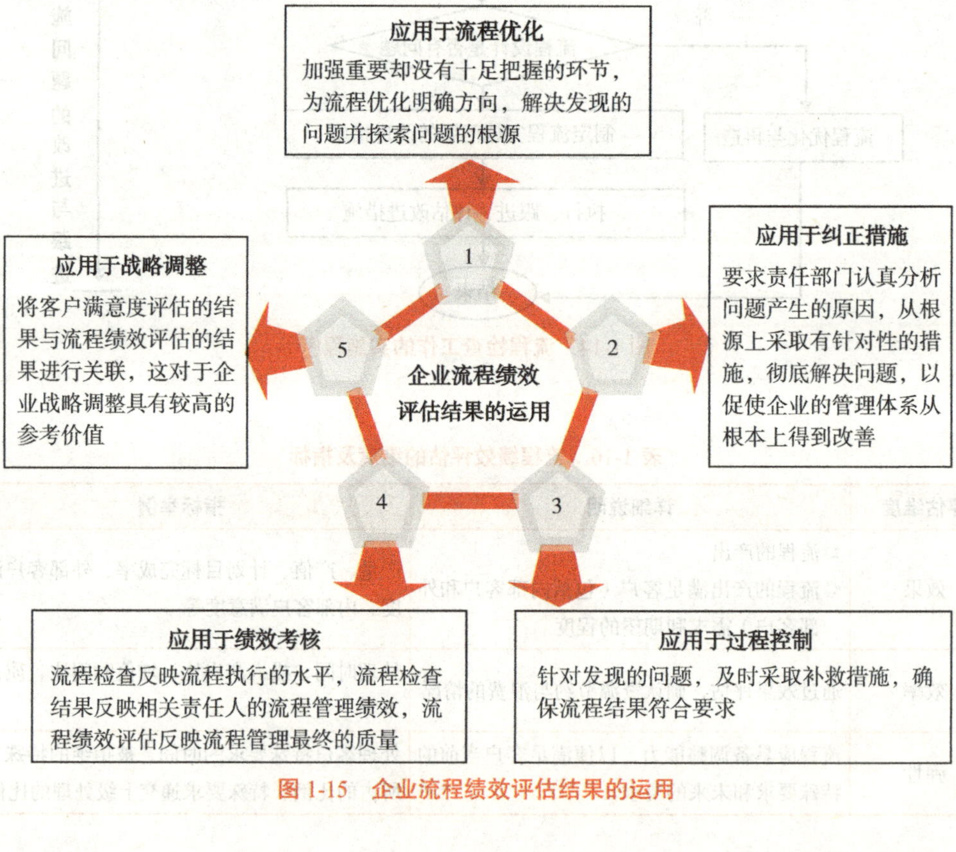
应用于流程优化
加强重要却没有十足把握的环节，为流程优化明确方向，解决发现的问题并探索问题的根源
应用于纠正措施
要求责任部门认真分析问题产生的原因，从根源上采取有针对性的措施，彻底解决问题，以促使企业的管理体系从根本上得到改善
应用于过程控制
针对发现的问题，及时采取补救措施，确保流程结果符合要求
应用于绩效考核
流程检查反映流程执行的水平，流程检查结果反映相关责任人的流程管理绩效，流程绩效评估反映流程管理最终的质量
应用于战略调整
将客户满意度评估的结果与流程绩效评估的结果进行关联，这对于企业战略调整具有较高的参考价值
1
2
3
4
5
企业流程绩效评估结果的运用

图 1-15　企业流程绩效评估结果的运用

1.4　流程执行章程设计

1.4.1　配套制度设计

制度是规范员工行为的标尺之一，是企业进行规范化、制度化管理的基础。只有不断推进规范化、制度化管理，企业才能逐步发展壮大。

1. 制度设计步骤

企业在设计流程配套制度时，要明确需要解决的问题及要达到的目的，为制度准确定位，开展内外部调研，明确制度规范化的程度，统一制度格式，等等。制度设计的步骤如图 1-16 所示。

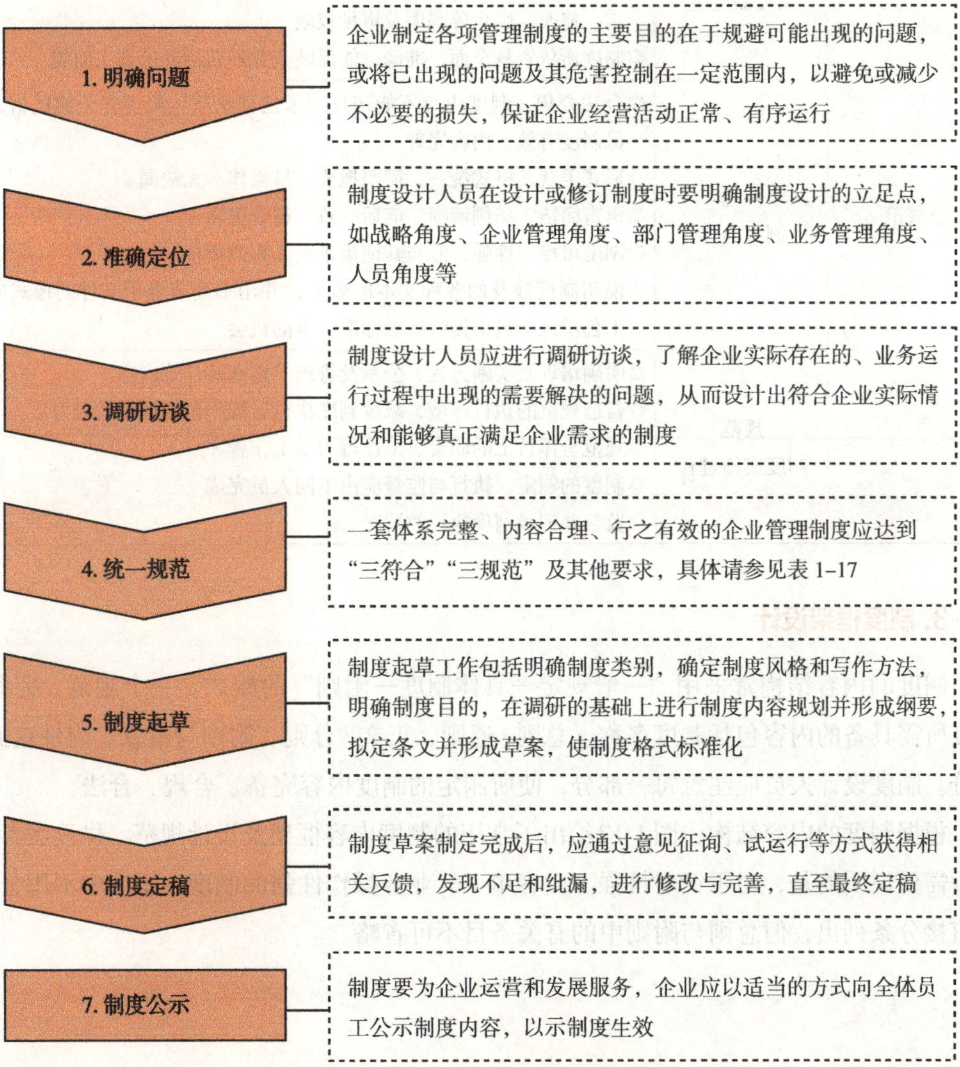
1. 明确问题
企业制定各项管理制度的主要目的在于规避可能出现的问题，或将已出现的问题及其危害控制在一定范围内，以避免或减少不必要的损失，保证企业经营活动正常、有序运行
2. 准确定位
制度设计人员在设计或修订制度时要明确制度设计的立足点，如战略角度、企业管理角度、部门管理角度、业务管理角度、人员角度等
3. 调研访谈
制度设计人员应进行调研访谈，了解企业实际存在的、业务运行过程中出现的需要解决的问题，从而设计出符合企业实际情况和能够真正满足企业需求的制度
4. 统一规范
一套体系完整、内容合理、行之有效的企业管理制度应达到“三符合”“三规范”及其他要求，具体请参见表 1–17
5. 制度起草
制度起草工作包括明确制度类别，确定制度风格和写作方法，明确制度目的，在调研的基础上进行制度内容规划并形成纲要，拟定条文并形成草案，使制度格式标准化
6. 制度定稿
制度草案制定完成后，应通过意见征询、试运行等方式获得相关反馈，发现不足和纰漏，进行修改与完善，直至最终定稿
7. 制度公示
制度要为企业运营和发展服务，企业应以适当的方式向全体员工公示制度内容，以示制度生效

图 1-16　制度设计的步骤

2. 制度设计规范及要求

要想设计一套体系完整、内容合理、行之有效的企业管理制度，制度设计人员必须遵循一定的规范及要求，具体内容如表 1-17 所示。

表 1-17　制度设计规范及要求

<table>
<tr><th>设计规范</th><th colspan="2">具体要求</th></tr>
<tr><td rowspan="3">三符合</td><td colspan="2">符合企业管理者最初设想的状态</td></tr>
<tr><td colspan="2">符合企业管理科学原理</td></tr>
<tr><td colspan="2">符合客观事物发展规律或规则</td></tr>
<tr><td rowspan="3">三规范</td><td>规范
制度制定者</td><td>◎品行好，能做到公正、客观，有较强的文字表达能力和分析能力，熟悉企业各部门的业务及具体工作方法
◎了解国家相关法律法规、社会公序良俗和员工习惯，了解制度的制定、修改、废止等程序及审批权限
◎制度所依资料全面、准确，能反映企业经营活动的真实面貌</td></tr>
<tr><td>规范
制度内容</td><td>◎合法合规，制度内容不能违反国家法律法规，要遵守公德民俗，确保制度有效、内容完善
◎形式美观、格式统一、简明扼要、易操作、无缺漏
◎语言简洁、条例清晰、前后一致、符合逻辑
◎制度可操作性强，能与其他规章制度有效衔接
◎说明制度涉及的各种文本的效力，并用书面或电子文件的形式向员工公示或向员工提供接触标准文本的机会</td></tr>
<tr><td>规范
制度实施过程</td><td>◎明确培训及实施过程、公示及管理、定期修订等内容
◎营造规范的执行环境，减少制度执行过程中可能遇到的阻力
◎规范全体员工的职责、工作行为及工作程序
◎制度的制定、执行与监督应由不同人员完成
◎监督并记录制度执行的情况</td></tr>
</table>

3. 制度框架设计

制度的内容结构常采用“一般规定—具体制度—附则”的模式。一个规范、完整的制度所需具备的内容包括制度名称、总则 / 通则、正文 / 分则、附则与落款、附件这五大部分。制度设计人员应注意每一部分，使所制定的制度内容完备、合规、合法。

根据制度的内容结构，图 1-17 给出了常用的制度内容框架及设计规范，供读者参考。

需要说明的是，对于针对性强、内容单一、业务操作性强的制度，正文中不用分章，可直接分条列出，但总则与附则中的有关条目不可省略。

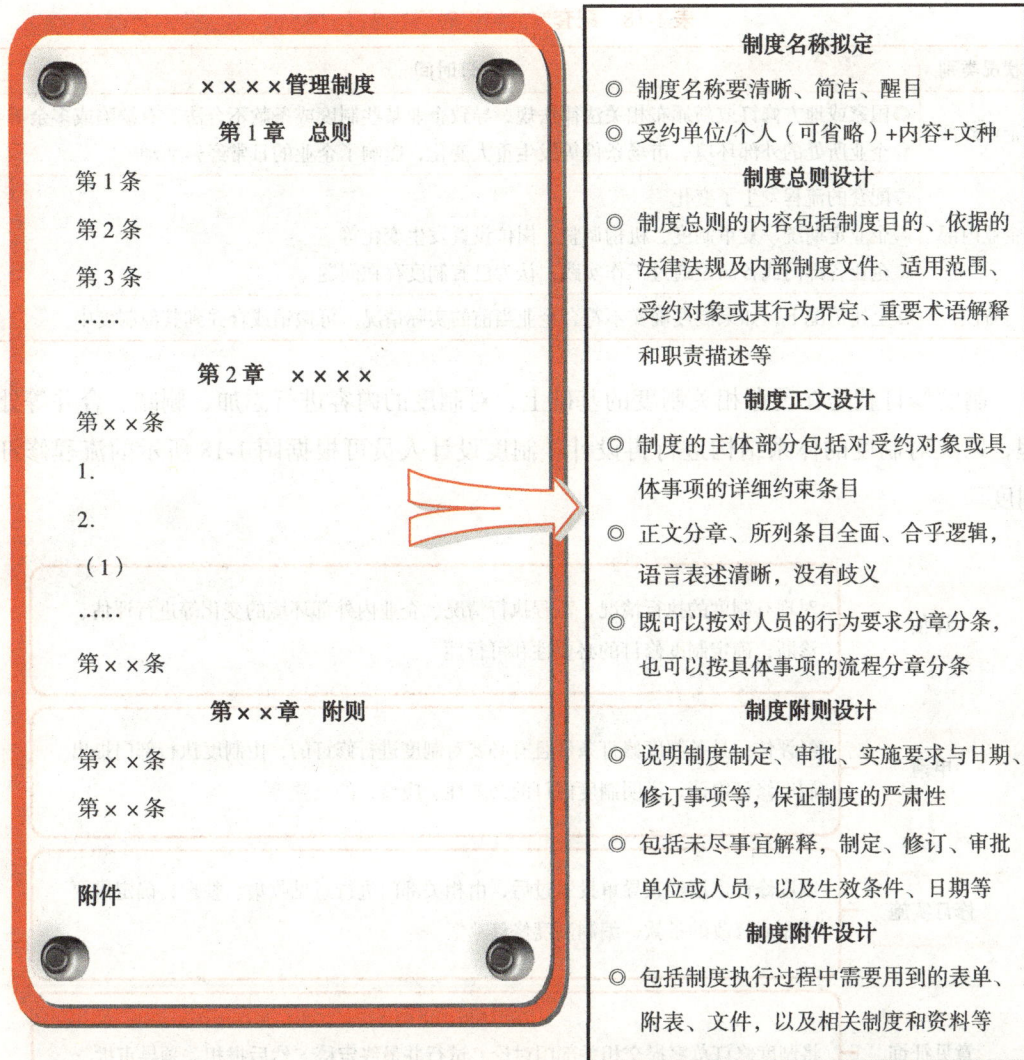

××××管理制度

第 1 章　总则

第 1 条

第 2 条

第 3 条

……

第 2 章　××××

第××条

1.

2.

（1）

……

第××条

第××章　附则

第××条

第××条

附件

制度名称拟定

◎ 制度名称要清晰、简洁、醒目

◎ 受约单位/个人（可省略）+内容+文种

制度总则设计

◎ 制度总则的内容包括制度目的、依据的法律法规及内部制度文件、适用范围、受约对象或其行为界定、重要术语解释和职责描述等

制度正文设计

◎ 制度的主体部分包括对受约对象或具体事项的详细约束条目

◎ 正文分章、所列条目全面、合乎逻辑，语言表述清晰，没有歧义

◎ 既可以按对人员的行为要求分章分条，也可以按具体事项的流程分章分条

制度附则设计

◎ 说明制度制定、审批、实施要求与日期、修订事项等，保证制度的严肃性

◎ 包括未尽事宜解释，制定、修订、审批单位或人员，以及生效条件、日期等

制度附件设计

◎ 包括制度执行过程中需要用到的表单、附表、文件，以及相关制度和资料等

图 1-17　制度内容框架及设计规范

4. 制度修订

企业在发展过程中，有些制度可能会成为制约其发展的主要因素，因此企业需要不断修订、完善甚至废止这些制度。总之，不断推进制度化管理伴随着企业发展的整个过程。

制度设计人员或修订人员需要根据实际情况，及时修订与企业发展不相适应的规范、规则和程序，以满足企业日常经营及长远发展的需要。配套制度修订时间的选择如表 1-18 所示。

表 1-18　配套制度修订时间的选择

状况类别	修订时间
企业外部	◎国家或地方修订或新颁布相关法律法规，导致企业某些制度或条款不合法、有缺陷或多余等 ◎企业所处的外部环境、市场条件等发生重大变化，影响了企业的日常经营活动
企业内部	◎配套的流程发生了变化 ◎企业定期统一复审制度、机构调整、岗位设置发生变化等 ◎企业各部门或各岗位通过工作实践，认为已有制度存在问题
备注	在上述情况下，如果制度确实不符合企业当前的实际情况，可撤销或合并到其他制度中

制度修订就是在现存相关制度的基础上，对制度的内容进行添加、删减、合并等处理，以及对制度的体系结构进行再设计。制度设计人员可根据图 1-18 所示的流程修订制度。

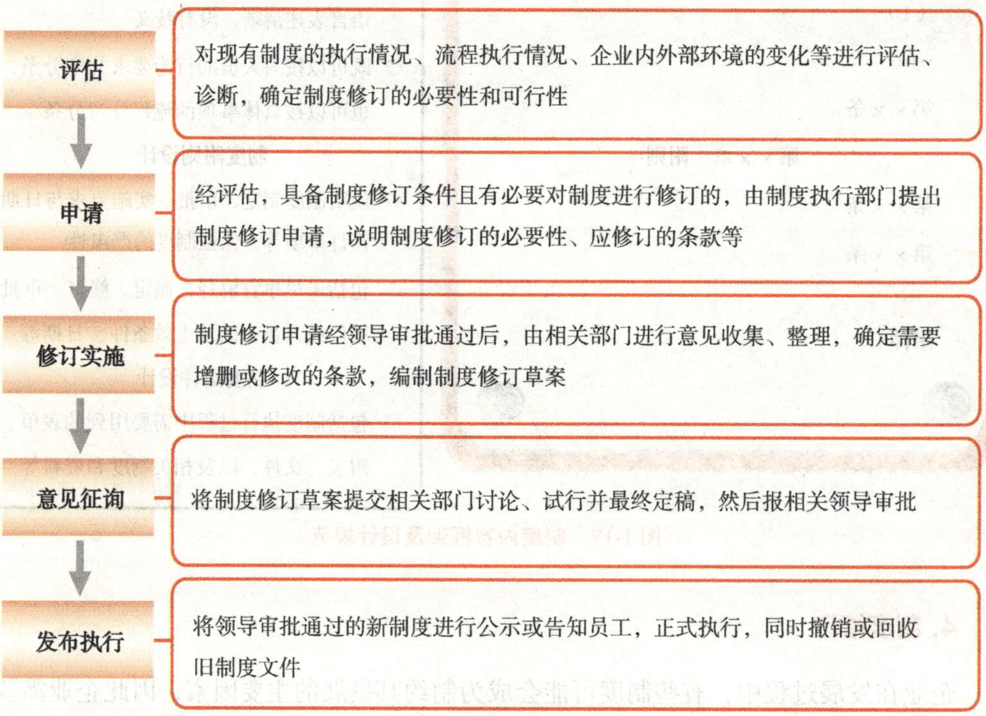
评估
对现有制度的执行情况、流程执行情况、企业内外部环境的变化等进行评估、诊断，确定制度修订的必要性和可行性
申请
经评估，具备制度修订条件且有必要对制度进行修订的，由制度执行部门提出制度修订申请，说明制度修订的必要性、应修订的条款等
修订实施
制度修订申请经领导审批通过后，由相关部门进行意见收集、整理，确定需要增删或修改的条款，编制制度修订草案
意见征询
将制度修订草案提交相关部门讨论、试行并最终定稿，然后报相关领导审批
发布执行
将领导审批通过的新制度进行公示或告知员工，正式执行，同时撤销或回收旧制度文件

图 1-18　制度修订流程

在制度修订的过程中，制度设计人员要注意以下几点：

- 要适应企业新的机构运行模式与流程管理的要求；
- 要发挥各制度管理部门的主动性和制度执行部门的能动性；
- 要强化各项工作的管理责任要求；
- 要强调各职能部门的管理服务标准；
- 要规范制度的编制格式，为制度的再修订和日后的统稿工作制定标准。

1.4.2 辅助方案设计

方案是指某一项工作或行动的具体计划或针对某一问题制定的规划。撰写工作方案是员工必须完成的一项任务。一份实操性强、思路清晰、富有创新性的方案，不仅有利于方案的实际操作，而且还能获得上级领导的称赞。

1. 方案设计的步骤

方案设计的步骤如图 1-19 所示。

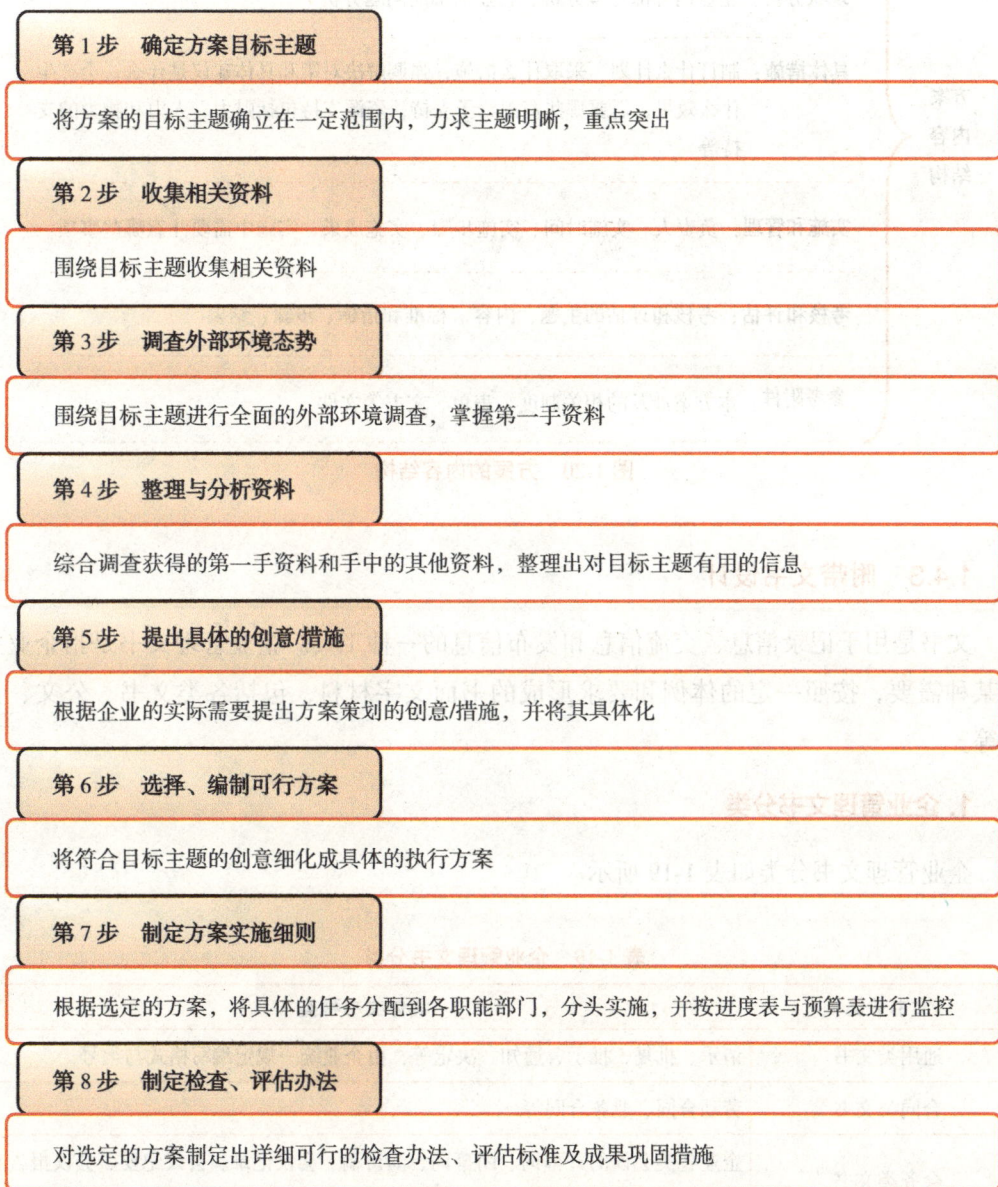

第 1 步　确定方案目标主题

将方案的目标主题确立在一定范围内，力求主题明晰，重点突出

第 2 步　收集相关资料

围绕目标主题收集相关资料

第 3 步　调查外部环境态势

围绕目标主题进行全面的外部环境调查，掌握第一手资料

第 4 步　整理与分析资料

综合调查获得的第一手资料和手中的其他资料，整理出对目标主题有用的信息

第 5 步　提出具体的创意/措施

根据企业的实际需要提出方案策划的创意/措施，并将其具体化

第 6 步　选择、编制可行方案

将符合目标主题的创意细化成具体的执行方案

第 7 步　制定方案实施细则

根据选定的方案，将具体的任务分配到各职能部门，分头实施，并按进度表与预算表进行监控

第 8 步　制定检查、评估办法

对选定的方案制定出详细可行的检查办法、评估标准及成果巩固措施

图 1-19　方案设计的步骤

2. 方案的内容结构

方案一般包括指导思想、主要目标、工作重点、实施步骤、政策措施和具体要求等内容，其结构如图 1-20 所示。

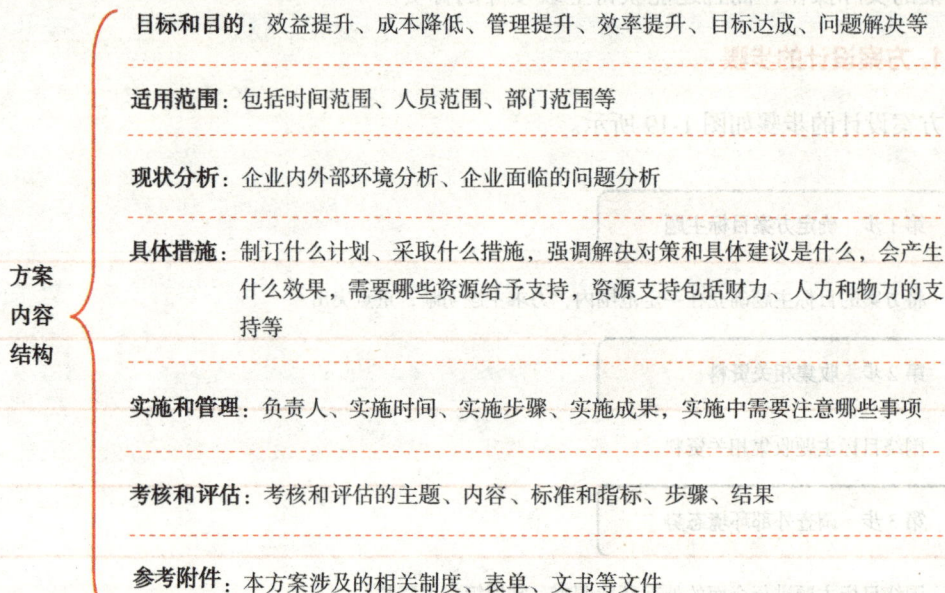

方案内容结构

- **目标和目的**：效益提升、成本降低、管理提升、效率提升、目标达成、问题解决等
- **适用范围**：包括时间范围、人员范围、部门范围等
- **现状分析**：企业内外部环境分析、企业面临的问题分析
- **具体措施**：制订什么计划、采取什么措施，强调解决对策和具体建议是什么，会产生什么效果，需要哪些资源给予支持，资源支持包括财力、人力和物力的支持等
- **实施和管理**：负责人、实施时间、实施步骤、实施成果，实施中需要注意哪些事项
- **考核和评估**：考核和评估的主题、内容、标准和指标、步骤、结果
- **参考附件**：本方案涉及的相关制度、表单、文书等文件

图 1-20　方案的内容结构

1.4.3　附带文书设计

文书是用于记录信息、交流信息和发布信息的一种工具。企业管理文书是指企业为了某种需要，按照一定的体例和要求形成的书面文字材料，包括各类文书、公文、文件等。

1. 企业管理文书分类

企业管理文书分类如表 1-19 所示。

表 1-19　企业管理文书分类

文书分类	具体文书种类
通用类文书	请示、批复、批示、通知、决定等，由企业统一规定编写格式与编号
合同类文书	劳动合同、业务合同等
会务类文书	企业各类会议的开幕词、闭幕词、演讲稿、会议记录、会议纪要、会议报告和会议提案等

（续表）

文书分类	具体文书种类
社交类文书	介绍信、感谢信、慰问信、表扬信、祝贺信和邀请函等
法务类文书	纠纷报告书、申诉书、仲裁申请书、起诉书和答辩书等
事务类文书	计划、总结、建议、报告、倡议、简报、启事、消息、号召书、意向书、企划书、调查报告等
制度规范类文书	制度、守则、规定、办法、细则、方案、手册等
与业务工作相关的文书	各项职能及日常事务相关文书，如内部竞聘公告、招聘广告、营销广告等

2. 文书设计的注意事项

- 遵循企业规定的文书格式、编写要求和编号规范。
- 语言表述规范、完整、准确，避免表达残缺、出现歧义等错误。
- 语言简明精炼、言简意赅，行文流畅，主题明确。

3. 文书设计规范

我们以工作计划为例，对文书的设计规范进行说明。工作计划是对即将开展的工作的设想和安排，如提出任务指标、任务完成时间和实施方法等。工作计划既是明确工作目标、推进工作开展的有效指导，也是对工作进度和工作质量进行考核的依据之一。工作计划的内容结构如图 1-21 所示。

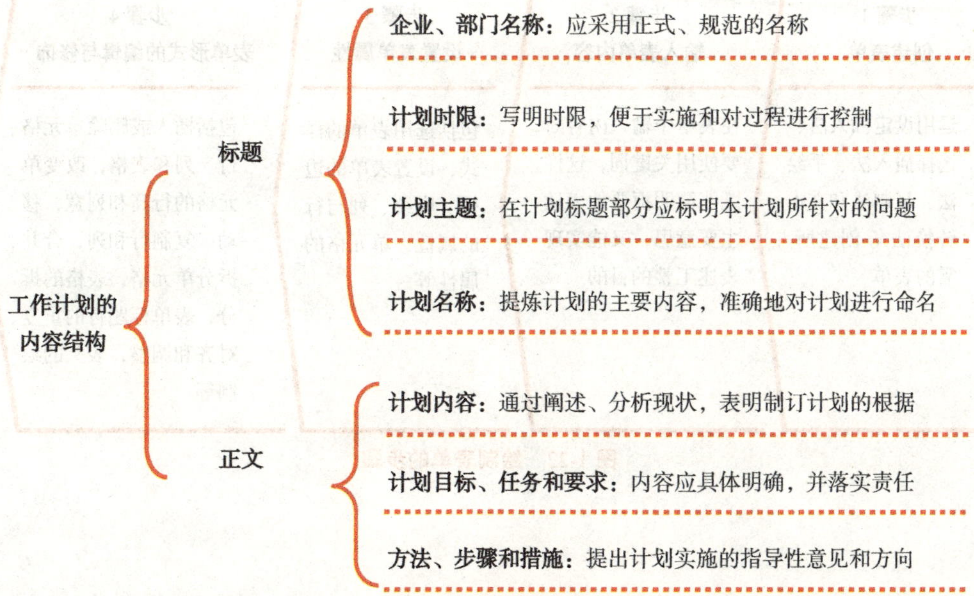

工作计划的内容结构
标题
企业、部门名称：应采用正式、规范的名称
计划时限：写明时限，便于实施和对过程进行控制
计划主题：在计划标题部分应标明本计划所针对的问题
计划名称：提炼计划的主要内容，准确地对计划进行命名
正文
计划内容：通过阐述、分析现状，表明制订计划的根据
计划目标、任务和要求：内容应具体明确，并落实责任
方法、步骤和措施：提出计划实施的指导性意见和方向

图 1-21　工作计划的内容结构

1.4.4 表单设计

1. 表单种类

表单主要分为文字表单、工具表单和数量表单三种：

- 文字表单就是将文字信息按要求整理成表单，借以说明某一概念或事项等；
- 工具表单是企业员工经常使用的一种表单；
- 数量表单用于呈现数据，以便相关人员进行统计。

2. 表单的编制要求

表单的编制要求如下：

- 表单的内容要与标题相符；
- 表单的内容应言简意赅；
- 表单的格式应简洁明了且前后连贯。

3. 设计表单

设计表单就是将表单的行、列看作一个坐标的横轴、纵轴，将需要表达的内容清晰、简洁、直观地置入坐标中予以展现。

常见的表单绘制工具有 Word、Excel 等，表单设计人员可以根据工作需要进行选择。下面以 Word 为例介绍绘制表单的步骤，具体如图 1-22 所示。

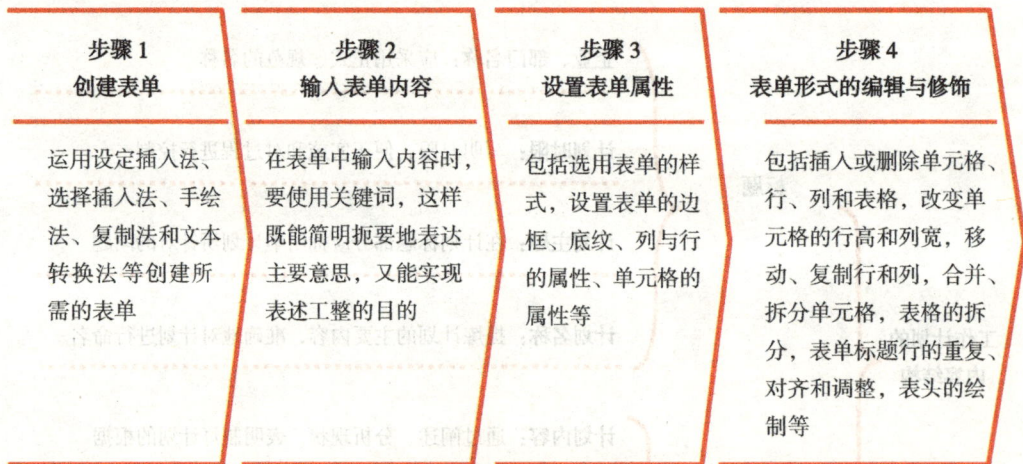

步骤 1 创建表单	步骤 2 输入表单内容	步骤 3 设置表单属性	步骤 4 表单形式的编辑与修饰
运用设定插入法、选择插入法、手绘法、复制法和文本转换法等创建所需的表单	在表单中输入内容时，要使用关键词，这样既能简明扼要地表达主要意思，又能实现表述工整的目的	包括选用表单的样式，设置表单的边框、底纹、列与行的属性、单元格的属性等	包括插入或删除单元格、行、列和表格，改变单元格的行高和列宽，移动、复制行和列，合并、拆分单元格，表格的拆分，表单标题行的重复、对齐和调整，表头的绘制等

图 1-22 绘制表单的步骤

1.5 流程诊断与优化

1.5.1 流程诊断分析

流程优化的前提是对现有流程进行调查和研究，分析流程中存在的问题，即流程诊断。

1. 流程诊断分析工作的步骤

流程诊断分析工作的步骤如表 1-20 所示。

表 1-20 流程诊断分析工作的步骤

步骤	工作内容	采用的方法
1. 流程信息收集	◎收集信息 / 数据，了解企业流程执行现状 ◎找出流程建设、管理中存在的问题 ◎了解企业员工所关心的问题 ◎加强企业员工之间的沟通，让所有员工树立流程管理意识	内部调查、专家访谈、讨论会、外部客户访谈和座谈会等
2. 问题查找与分析	◎清晰地阐述需要解决的问题 ◎将大问题细分成若干小问题，这样更容易解决 ◎分析、探究问题的根源，提出解决方案	NVA/VA 分析法、5Why 分析法、鱼骨图法和逻辑树法等
3. 编制诊断报告	◎根据问题的根源，结合企业的实际情况，编制诊断报告 ◎提出问题解决方案，提供创意，优化 / 再造流程	—

2. 流程诊断分析工作的要求

在流程诊断分析过程中，流程管理人员要重视以下要求，提高诊断工作的科学性、合理性和有效性。

- 不要拘泥于数据，要探究“我试图回答什么问题”。
- 不要在一个问题上绕圈子。
- 开阔视野，避免钻牛角尖。
- 假设也可能被推翻。
- 反复检验观点。
- 细心观察。
- 寻找突破性的观点。

3. 流程诊断分析的方法

企业常用的流程诊断分析方法有 NVA/VA 分析法、5Why 分析法等，具体内容如下。

- NVA/VA 分析法

NVA/VA 分析法是指将构成某一个流程的各项工作任务分为三类，即非增值活动、增值活动和浪费。NVA/VA 分析法的说明如图 1-23 所示。

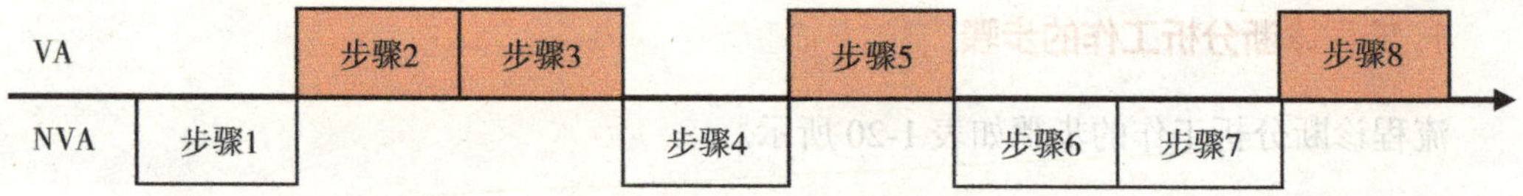

VA
NVA
步骤1
步骤2
步骤3
步骤4
步骤5
步骤6
步骤7
步骤8

注：了解增值活动（VA）在流程的全部活动中所占的比重，找出需要改进的重点，制定切实可行的改进目标。

◆非增值活动（NVA）指不增加附加值，但却是实现增值不可缺少的活动，是各项增值活动的重要衔接。

◆增值活动（VA）指能提高产品或服务的附加值的活动。

◆浪费（Waste）指既不能增值，也不是必需的活动。

图 1-23 NVA/VA 分析法的说明

- 5Why 分析法

5Why 分析法是指在对某一个流程进行诊断、分析和改进时，需针对其提出以下问题并给出答案。

◆为什么确定这样的工作内容？

◆为什么在这个时间和这个地点做？

◆为什么由这个人来做？

◆为什么采用这种方式做？

◆为什么需要这么长时间？

流程管理人员根据以上五个问题的答案，找出企业流程在实际运行过程中存在的问题，分析问题的根源，从而制定流程优化或再造方案。

1.5.2 流程优化的注意事项

流程优化的注意事项如下：

- 优化那些不能给企业带来利润或者效率、效益较差的流程，或者在日常运行中容易出现问题的流程；
- 优化那些对企业运营非常重要且急需改造的流程；
- 优化流程必须先易后难；
- 经过优化的流程必须和原有流程紧密衔接，确保流程管理的系统性和全面性；
- 经过优化的流程必须具有可操作性和稳定性。

1.5.3 流程优化程序

企业流程优化工作应抓住重点，找出最急迫和最重要的需求点。流程优化的具体程序如图 1-24 所示。

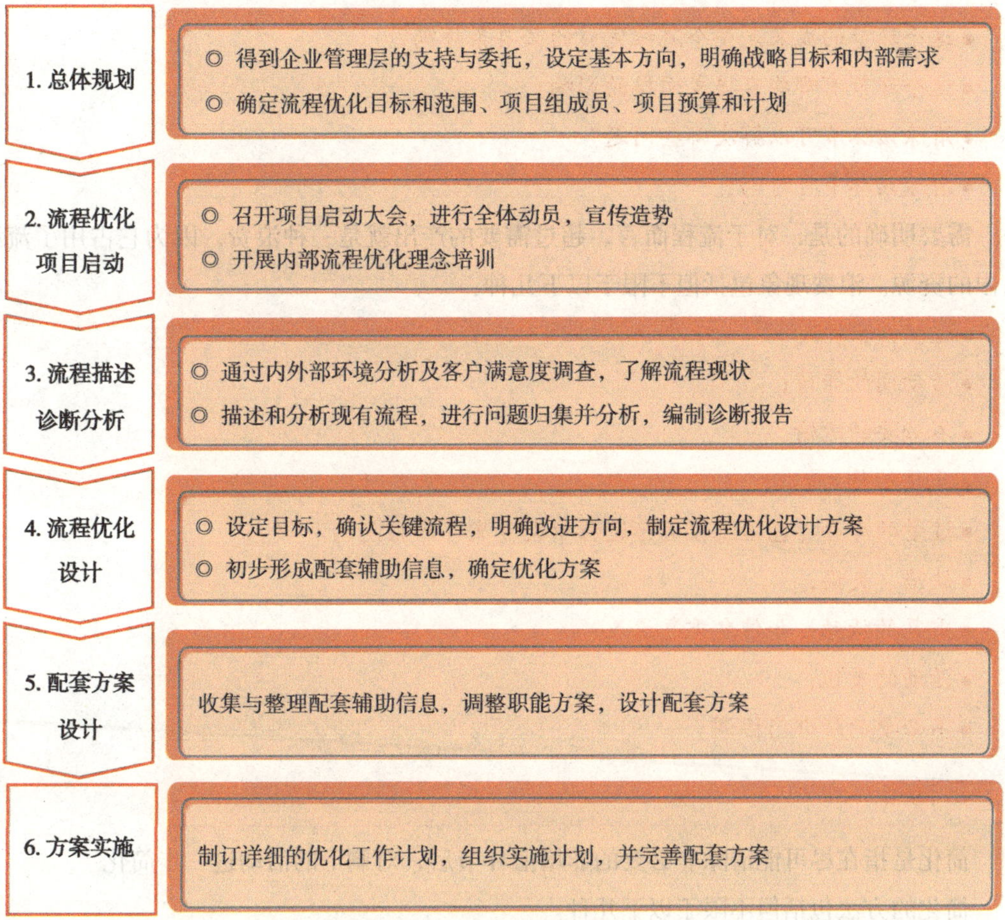

1. 总体规划
◎ 得到企业管理层的支持与委托，设定基本方向，明确战略目标和内部需求
◎ 确定流程优化目标和范围、项目组成员、项目预算和计划
2. 流程优化项目启动
◎ 召开项目启动大会，进行全体动员，宣传造势
◎ 开展内部流程优化理念培训
3. 流程描述诊断分析
◎ 通过内外部环境分析及客户满意度调查，了解流程现状
◎ 描述和分析现有流程，进行问题归集并分析，编制诊断报告
4. 流程优化设计
◎ 设定目标，确认关键流程，明确改进方向，制定流程优化设计方案
◎ 初步形成配套辅助信息，确定优化方案
5. 配套方案设计
收集与整理配套辅助信息，调整职能方案，设计配套方案
6. 方案实施
制订详细的优化工作计划，组织实施计划，并完善配套方案

图 1-24　流程优化的具体程序

总体来说，流程优化工作包括以下三步：

- 现在何处——流程现状分析；
- 应在何处——流程优化目标；
- 如何到达该处——流程优化方法和途径。

1.5.4 流程优化 ESIA 法

企业流程优化可以从清除（Eliminate）、简化（Simplify）、整合（Integrate）和自动化（Automate）四个方面入手，该方法简称为“ESIA 法”，它可以帮助企业减少流程中的非增值活动和调整流程的核心增值活动。

1. 清除

清除主要指对企业现有流程内的非增值活动予以清除。

企业可通过以下问题判断某一活动环节是属于增值还是非增值。

- 这个环节存在的意义？
- 这个环节的成果是整个流程完成的必要条件吗？
- 这个环节有哪些直接或间接的影响？
- 清除该环节可以解决哪些问题？
- 清除该环节可行吗？

需要明确的是，对于流程而言，超过需要的产出就是一种浪费，因为它占用了流程有限的资源。浪费现象包括但不限于以下几种：

- 过量产出；
- 活动间的等待；
- 不必要的运输；
- 反复的作业；
- 过量的库存（包括流程运行过程中大量文件和信息的淤积）；
- 缺陷、失误；
- 重复的活动，如信息重复录入；
- 活动的重组；
- 不必要的跨部门协调。

2. 简化

简化是指在尽可能清除非必要的非增值环节后，对剩下的活动进一步简化。

简化的方法包括但不限于以下几种。

- 简化表单：消除表单设计上的重复内容，借助相关技术，梳理表单的流转，从而减少工作量和一些不必要的活动环节。
- 简化流程步骤 / 环节：运用 IT 技术，提高员工处理信息的能力，简化流程步骤，整合工作内容，提高流程结构效率。
- 简化沟通。
- 简化物流：如调整任务顺序或增加信息的提供。

3. 整合

整合，即对分解的流程进行整合，以使流程顺畅、连贯，更好地满足客户的需求。

- 活动整合：将活动进行整合，授权一个人完成一系列简单活动，减少活动转交过程中的出错率，缩短工作处理时间。

- 团队整合：合并专家组成团队，形成“个案团队”或“责任团队”，缩短物料、信息和文件传递的距离，改善在同一流程中工作的人与人之间的沟通。
- 供应商（流程的上游）整合：减少企业和供应商之间的一些不必要的业务手续，建立信任和伙伴关系，整合双方流程。
- 客户（流程的下游）整合：面向客户，与客户建立良好的合作关系，整合企业和客户的各种关系。

4. 自动化

- 简单、重复与乏味的工作自动化。
- 数据的采集与传输自动化。减少反复的数据采集，并缩短单次采集的时间。
- 数据的分析自动化。通过分析软件，对数据进行收集、整理与分析，提高信息利用率。

1.6 流程再造

1.6.1 流程再造的核心

企业流程再造也叫作“企业再造”，或简称为“再造”。它是20世纪90年代初期兴起的一种新的管理理念和管理方法，被誉为继“科学管理”和全面质量管理（TQC）之后的“第三次管理革命”。

企业再造概念的创始者迈克尔·哈默（Michael Hammer）和詹姆斯·钱皮（James Champy）在《企业再造——商业革命宣言》（*Reengineering the Corporation: A Manifesto for Business Revolution*）一书中指出，“再造就是对企业的流程、组织结构、文化进行彻底的、急剧的重塑，以达到绩效的飞跃。”

流程再造的核心，不是单纯地对企业的管理与业务流程进行再造，而是将以职能为核心的传统企业改造成以流程为核心的新型企业，这也就是我们所说的企业再造。通过不断地变革与创新（从广义上讲，这里不仅包括流程再造，还包括企业组织的再造和变革），使原来趋向衰落的企业重新焕发生机，并且永远充满朝气和活力。

1.6.2 流程再造的基础

当前，市场竞争越来越激烈，企业要想在激烈的市场竞争中求得生存和发展，且立于不败之地，就必须全面、彻底地了解客户的需求，最大限度地满足客户的需求，并且不断适应外部市场环境的变化。企业进行流程设计与流程再造的目的是使内部管理流程规范化，并对其不断加以改造，只有这样企业才能适应不断变化的市场形势。

通常情况下，现代企业所面临的外部挑战主要来自客户（Customer）、变化（Change）、竞争（Competition）三个方面。由于这三个英文单词的首字母都是C，所以外部挑战又称为“3C”。企业在进行流程设计与流程再造时，切记要把握好“3C”。只有这样，企业所设计或再造的流程才能够适应自身的发展和市场的变化，满足客户的需求。

以上是企业进行流程设计或流程再造时的外部条件。

就企业内部而言，企业中长期发展战略规划是流程设计与流程再造的基础条件。因此，企业应先制定出发展战略，再着手开展流程设计与流程再造工作。

1.6.3 流程再造的程序

企业流程再造的一般程序如表1-21所示。

表1-21 企业流程再造的一般程序

一般程序	具体事项
1. 设定基本方向	（1）得到高层管理者的支持 （2）明确战略目标，确定流程再造的基本方针 （3）分析流程再造的可行性 （4）设定流程再造的出发点
2. 项目准备与启动	（1）成立流程再造小组 （2）设立具体工作目标 （3）宣传流程再造工作 （4）设计与落实相关的培训
3. 流程问题诊断	（1）进行现状分析，包括内外部环境分析、现行流程状态分析等 （2）发现问题
4. 确定再造方案，重设流程	（1）明确流程方案设计与工作重点 （2）确认工作计划目标、时间以及预算计划等 （3）分解责任、任务 （4）明确监督与考核办法 （5）制定具体行动策略
5. 实施流程再造方案	（1）成立实施小组 （2）对参加人员进行培训 （3）发动全员配合 （4）新流程试验性启动、检验 （5）全面开展新流程

（续表）

一般程序	具体事项
6. 流程监测与改善	（1）观察流程运作状况 （2）与预定再造目标进行比较分析 （3）对不足之处进行修正和改善

企业流程评估及流程再造的操作要点如下。

1. 流程评估的操作要点

- 确定企业与上下游互动关系的流程。
- 定义企业核心流程绩效评估的指标。
- 分析企业现有流程运作模式的优势和劣势。
- 确认企业流程现有运作模式。
- 确认企业流程的客户价值点。
- 确认企业流程与组织的关系。
- 确认企业流程的资源及成本。
- 分析决定企业流程再造的优先级别。

2. 流程再造的操作要点

- 了解现有流程及其目标、范围。
- 对比现有流程结构的优势和劣势。
- 分析流程各活动环节的责任归属。
- 确认与流程相匹配的绩效指标。
- 分析流程的瓶颈及再造切入点。
- 确定是否对流程控制点重新设计。
- 确认经重新设计的新流程系统。
- 建立评估体系，对新流程进行监测。

1.6.4 流程再造的技巧

图 1-25 提供了一些流程再造的技巧，供读者参考。

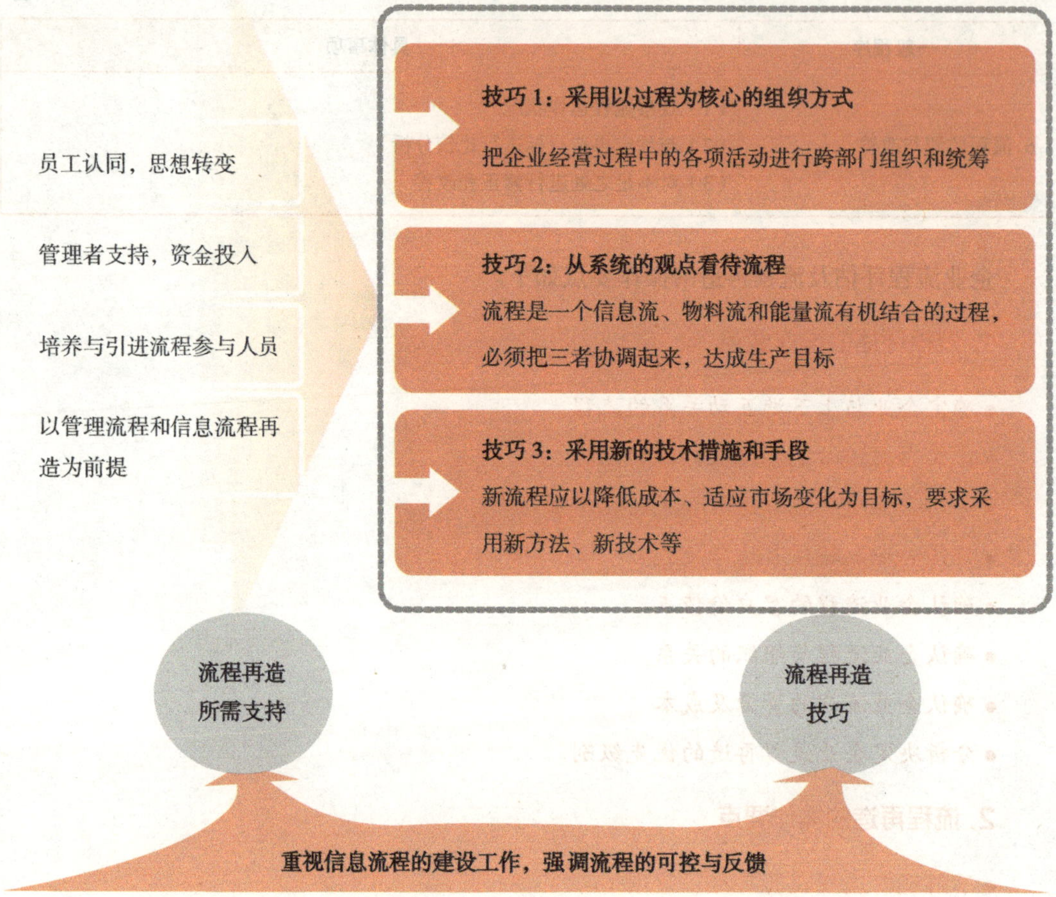
员工认同，思想转变
管理者支持，资金投入
培养与引进流程参与人员
以管理流程和信息流程再造为前提
技巧1：采用以过程为核心的组织方式
把企业经营过程中的各项活动进行跨部门组织和统筹
技巧2：从系统的观点看待流程
流程是一个信息流、物料流和能量流有机结合的过程，必须把三者协调起来，达成生产目标
技巧3：采用新的技术措施和手段
新流程应以降低成本、适应市场变化为目标，要求采用新方法、新技术等
流程再造所需支持
流程再造技巧
重视信息流程的建设工作，强调流程的可控与反馈

图1-25　流程再造的技巧

第2章

采购组织设计

2.1 采购组织设计流程

2.1.1 流程设计的目的

企业设计采购组织流程的目的如下。

（1）设计合理的采购组织结构，有利于采购各项工作的推行与开展。

（2）从人员选聘环节保证企业任用员工的素质，满足企业的人力资源需求及长远发展需要。

（3）从人员离职审计环节，使企业利益损失降至最低。

2.1.2 流程结构设计

采购组织设计流程结构设计采取总分式结构，即先设计采购组织设计管理流程，再设计采购人员选聘管理流程和采购人员离职审计管理流程。而对于每个流程，则按照“执行程序、工作标准、考核指标、执行规范”这一思路展体设计，具体如图 2-1 所示。

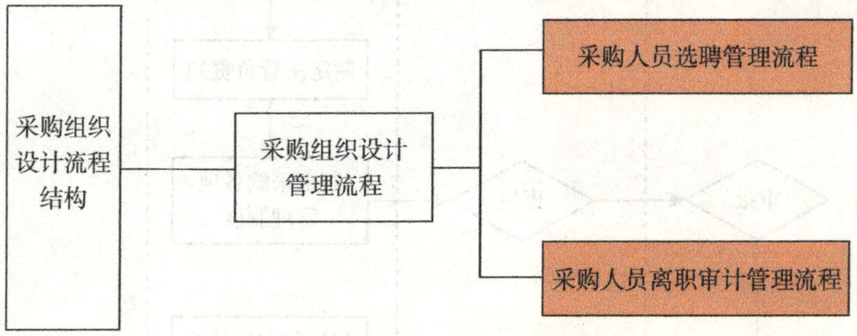

采购组织设计流程结构
采购组织设计管理流程
采购人员选聘管理流程
采购人员离职审计管理流程

图 2-1 采购组织设计流程结构设计

2.2 采购组织设计管理流程设计与工作执行

2.2.1 采购组织设计管理流程设计

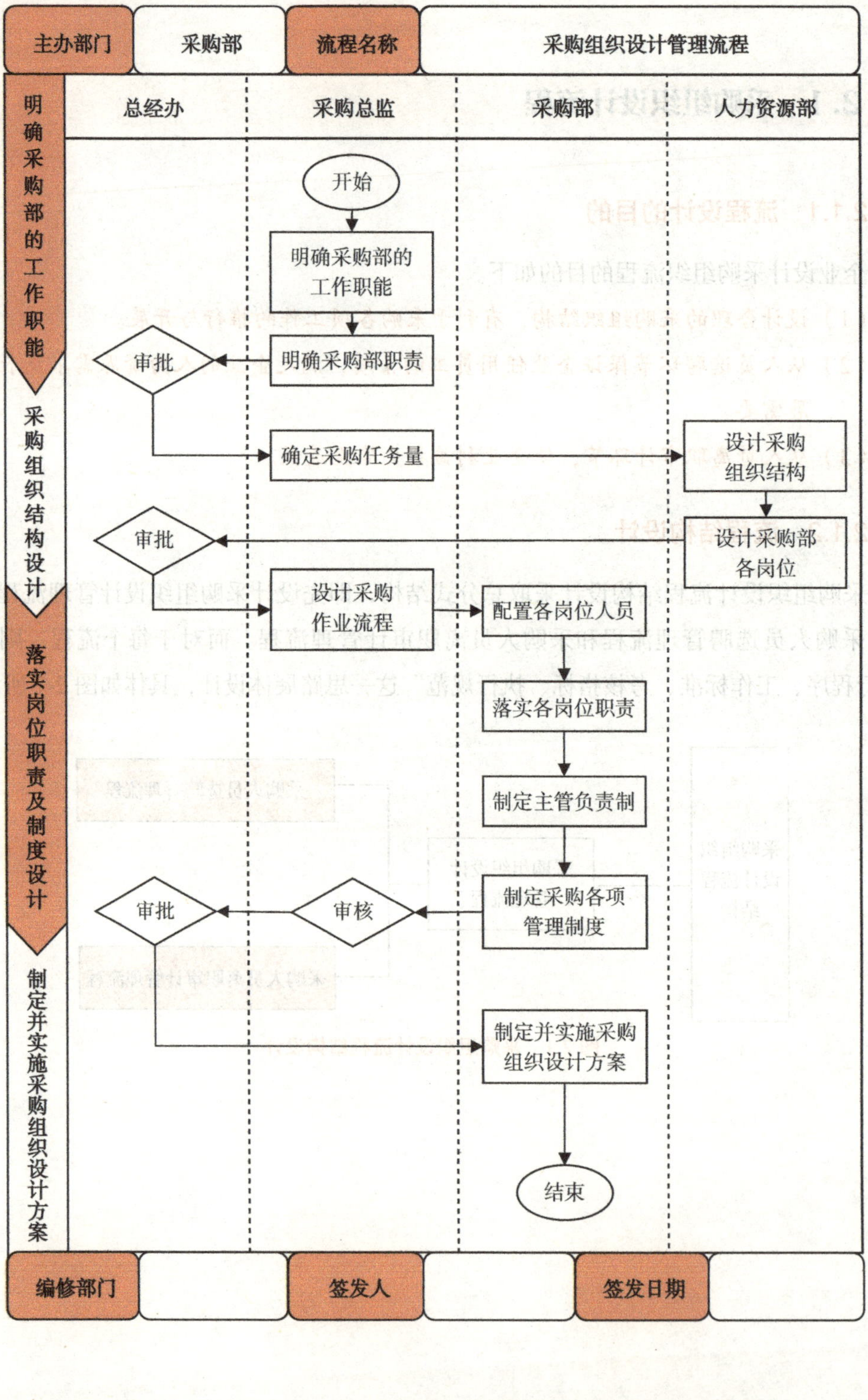
主办部门
采购部
流程名称
采购组织设计管理流程
明确采购部的工作职能
采购组织结构设计
落实岗位职责及制度设计
制定并实施采购组织设计方案
总经办
采购总监
采购部
人力资源部
开始
明确采购部的工作职能
明确采购部职责
审批
确定采购任务量
设计采购组织结构
设计采购部各岗位
审批
设计采购作业流程
配置各岗位人员
落实各岗位职责
制定主管负责制
制定采购各项管理制度
审核
审批
制定并实施采购组织设计方案
结束
编修部门
签发人
签发日期

2.2.2 采购组织设计管理执行程序、工作标准、考核指标、执行规范

任务名称	执行程序、工作标准与考核指标
明确采购部的工作职能	**执行程序** **1. 明确采购部的工作职能** 采购总监根据企业的经营情况明确采购部的工作职能，并对工作职能进行分解。 **2. 明确采购部职责** 采购总监应先明确采购部职责，然后形成书面文件提交总经办审批。 **工作重点** 在分解工作职能时，应避免重复和脱节，既要避免同一工作任务在各项职能中重复列入，又要防止有的工作任务无人执行。 **工作标准** 采购总监应依据企业的经营情况确定采购部的工作职能。
采购组织结构设计	**执行程序** **1. 确定采购任务量** 采购部职责明确后，采购总监要根据供应商管理的工作量、进货工作量和仓储管理工作量等确定采购任务量。 **2. 设计采购组织结构** 人力资源部先根据采购任务量的大小估计采购部所需的人员，然后根据采购部工作职能状况设计采购组织结构。 **3. 设计采购部各岗位** 人力资源部根据采购组织结构的设计情况设计采购部各岗位，然后报总经办审批。 **4. 设计采购作业流程** 采购部根据采购作业要求设计采购作业流程，对作业流程进行充分论证，并进行流程化分析。 **5. 配置各岗位人员** 采购部应先为每个岗位配置合适的人员，然后针对其岗位职责和管理职能等进行培训，以形成完整、有效的采购组织系统。 **工作重点** 在设计采购作业流程时，应注意采购结构与采购的数量、种类、地域相匹配，既要避免因流程环节过多导致的管理流程运作的作业与成本增加、工作效率降低，又要避免因流程环节过于简单、监督点设置不够而导致采购过程操作失去控制，使物资质量、供应、价格等出现问题。 **工作标准** ☆依据标准：采购组织结构的设计规模取决于采购组织任务量的大小，任务量越大，采购组织结构也应相应地扩大。 ☆目标标准：采购部在设计各岗位时，须考虑其科学合理性，要人数适中。 **考核指标** 采购部各岗位人员配置的及时性：在规定的时间内完成采购部各岗位人员的配置工作。

任务名称	执行程序、工作标准与考核指标
落实岗位职责及制度设计	**执行程序**
	1. 落实各岗位职责 ☆采购部应先在岗位设定的基础上制定采购部各岗位职责，然后将这些职责落实到各个岗位。 ☆采购部根据各岗位职责落实的情况，编制各岗位说明书。 **2. 制定主管负责制** 采购部负责制定主管负责制，确定采购订单、采购预算、采购总结、采购报表和采购人员考核等工作的具体负责人。 **3. 制定采购各项管理制度** 采购部负责制定采购各项管理制度，并将其报采购总监审核、总经办审批。 **工作重点** 采购部在落实各岗位职责时，须防止因职务重叠而发生的工作扯皮现象。
	工作标准
	完整的采购管理制度文件包括采购管理办法、供应商管理办法、供应商考核制度、采购员考核办法和采购物品价格审批管理办法等。
制定并实施采购组织设计方案	**执行程序**
	采购部应先对采购组织设计的内容进行有效的整合，然后制定并实施采购组织设计方案。 **工作重点** ☆采购组织设计方案必须在规定的时间内制定完成，避免影响企业后期采购工作的开展。 ☆在制定采购组织设计方案的过程中，采购部员工必须细心，防止出现错误，影响企业采购工作的实施。 ☆采购部在实施采购组织设计方案的过程中，必须及时反馈问题并进行改进，以适应组织变化或作业上的实际需要。
	工作标准
	☆时间标准：采购组织设计方案的制定须在____个工作日内完成。 ☆目标标准：各项采购管理制度得到全面落实。
	考核指标
	☆采购组织设计方案制定的及时性：在规定的时间内完成采购组织设计方案的制定工作。 ☆采购组织设计方案制定差错率，其计算公式如下。 $采购组织设计方案制定差错率=\frac{采购组织设计方案制定差错数}{采购组织设计方案制定总数}\times100\%$ ☆问题反馈的及时性：在规定的时间内及时反馈发现的问题。
执行规范	
“采购组织设计方案”“岗位说明书”“采购管理办法”“供应商管理办法”“供应商考核制度”“采购员考核办法”“采购物品价格审批管理办法”。	

2.3 采购人员选聘管理流程设计与工作执行

2.3.1 采购人员选聘管理流程设计

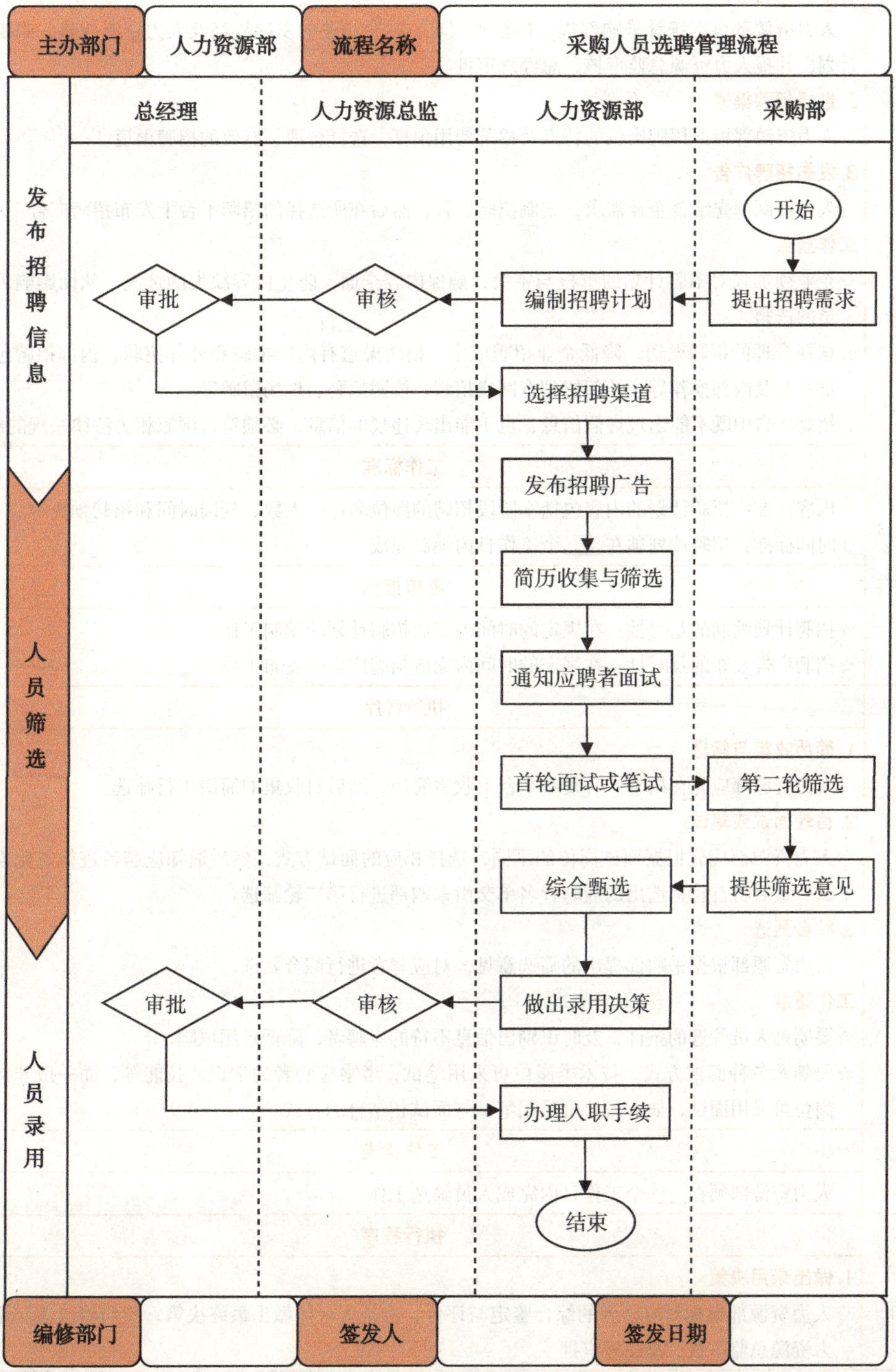

主办部门
人力资源部
流程名称
采购人员选聘管理流程
总经理
人力资源总监
人力资源部
采购部
发布招聘信息
人员筛选
人员录用
开始
提出招聘需求
编制招聘计划
审核
审批
选择招聘渠道
发布招聘广告
简历收集与筛选
通知应聘者面试
首轮面试或笔试
第二轮筛选
提供筛选意见
综合甄选
做出录用决策
审核
审批
办理入职手续
结束
编修部门
签发人
签发日期

2.3.2 采购人员选聘管理执行程序、工作标准、考核指标、执行规范

任务名称	执行程序、工作标准与考核指标
发布招聘信息	**执行程序**
	1. 编制招聘计划 人力资源部负责统计采购部提出的招聘需求，结合企业的发展战略及人力资源战略，编制招聘计划，并报人力资源总监审核、总经理审批。 **2. 选择招聘渠道** 人力资源部根据招聘岗位的特点及招聘费用预算，选择合适、有效的招聘渠道。 **3. 发布招聘广告** 人力资源部先结合企业需求，编制招聘广告，然后在所选择的招聘平台上发布招聘广告。 **工作重点** ☆企业须加强对招聘计划的审核与审批，确保内容全面，防止内容缺失的情况，从而影响采购人员的选聘。 ☆选择合理的招聘渠道，降低企业招聘成本。招聘渠道有内部招聘和外部招聘，内部招聘包括内部晋升及内部推荐等，外部招聘有网络招聘、校园招聘、现场招聘等。 ☆招聘广告中既不能出现虚假信息，也不能出现违规的信息，必须符合国家相关法律法规的规定。
	工作标准
	☆内容标准：招聘计划的内容包括本阶段招聘的岗位名称、人数、到岗时间和招聘预算等。 ☆时间标准：招聘计划须在____个工作日内编制完成。
	考核指标
	☆招聘计划编制的及时性：在规定的时间内完成招聘计划的编制工作。 ☆招聘广告发布的及时性：在规定的时间内完成招聘广告的发布工作。
人员筛选	**执行程序**
	1. 简历收集与筛选 人力资源部应先在招聘广告发布平台上收集简历，然后对收集的简历进行筛选。 **2. 首轮面试或笔试** 人力资源部应先根据面试岗位的不同，选择相应的面试方式，然后通知应聘者进行首轮面试或笔试，最后将首轮筛选出的应聘者名单交由采购部进行第二轮筛选。 **3. 综合甄选** 人力资源部根据采购部提出的筛选意见，对应聘者进行综合甄选。 **工作重点** ☆要明确人员筛选的条件，及时识别出信息不符的应聘者，降低录用风险。 ☆要熟悉各种面试方式。技术类岗位可采用笔试，考察应聘者的学识、技能等，而一般非技术类岗位可采用面试，如有需要可采用笔试与面试相结合的方式。
	工作标准
	人力资源部须在____个工作日内完成人员筛选工作。
人员录用	**执行程序**
	1. 做出录用决策 ☆人力资源部根据对应聘者的综合鉴定与评价，对是否录用做出最终决策，然后将决策结果报人力资源总监审核、总经理审批

（续）

<table>
<tr><th>任务名称</th><th>执行程序、工作标准与考核指标</th></tr>
<tr><td rowspan="5">人员录用</td><td>☆审批通过后，人力资源部给录用人员发出录用通知书。
2. 办理入职手续
人力资源部为新员工办理入职手续。
工作重点
录用前，须做好新员工背景调查工作，防止其简历造假，损害企业利益。</td></tr>
<tr><td>工作标准</td></tr>
<tr><td>☆依据标准：依据员工录用管理规定执行。
☆时间标准：入职手续须在____个工作日内办理完成。</td></tr>
<tr><td>考核指标</td></tr>
<tr><td>☆入职手续办理的及时性：在规定的时间内完成新员工入职手续的办理工作。
☆录用比，其计算公式如下。
$$录用比=\frac{录用人数}{计划录用人数}\times 100\%$$</td></tr>
<tr><th colspan="2">执行规范</th></tr>
<tr><td colspan="2">“采购人员招聘计划”“岗位说明书”“员工招聘管理制度”“面试实施细则”“员工录用管理规定”。</td></tr>
</table>

2.4 采购人员离职审计管理流程设计与工作执行

2.4.1 采购人员离职审计管理流程设计

主办部门	采购部	流程名称	采购人员离职审计管理流程

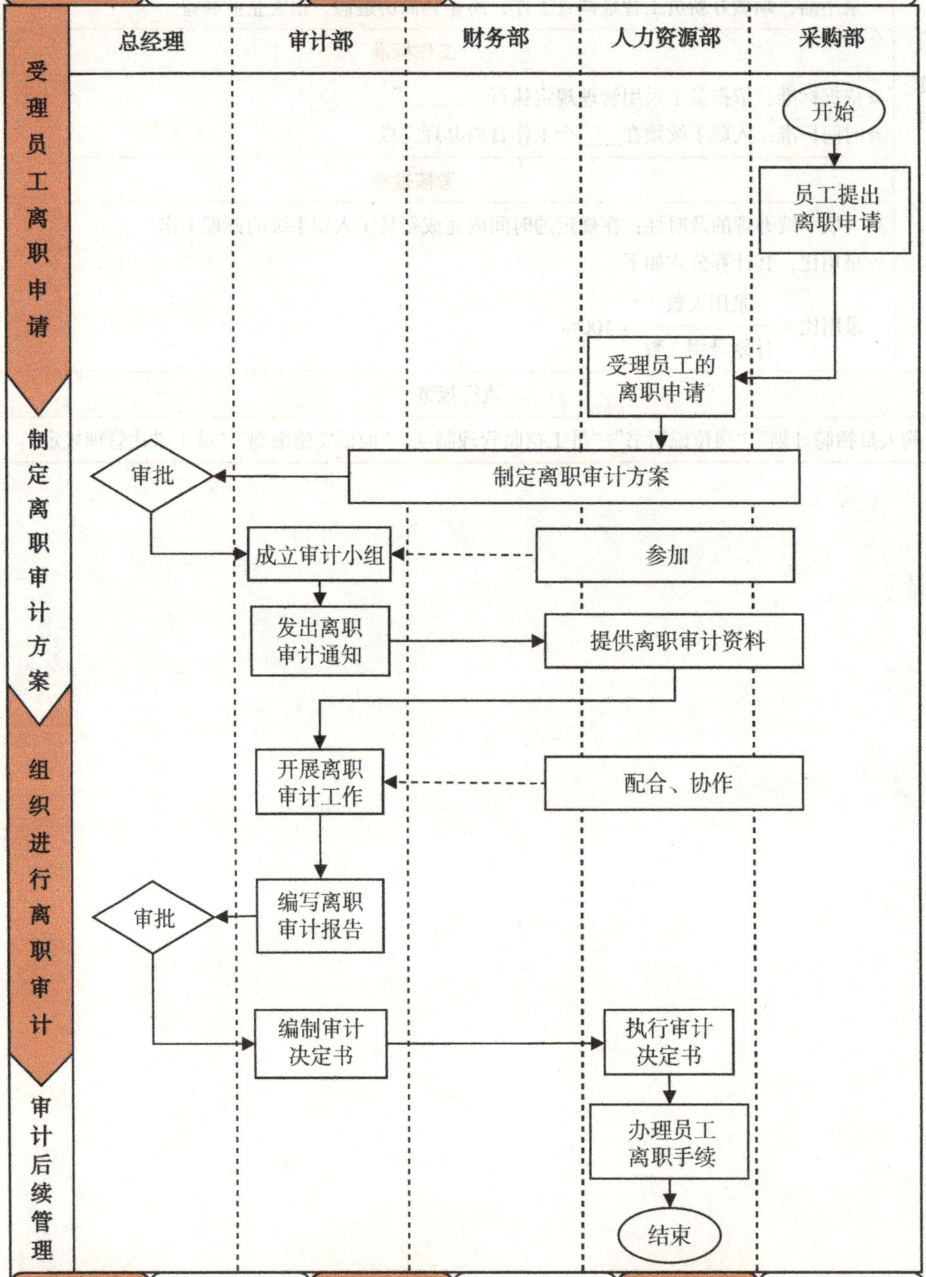

总经理
审计部
财务部
人力资源部
采购部
受理员工离职申请
制定离职审计方案
组织进行离职审计
审计后续管理
开始
员工提出离职申请
受理员工的离职申请
制定离职审计方案
审批
成立审计小组
参加
发出离职审计通知
提供离职审计资料
开展离职审计工作
配合、协作
编写离职审计报告
审批
编制审计决定书
执行审计决定书
办理员工离职手续
结束

编修部门		签发人		签发日期	

2.4.2 采购人员离职审计管理执行程序、工作标准、考核指标、执行规范

任务名称	执行程序、工作标准与考核指标
受理员工离职申请	**执行程序** **1. 员工提出离职申请** 员工先向上级领导提出离职申请，然后填写离职申请表，详细说明离职原因。 **2. 受理员工的离职申请** 人力资源部受理员工的离职申请。 **工作重点** 员工离职必须严格按照企业离职程序执行，不得擅自离职。 **工作标准** 员工的离职申请审批须以企业离职管理制度为依据。
制定离职审计方案	**执行程序** **1. 制定离职审计方案** 员工离职申请受理后，审计部、财务部、人力资源部及采购部制定离职员工的审计方案，然后将其报总经理审批。审批通过后，审计部组织成立审计小组，负责具体的员工离职审计工作。 **2. 发出离职审计通知** 审计小组在开展审计工作前，应向离职员工发出审计通知。 **工作重点** 离职审计方案不仅要具有可操作性，更要立足实际，便于后期实施和操作。 **工作标准** ☆内容标准：离职审计方案的内容包括审计组织与分工、审计目标、审计范围、审计内容与重点、审计工作要求等。 ☆通知标准：离职审计通知的内容包括审计内容、审计期限、审计时间及审计工作所需的相关材料等。
组织进行离职审计	**执行程序** **1. 开展离职审计工作** 在开展离职审计工作之前，审计部先组织采购部、财务部和人力资源部提供员工在岗期间的主要功绩资料、财务收支相关资料、重大事项决策资料、制度规章执行情况资料及履职情况资料等，并对这些资料进行整理、分类，然后对离职员工的各项资料进行审计，确认离职员工在职期间是否存在不利于企业运行的不良行为。 **2. 编写离职审计报告** 离职审计工作结束后，审计部根据离职员工的审计结果，编写离职员工的审计报告，然后将其报总经理审批。 **工作重点** 审计小组必须客观、公平、公正地对离职员工进行审计，不得带有个人感情色彩和偏见。相关部门或领导要做好监督工作。 **工作标准** ☆时间标准：离职审计工作须在____个工作日内完成。 ☆质量标准：离职审计报告的内容完整、事实清楚、数据确实、有理有据、建议适当。

（续）

任务名称	执行程序、工作标准与考核指标
审计后续管理	**执行程序** **1. 编制审计决定书** 离职审计报告审批通过后，审计部根据总经理的审批意见编制审计决定书，然后交由人力资源部执行。 **2. 办理员工离职手续** 人力资源部根据审计决定书，为员工办理离职手续。 **工作重点** ☆审计决定书必须在规定的时间内编制完成，避免影响人力资源部为员工办理离职手续。 ☆员工离职手续办理程序严格依照企业的相关规定执行。 **工作标准** ☆时间标准：审计决定书须在____个工作日内编制完成。 ☆依据标准：员工离职手续的办理须以员工离职管理制度为依据。
执行规范	
"员工离职申请表""员工离职审计方案""员工离职管理制度""离职审计报告""审计决定书"。	

第3章 采购规划与预算管控

3.1 采购规划与预算管控流程

3.1.1 流程设计的目的

企业设计采购规划与预算管控流程的目的如下。

（1）指导采购战略规划制定工作，使采购管控有章可循。

（2）规范采购计划制订工作，确保采购计划按照企业规范制订，按时提交。

（3）指导采购预算编制工作，使采购工作按预算执行，降低采购费用。

3.1.2 流程结构设计

采购规划与预算管控流程结构设计采取并列式结构，即先将采购规划与预算管控分为采购战略规划管理和采购预算管理两大事项，就每个事项设计流程，再将每个流程进行细分。具体到每个流程，则按照“执行程序、工作标准、考核指标、执行规范”这一思路展开设计，具体如图 3-1 所示。

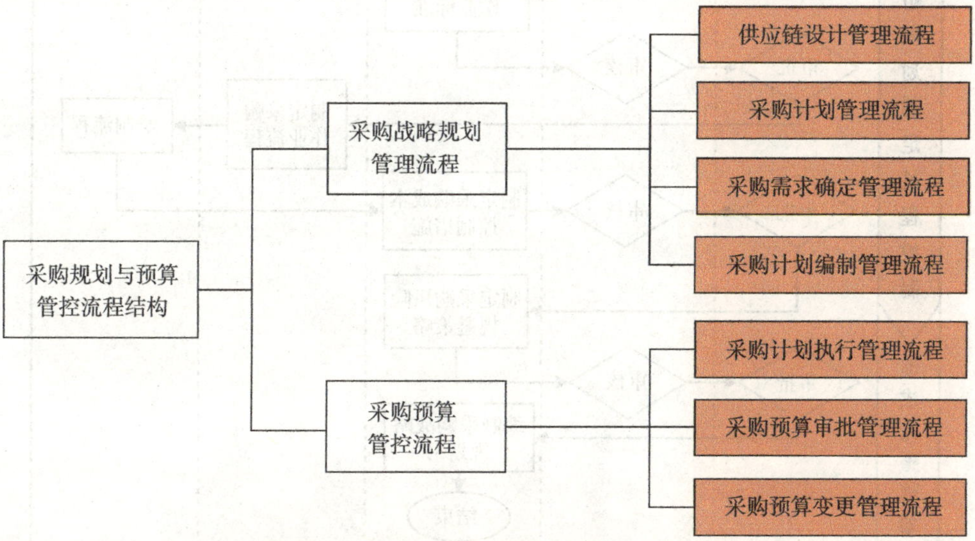

采购规划与预算管控流程结构
采购战略规划管理流程
采购预算管控流程
供应链设计管理流程
采购计划管理流程
采购需求确定管理流程
采购计划编制管理流程
采购计划执行管理流程
采购预算审批管理流程
采购预算变更管理流程

图 3-1 采购规划与预算管控流程结构设计

3.2 采购战略规划管理流程设计与工作执行

3.2.1 采购战略规划管理流程设计

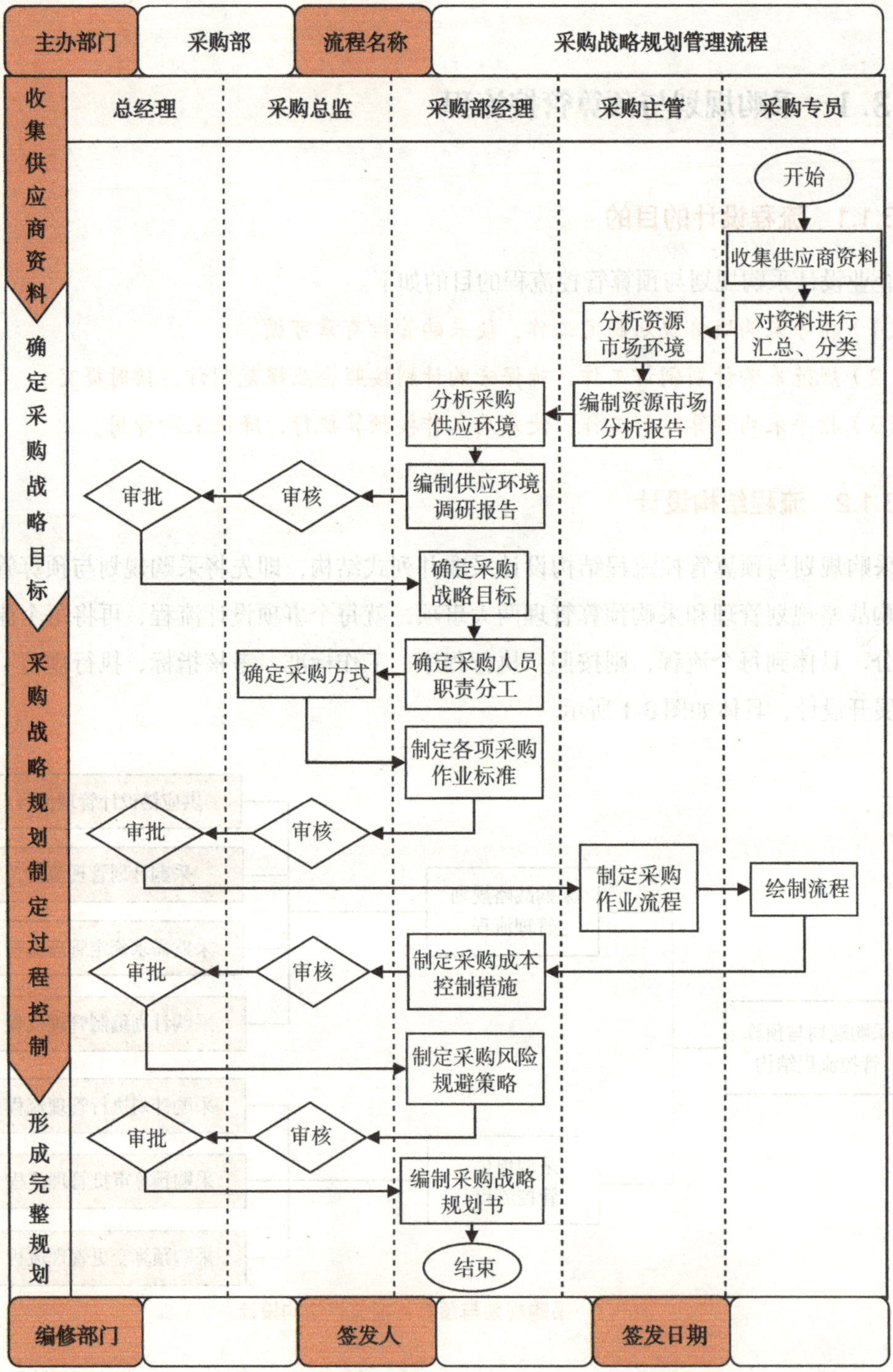
主办部门
采购部
流程名称
采购战略规划管理流程
总经理
采购总监
采购部经理
采购主管
采购专员
收集供应商资料
确定采购战略目标
采购战略规划制定过程控制
形成完整规划
开始
收集供应商资料
对资料进行汇总、分类
分析资源市场环境
编制资源市场分析报告
分析采购供应环境
编制供应环境调研报告
审核
审批
确定采购战略目标
确定采购人员职责分工
确定采购方式
制定各项采购作业标准
审核
审批
制定采购作业流程
绘制流程
制定采购成本控制措施
审核
审批
制定采购风险规避策略
审核
审批
编制采购战略规划书
结束
编修部门
签发人
签发日期

3.2.2 采购战略规划管理执行程序、工作标准、考核指标、执行规范

任务名称	执行程序、工作标准与考核指标
收集供应商资料	**执行程序** 采购专员负责收集供应商的相关资料，并对收集的资料进行汇总、分类。 **工作重点** 采购专员在收集供应商资料时，要注意收集的渠道来源及资料的真实性。 **工作标准** 收集的资料包括供应市场的价格、供货形式、供应商市场占有情况，以及供应商的组织结构、财务状况、产品开发能力、生产能力、工艺水平、质量体系、交货周期及准时率等。
确定采购战略目标	**执行程序** **1. 编制资源市场分析报告** 采购主管应先根据收集的资料分析资源市场环境，如行业的供求状况、行业效率、行业增长率、行业生产与库存量、供应商的数量与分布等，然后根据分析结果编制资源市场分析报告。 **2. 分析采购供应环境** 采购部经理应先根据资源市场分析报告，结合本企业采购状况，分析采购供应环境，并对企业内外部环境进行分析，然后根据分析结果编制供应环境调研报告，最后将其报采购总监审核、总经理审批。 **3. 确定采购战略目标** 供应环境调研报告审批通过后，采购部经理根据企业总体战略及供应环境状况等因素，确定采购战略目标。 **工作重点** 采购战略目标的确定要立足企业的总体战略，避免与企业总体战略相悖，导致采购工作与企业发展战略脱节。 **工作标准** ☆内容标准：采购战略目标的内容包括采购数量目标、成本目标和组织目标等。 ☆质量标准：采购战略目标科学合理，并符合企业实际。 **考核指标** 资源市场分析报告编制的及时性：在规定的时间内完成资源市场分析报告的编制工作。
采购战略规划制定过程控制	**执行程序** **1. 确定采购人员职责分工** 采购部经理对采购人员进行职责划分，明确采购管理权责。 **2. 确定采购方式** 采购总监负责确定适合企业自身的采购方式，然后针对每种采购方式制定实施策略。 **3. 制定各项采购作业标准** 采购部经理根据确定的采购方式，制定各项采购作业的工作标准，然后将其报采购总监审核、总经理审批。

（续）

<table>
<tr><th>任务名称</th><th>执行程序、工作标准与考核指标</th></tr>
<tr><td rowspan="5">采购战略规划制定过程控制</td><td>4. 制定采购作业流程
采购主管根据采购作业标准及人员职责划分情况，制定明晰的采购作业流程，然后由采购专员负责流程绘制工作。
5. 制定采购成本控制措施
采购部经理负责制定采购成本控制措施，并将其报采购总监审核、总经理审批。
6. 制定采购风险规避策略
采购部经理从质量、交期、价格、售后服务和财务等方面，制定采购风险规避策略，并将其报采购总监审核、总经理审批。
工作重点
采购成本控制措施要立足企业实际，便于后期实施和操作。</td></tr>
<tr><td>工作标准</td></tr>
<tr><td>☆数量标准：采购作业标准数、采购作业流程数和采购风险规避策略数都不得少于____个。
☆时间标准：采购成本控制措施须在____个工作日内制定完成。</td></tr>
<tr><td>考核指标</td></tr>
<tr><td>☆采购人员职责分工准确率：目标值为____%。
☆采购作业标准制定完成率，其计算公式如下。
$$\text{采购作业标准制定完成率}=\frac{\text{采购作业标准制定完成数}}{\text{采购作业标准制定总数}}\times 100\%$$
☆采购作业流程绘制的及时性：在规定的时间内完成采购作业流程的绘制工作。
☆采购风险规避策略的可执行性：采购风险规避策略应科学、合理、可执行。</td></tr>
<tr><td rowspan="6">形成完整规划</td><td>执行程序</td></tr>
<tr><td>采购部经理应先对采购战略内容进行有效的整合，形成完整的采购战略规划，然后编制采购战略规划书。
工作重点
☆采购战略规划书必须在规定的时间内编制完成，避免影响企业后期采购工作的开展。
☆在编制采购战略规划书的过程中，采购部员工必须细心，防止出现错误，影响企业采购的实施。</td></tr>
<tr><td>工作标准</td></tr>
<tr><td>采购战略规划书须在____个工作日内编制完成。</td></tr>
<tr><td>考核指标</td></tr>
<tr><td>☆采购战略规划书编制的及时性：在规定的时间内完成采购战略规划书的编制工作。
☆采购战略规划书编制差错率，其计算公式如下。
$$\text{采购战略规划书编制差错率}=\frac{\text{采购战略规划书编制差错数}}{\text{采购战略规划书编制总数}}\times 100\%$$</td></tr>
<tr><td colspan="2">执行规范</td></tr>
<tr><td colspan="2">“企业战略规划书”“资源市场分析报告”“供应环境调研报告”“采购战略目标”“采购作业授权表”“采购工作标准”“工作流程图”“采购风险规避策略”。</td></tr>
</table>

3.3 供应链设计管理流程设计与工作执行

3.3.1 供应链设计管理流程设计

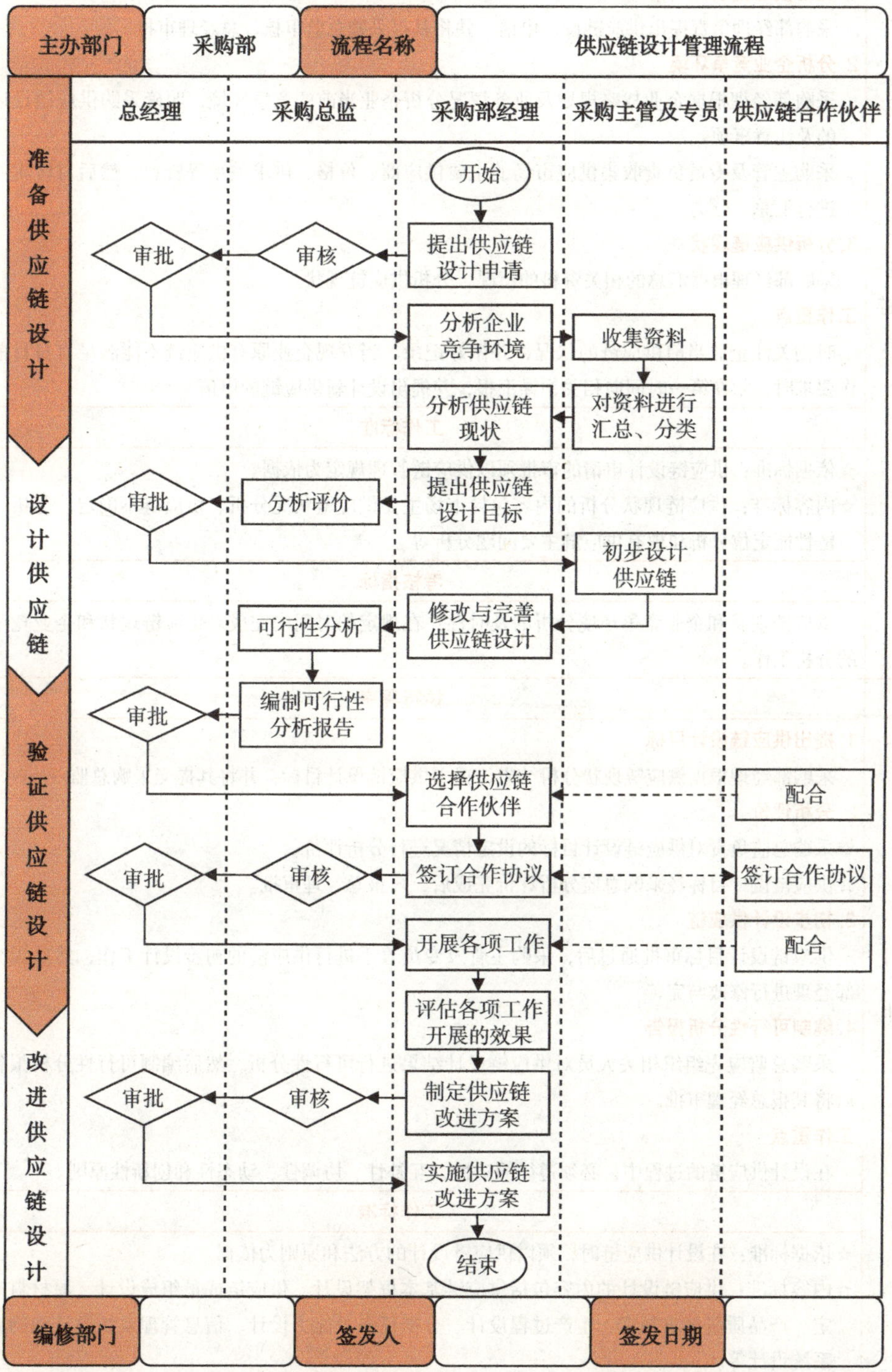

主办部门
采购部
流程名称
供应链设计管理流程
总经理
采购总监
采购部经理
采购主管及专员
供应链合作伙伴
准备供应链设计
设计供应链
验证供应链设计
改进供应链设计
开始
审批
审核
提出供应链设计申请
分析企业竞争环境
收集资料
分析供应链现状
对资料进行汇总、分类
审批
分析评价
提出供应链设计目标
初步设计供应链
可行性分析
修改与完善供应链设计
审批
编制可行性分析报告
选择供应链合作伙伴
配合
审批
审核
签订合作协议
签订合作协议
开展各项工作
配合
评估各项工作开展的效果
审批
审核
制定供应链改进方案
实施供应链改进方案
结束
编修部门
签发人
签发日期

3.3.2 供应链设计管理执行程序、工作标准、考核指标、执行规范

任务名称	执行程序、工作标准与考核指标
准备供应链设计	**执行程序**
	1. 提出供应链设计申请 采购部经理负责提出供应链设计申请，并将其报采购总监审核、总经理审批。 **2. 分析企业竞争环境** ☆采购部经理根据企业战略规划及业务情况分析企业当前的竞争环境，明确采购供应链设计的目的及注意事项。 ☆采购主管及专员负责收集供应市场的主要供应商、价格、供求关系等资料，然后对收集的资料进行汇总、分类。 **3. 分析供应链现状** 采购部经理根据汇总的相关资料的情况，分析供应链现状。 **工作重点** 时刻关注企业当前供应链的状况，并做好记录。当发现企业原有供应链不能满足自身目前的运作要求时，须在第一时间向相关领导汇报，并提出设计新供应链的申请。
	工作标准
	☆依据标准：供应链设计申请的审批须以供应链管理规定为依据。 ☆内容标准：供应链现状分析的内容包括市场主要供应链状况分析、供应链不确定性分析、供应链性能定位分析和现有供应链主要问题分析等。
	考核指标
	供应链现状和企业竞争环境分析的及时性：在规定的时间内完成对供应链现状和企业竞争环境的分析工作。
设计供应链	**执行程序**
	1. 提出供应链设计目标 采购部经理根据供应链现状分析结果，提出供应链设计目标，并将其提交采购总监。 **2. 分析评价** ☆采购总监负责对供应链设计目标的设定情况进行分析评价。 ☆供应链设计目标经采购总监分析评价完成后，再报总经理审批。 **3. 初步设计供应链** 供应链设计目标审批通过后，采购主管及专员着手进行供应链的初步设计工作，然后提交采购部经理进行修改与完善。 **4. 编制可行性分析报告** 采购总监应先组织相关人员对供应链设计结果进行可行性分析，然后编制可行性分析报告，最后将其报总经理审批。 **工作重点** 在设计供应链的过程中，必须遵循简洁性、互补性、协调性、动态性和创新性原则。
	工作标准
	☆依据标准：在设计供应链时，须以供应链设计的方法和原则为依据。 ☆内容标准：供应链设计的内容包括供应链基本框架设计、供应链成员组成设计、原材料来源制定、产品质量要求制定、生产过程设计、分销任务及能力设计、信息管理系统设计和物流管理系统设计等。

（续）

<table>
<tr><th>任务名称</th><th>执行程序、工作标准与考核指标</th></tr>
<tr><td rowspan="2">设计供应链</td><td>考核指标</td></tr>
<tr><td>☆供应链设计的及时性：在规定的时间内完成供应链的设计工作。
☆供应链设计目标达成率：在考核期内，供应链设计目标达成率不低于____%。</td></tr>
<tr><td rowspan="6">验证供应链设计</td><td>执行程序</td></tr>
<tr><td>1. 选择供应链合作伙伴
☆采购部经理根据供应链合作伙伴的实力，对各个供应商进行考察，确定供应链合作伙伴，与其签订合作协议。
☆采购部经理将签订好的合作协议报采购总监审核、总经理审批。
2. 开展各项工作
采购部经理负责组织供应链合作伙伴开展各项工作。
3. 评估各项工作开展的效果
采购部经理负责组织对各项工作开展的效果进行评估。
工作重点
在对各项工作开展的效果进行评估时，应重点考察各供应链目标是否达成。对未达成目标的，须分析其目标完成情况，并将此作为评价供应链合作伙伴绩效的主要依据。</td></tr>
<tr><td>工作标准</td></tr>
<tr><td>选择的供应链合作伙伴的数量不少于____个。</td></tr>
<tr><td>考核指标</td></tr>
<tr><td>工作完成率，其计算公式如下。
$$工作完成率=\frac{实际完成工作任务数}{应完成工作任务数}\times 100\%$$</td></tr>
<tr><td rowspan="6">改进供应链设计</td><td>执行程序</td></tr>
<tr><td>1. 制定供应链改进方案
采购部经理负责制定供应链改进方案，并将其报采购总监审核、总经理审批。
2. 实施供应链改进方案
供应链改进方案审批通过后，采购部经理组织实施该方案。
工作重点
供应链改进方案不仅要具有可操作性，更要立足实际，便于后期实施和操作。</td></tr>
<tr><td>工作标准</td></tr>
<tr><td>☆时间标准：供应链改进方案须在____个工作日内制定完成。
☆目标标准：全面落实供应链改进方案。</td></tr>
<tr><td>考核指标</td></tr>
<tr><td>供应链效率提高率应提高____%以上。</td></tr>
<tr><td colspan="2">执行规范</td></tr>
<tr><td colspan="2">“供应链设计管理制度”“供应商设计规划书”“供应链设计可行性分析报告”“供应链合作伙伴选择制度”“供应链合作协议”“供应链设计绩效评估报告”“供应链改进方案”。</td></tr>
</table>

3.4 采购计划管理流程设计与工作执行

3.4.1 采购计划管理流程设计

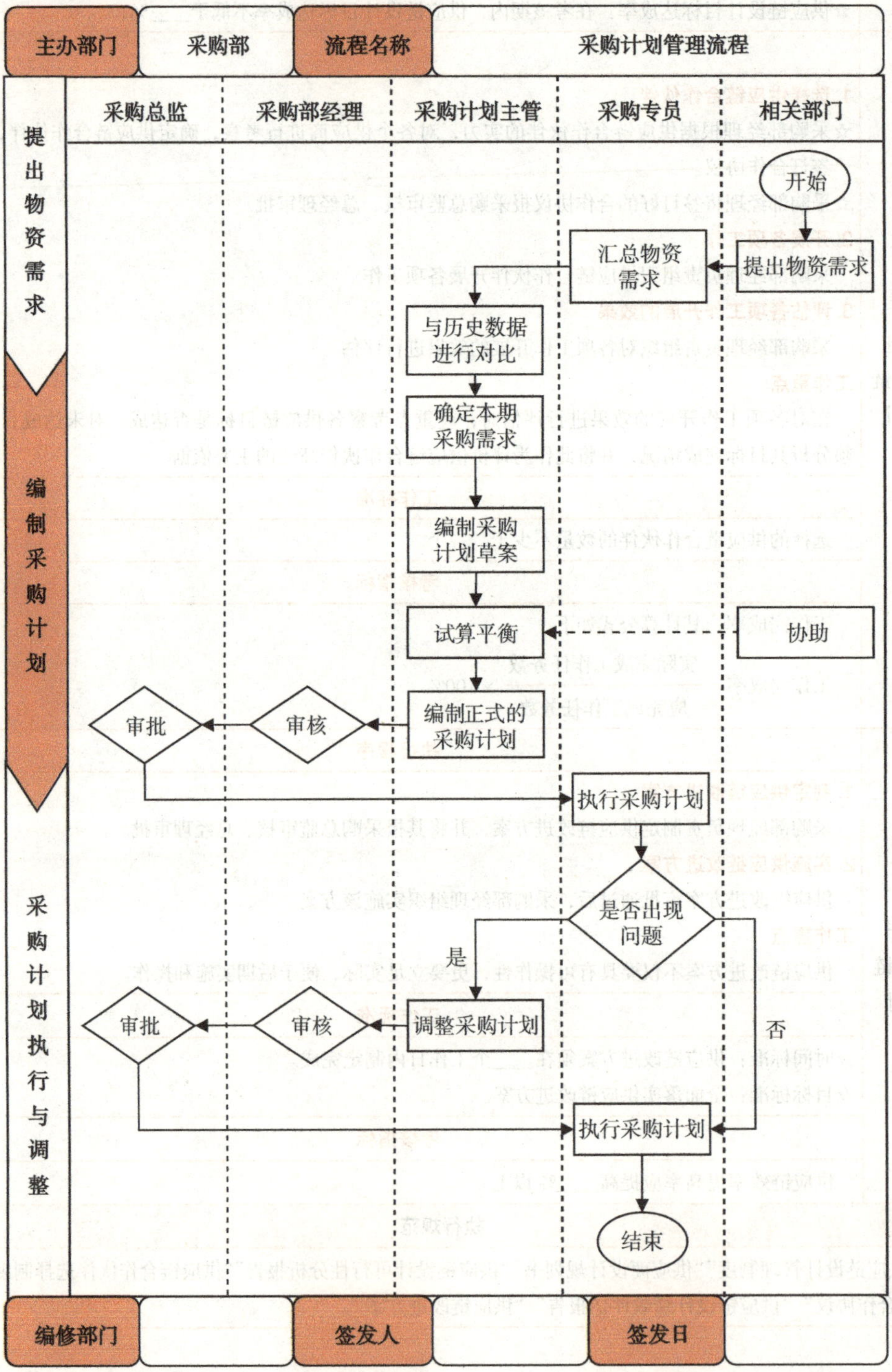

主办部门
采购部
流程名称
采购计划管理流程
采购总监
采购部经理
采购计划主管
采购专员
相关部门
提出物资需求
编制采购计划
采购计划执行与调整
开始
提出物资需求
汇总物资需求
与历史数据进行对比
确定本期采购需求
编制采购计划草案
试算平衡
协助
编制正式的采购计划
审核
审批
执行采购计划
是否出现问题
是
否
调整采购计划
审核
审批
执行采购计划
结束
编修部门
签发人
签发日

3.4.2 采购计划管理执行程序、工作标准、考核指标、执行规范

<table>
<tr><th>任务名称</th><th>执行程序、工作标准与考核指标</th></tr>
<tr><td rowspan="6">提出物资需求</td><td>执行程序</td></tr>
<tr><td>1. 提出物资需求
相关部门提出物资需求，并编制物资请购单，然后提交采购专员。
2. 汇总物资需求
采购专员负责汇总相关部门提交的物资请购单，编制物资需求汇总表，然后将其提交采购计划主管。
3. 与历史数据进行对比
采购计划主管对采购专员提交的物资需求汇总表进行分析，并将其与历史数据进行对比。
工作重点
采购专员要在汇总相关各部门的物资需求的基础上编制物资需求汇总表。</td></tr>
<tr><td>工作标准</td></tr>
<tr><td>☆依据标准：相关部门主要以物资消耗定额和库存量为依据提出物资需求。
☆时间标准：每____个工作日对各部门的物资需求申请进行一次汇总。</td></tr>
<tr><td>考核指标</td></tr>
<tr><td>物资需求汇总表编制的及时性：须在____个工作日内完成。</td></tr>
<tr><td rowspan="6">编制采购计划</td><td>执行程序</td></tr>
<tr><td>1. 确定本期采购需求
采购计划主管结合上一周期生产销售状况和本年度的经营目标，确定本期采购需求。
2. 编制采购计划草案
☆采购计划主管根据物资需求情况和库存状况，编制采购计划草案。
☆采购计划草案编制完成后，财务部协助采购计划主管对其进行试算平衡。
3. 编制正式的采购计划
采购计划主管根据试算平衡后的采购计划草案，编制正式的采购计划，并将其报采购部经理审核、采购总监审批。
工作重点
☆采购计划主管须严格按照企业发展目标的实际需要，结合库存状况和在途物资情况，科学合理安排采购数量，防止采购数量过高或过低。
☆采购计划要立足实际，避免脱离实际，导致采购计划不能起到很好的指导作用。</td></tr>
<tr><td>工作标准</td></tr>
<tr><td>采购计划的内容包括物资类别、采购数量、采购金额、采购方式和采购时间等。</td></tr>
<tr><td>考核指标</td></tr>
<tr><td>采购计划编制的及时性：在规定的时间内完成采购计划的编制工作。</td></tr>
<tr><td rowspan="2">采购计划执行与调整</td><td>执行程序</td></tr>
<tr><td>1. 执行采购计划
☆采购计划审批通过后，采购专员执行采购计划。
☆若在执行采购计划过程中出现问题，采购专员要及时将问题反映给采购计划主管。若在执行采购计划过程中没有出现问题，采购专员应继续执行该计划。</td></tr>
</table>

（续）

<table>
<tr><th>任务名称</th><th>执行程序、工作标准与考核指标</th></tr>
<tr><td rowspan="5">采购计划执行与调整</td><td>2. 调整采购计划
采购计划主管根据采购专员反映的问题调整采购计划，然后将调整后的采购计划报采购部经理审核、采购总监审批。
工作重点
采购专员须严格按照采购计划执行采购，不得随意更改计划内容。禁止不按照计划执行或任意地超计划采购，防止采购计划形同虚设。</td></tr>
<tr><td>工作标准</td></tr>
<tr><td>全面落实采购计划。</td></tr>
<tr><td>考核指标</td></tr>
<tr><td>采购计划完成率，其计算公式如下。
$$采购计划完成率=\frac{实际完成的采购项目数}{应采购项目数}\times 100\%$$</td></tr>
<tr><th colspan="2">执行规范</th></tr>
<tr><td colspan="2">“采购计划管理制度”“物资请购单”“物资需求汇总表”“采购计划”。</td></tr>
</table>

3.5 采购需求确定管理流程设计与工作执行

3.5.1 采购需求确定管理流程设计

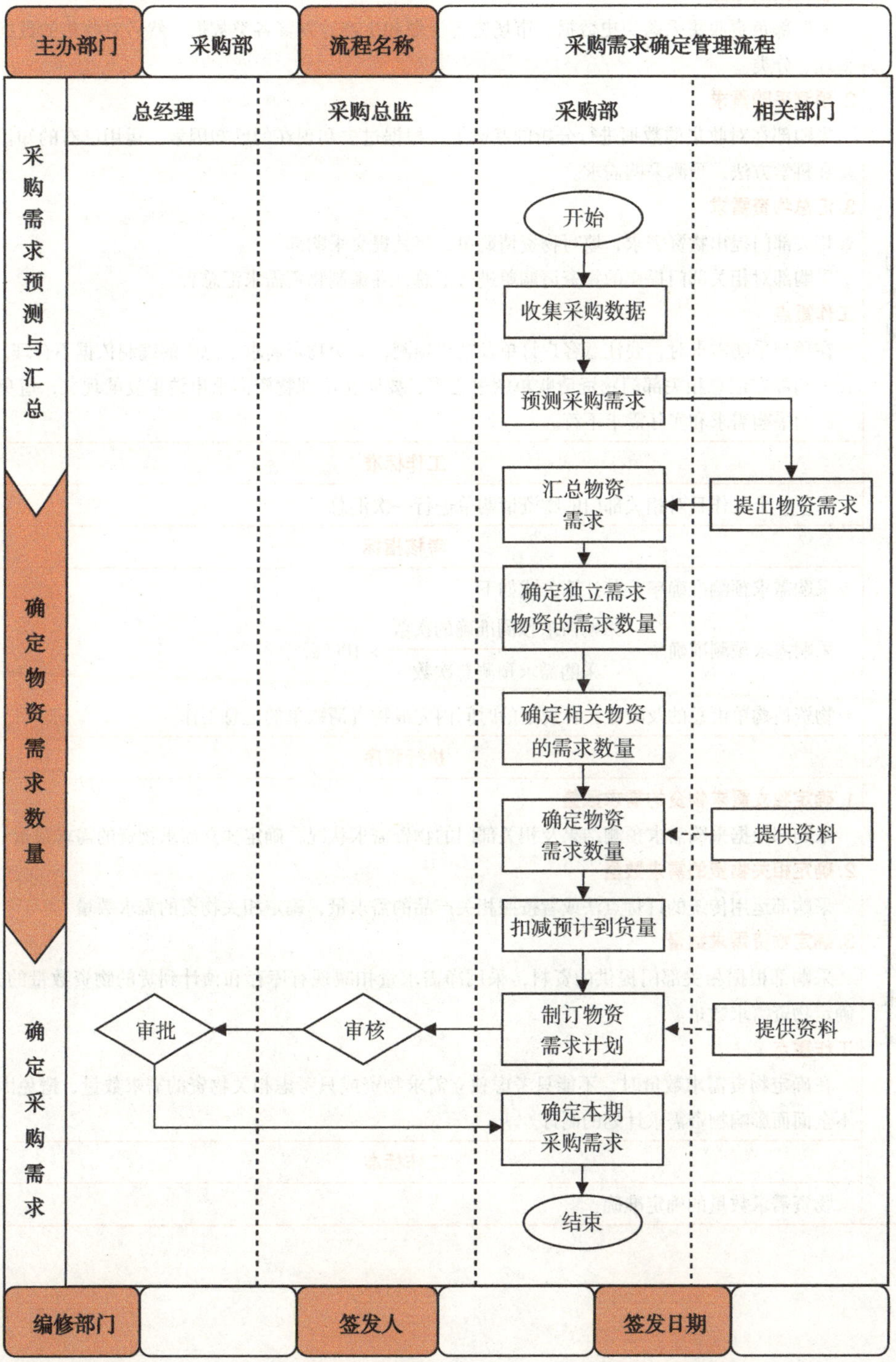

主办部门
采购部
流程名称
采购需求确定管理流程
总经理
采购总监
采购部
相关部门
采购需求预测与汇总
确定物资需求数量
确定采购需求
开始
收集采购数据
预测采购需求
汇总物资需求
提出物资需求
确定独立需求物资的需求数量
确定相关物资的需求数量
确定物资需求数量
提供资料
扣减预计到货量
审批
审核
制订物资需求计划
提供资料
确定本期采购需求
结束
编修部门
签发人
签发日期

3.5.2 采购需求确定管理执行程序、工作标准、考核指标、执行规范

任务名称	执行程序、工作标准与考核指标
采购需求预测与汇总	**执行程序** **1. 收集采购数据** 采购部负责收集采购历史数据、市场销售计划和生产计划等各类数据，然后对收集的数据进行整理、分类。 **2. 预测采购需求** 采购部在对收集的数据进行分析的基础上，根据过去和现在的已知因素，运用已有的知识、经验和科学方法，预测采购需求。 **3. 汇总物资需求** ☆相关部门提出物资需求，填写物资请购单，将其提交采购部。 ☆采购部对相关部门提交的物资请购单进行汇总，并编制物资需求汇总表。 **工作重点** ☆在预测采购需求时，要注意客户订单及销售预测，避免物资需求汇总表的编制依据不合理。 ☆采购部在汇总相关部门物资请购单的过程中，要防止出现物资需求申请重复的现象，避免汇总后的采购需求和实际需求不符。 **工作标准** 每____个工作日对相关部门的物资请购单进行一次汇总。 **考核指标** ☆采购需求预测准确率，其计算公式如下。 $采购需求预测准确率=\frac{采购需求预测准确的次数}{采购需求预测总次数}\times 100\%$ ☆物资请购单汇总的及时性：在规定的时间内完成物资请购单的汇总工作。
确定物资需求数量	**执行程序** **1. 确定独立需求物资的需求数量** 采购部根据采购需求预测结果及相关部门的物资需求状况，确定独立需求物资的需求数量。 **2. 确定相关物资的需求数量** 采购部运用传统的订货点法或者按照相关产品的需求量，确定相关物资的需求数量。 **3. 确定物资需求数量** 采购部根据相关部门提供的资料，采用净需求量扣减现有库存和预计到货的物资数量的方式，确定物资需求数量。 **工作重点** 在确定物资需求数量时，不能只考虑独立需求物资或只考虑相关物资的需求数量，避免因考虑不全面而影响物资需求计划的制订。 **工作标准** 物资需求数量的确定准确。

（续）

任务名称	执行程序、工作标准与考核指标
确定物资需求数量	**考核指标**
	物资需求数量确定准确率，其计算公式如下。 $$物资需求数量确定准确率=\frac{物资需求数量确定准确的次数}{物资需求数量确定总次数}\times 100\%$$
确定采购需求	**执行程序**
	1. 制订物资需求计划 采购部根据确定的物资需求数量制订物资需求计划，并将其报采购总监审核、总经理审批。 **2. 确定本期采购需求** 采购部结合上一周期生产销售状况和本年度的经营目标，再根据批准后的物资需求计划确定本期采购需求。 **工作重点** ☆物资需求计划制订完成后，要及时提交领导审核与审批，避免影响采购工作效率。 ☆采购部在制订物资需求计划时，要扣除物资现有库存量或在途物资数量，防止物资需求计划不合理。
	工作标准
	物资需求计划须在制订完成后的____个工作日内提交领导审核与审批。
	考核指标
	☆物资需求计划制订的及时性：在规定的时间内完成物资需求计划的制订工作。 ☆物资需求计划审批一次性通过率：目标值为____%。
执行规范	
“采购需求管理制度”“采购需求预测表”“物资需求汇总表”“物资需求计划”“采购计划”“物资请购单”。	

3.6 采购计划编制管理流程设计与工作执行

3.6.1 采购计划编制管理流程设计

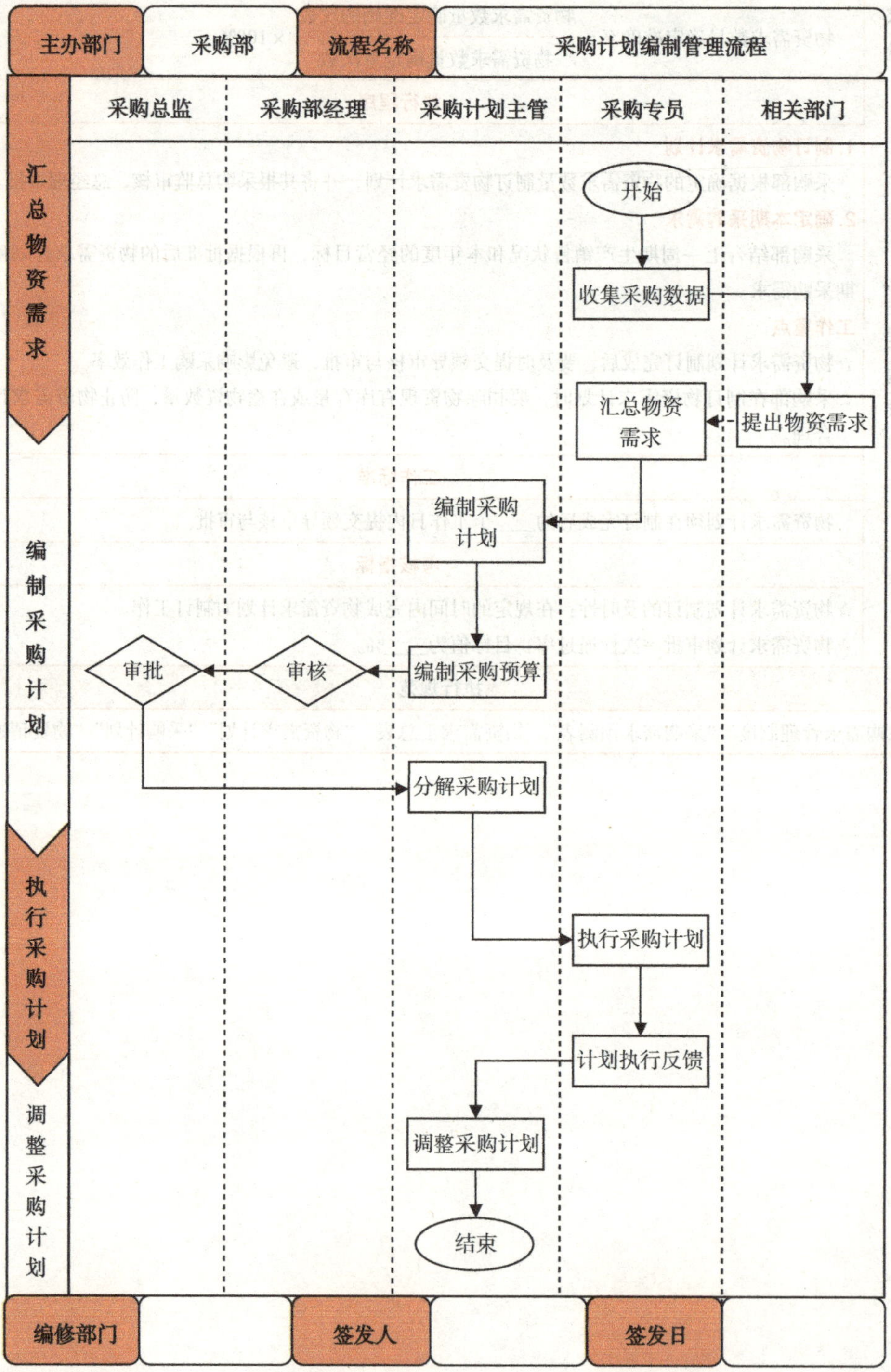
主办部门
采购部
流程名称
采购计划编制管理流程
采购总监
采购部经理
采购计划主管
采购专员
相关部门
汇总物资需求
编制采购计划
执行采购计划
调整采购计划
开始
收集采购数据
提出物资需求
汇总物资需求
编制采购计划
编制采购预算
审核
审批
分解采购计划
执行采购计划
计划执行反馈
调整采购计划
结束
编修部门
签发人
签发日

3.6.2 采购计划编制管理执行程序、工作标准、考核指标、执行规范

<table>
<tr><th>任务名称</th><th>执行程序、工作标准与考核指标</th></tr>
<tr><td rowspan="4">汇总物资需求</td><td>执行程序</td></tr>
<tr><td>1. 收集采购数据
采购专员负责收集采购历史数据、市场销售计划和生产计划等各类数据，然后对收集的数据进行整理、分类。
2. 汇总物资需求
☆相关部门提出物资需求，填写物资请购单，然后将其提交采购专员。
☆采购专员对相关部门提交的物资请购单进行汇总，编制物资需求汇总表，并将其提交采购计划主管。
工作重点
物资请购单的填写要规范，要制定填写说明书，避免因填写不一致而造成物资需求汇总数据不准确。</td></tr>
<tr><td>工作标准</td></tr>
<tr><td>采购专员应每____个工作日对相关部门的物资请购单进行一次汇总。</td></tr>
<tr><td rowspan="6">编制采购计划</td><td>执行程序</td></tr>
<tr><td>1. 编制采购计划
采购计划主管结合企业的经营目标和相关部门的物资需求情况，编制采购计划。
2. 编制采购预算
采购计划主管根据采购计划，编制采购预算，然后将其报采购部经理审核、采购总监审批。
工作重点
采购计划的编制必须依据企业的经营计划，避免与企业的经营计划相悖，导致采购工作与企业发展战略脱节。</td></tr>
<tr><td>工作标准</td></tr>
<tr><td>☆依据标准：以企业的物资需求量为依据。
☆预算标准：采购预算控制在企业预算范围内。</td></tr>
<tr><td>考核指标</td></tr>
<tr><td>☆采购计划编制的及时性：在规定的时间内完成采购计划的编制工作。
☆采购预算编制准确率，其计算公式如下。
$$采购预算编制准确率=\frac{采购预算编制准确的次数}{采购预算编制总次数}\times 100\%$$</td></tr>
<tr><td rowspan="2">执行采购计划</td><td>执行程序</td></tr>
<tr><td>1. 分解采购计划
采购计划主管负责将采购计划进行分解，然后分配到人，并落实责任。
2. 执行采购计划
采购专员负责执行采购计划，并做好记录。
工作重点
要严格按照采购计划执行采购，不得随意更改计划内容。禁止不按照计划执行或任意地超计划采购，防止采购计划形同虚设。</td></tr>
</table>

（续）

<table>
<tr><th>任务名称</th><th>执行程序、工作标准与考核指标</th></tr>
<tr><td rowspan="4">执行采购计划</td><td>工作标准</td></tr>
<tr><td>全面落实采购计划。</td></tr>
<tr><td>考核指标</td></tr>
<tr><td>☆采购计划完成率，其计算公式如下。
$$采购计划完成率=\frac{实际完成的采购项目数}{应采购项目数}\times100\%$$
☆采购计划分解准确率，其计算公式如下。
$$采购计划分解准确率=\frac{采购计划分解准确数}{采购计划分解总数}\times100\%$$</td></tr>
<tr><td rowspan="4">调整采购计划</td><td>执行程序</td></tr>
<tr><td>1. 计划执行反馈
采购专员负责将采购计划的执行结果反映给采购计划主管。
2. 调整采购计划
采购计划主管根据采购专员反映的情况，调整采购计划。
工作重点
采购专员务必及时向采购计划主管反映采购过程中出现的问题，以便及时解决问题。</td></tr>
<tr><td>工作标准</td></tr>
<tr><td>采购计划须在____个工作日内调整完成。</td></tr>
<tr><td colspan="2">执行规范</td></tr>
<tr><td colspan="2">“采购计划管理制度”“采购计划”“物资请购单”“采购需求汇总表”“采购需求计划”“采购任务分解表”。</td></tr>
</table>

3.7 采购预算管控流程设计与工作执行

3.7.1 采购预算管控流程设计

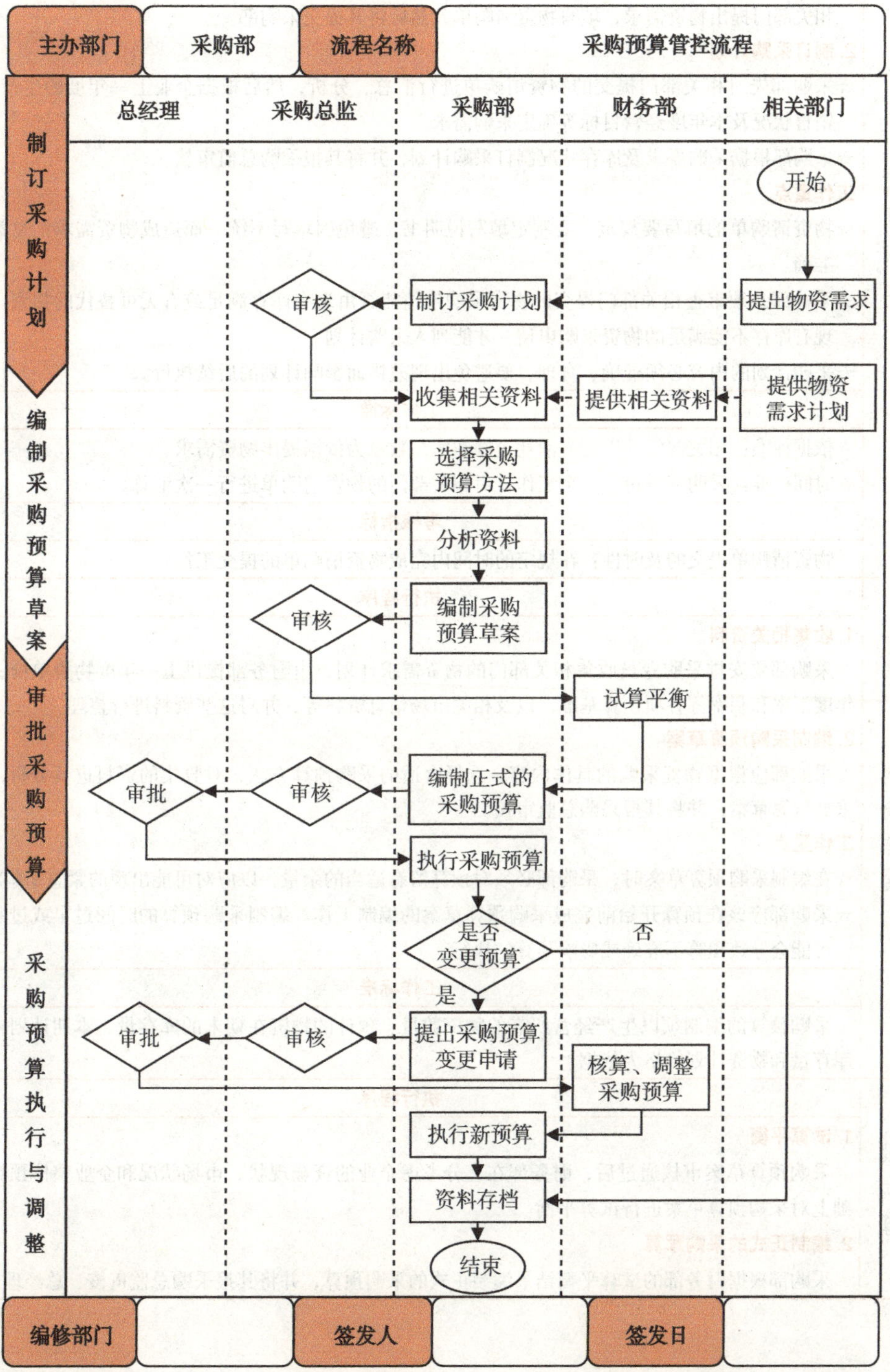

主办部门
采购部
流程名称
采购预算管控流程
总经理
采购总监
采购部
财务部
相关部门
制订采购计划
编制采购预算草案
审批采购预算
采购预算执行与调整
开始
提出物资需求
制订采购计划
审核
提供物资需求计划
提供相关资料
收集相关资料
选择采购预算方法
分析资料
编制采购预算草案
审核
试算平衡
编制正式的采购预算
审核
审批
执行采购预算
是否变更预算
否
是
提出采购预算变更申请
审核
审批
核算、调整采购预算
执行新预算
资料存档
结束
编修部门
签发人
签发日

3.7.2 采购预算管控执行程序、工作标准、考核指标、执行规范

<table>
<tr><th>任务名称</th><th>执行程序、工作标准与考核指标</th></tr>
<tr><td rowspan="5">制订采购计划</td><td>执行程序</td></tr>
<tr><td>1. 提出物资需求
相关部门提出物资需求，填写物资请购单，然后将其提交采购部。
2. 制订采购计划
☆采购部先对相关部门提交的物资请购单进行汇总、分析，然后根据企业上一年度的生产状况、销售状况及本年度经营目标等确定采购需求。
☆采购部根据采购需求及库存状况制订采购计划，并将其报采购总监审核。
工作重点
☆物资请购单的填写要规范，要制定填写说明书，避免因填写不统一而造成物资需求汇总数据不准确。
☆采购部必须审查相关部门提交的物资采购申请能否由现有库存满足或有无可替代的物资。只有现有库存不能满足的物资采购申请，才能列入采购计划。
☆采购计划的内容必须准确、合理，要避免出现差错而影响计划的后续执行。</td></tr>
<tr><td>工作标准
☆依据标准：相关部门须以物资消耗定额和库存数量为依据提出物资需求。
☆时间标准：采购部应每____个工作日对相关部门的物资请购单进行一次汇总。</td></tr>
<tr><td>考核指标</td></tr>
<tr><td>物资请购单提交的及时性：在规定的时间内完成物资请购单的提交工作。</td></tr>
<tr><td rowspan="2">编制采购预算草案</td><td>执行程序
1. 收集相关资料
采购部要安排采购专员收集相关部门的物资需求计划，由财务部提供上一年度物资单价、下一年度汇率和利率等各项预算基准，以及相关市场信息资料等，并对这些资料进行整理。
2. 编制采购预算草案
采购部应根据物资采购的具体内容，选择合适的采购预算方法，对收集的资料进行分析，编制采购预算草案，并将其报采购总监审核。
工作重点
☆在编制采购预算草案时，采购部必须对预算留有适当的余量，以应对可能出现的紧急采购状况。
☆采购部应该在预算开始前完成采购预算草案的编制工作。编制采购预算的时间过早或过晚，都可能会导致预算不准确或影响预算的执行。</td></tr>
<tr><td>工作标准
采购预算的编制须以生产经营所需的物资数量、预计的物资在期末的库存量、本期计划末结转库存量和物资计划价格为依据。</td></tr>
<tr><td>审批采购预算</td><td>执行程序
1. 试算平衡
采购预算草案审核通过后，财务部在充分考虑企业的资金现状、市场状况和企业整体预算的基础上对采购预算草案进行试算平衡。
2. 编制正式的采购预算
采购部根据财务部的试算平衡结果编制正式的采购预算，并将其报采购总监审核、总经理审批。</td></tr>
</table>

任务名称	执行程序、工作标准与考核指标
审批采购预算	**工作重点** 企业须加强对采购预算的审核与审批，确保采购预算的完整性，防止因采购预算漏报和项目模糊不清而产生各种营私舞弊行为。
	工作标准
	☆依据标准：采购预算的审批须以采购预算管理制度为依据。 ☆目标标准：对采购预算的审批应确保采购预算的真实性、合法性、完整性及各项费用的关联性。
采购预算执行与调整	**执行程序**
	1. 执行采购预算 采购部组织执行审批通过后的采购预算。 **2. 提出采购预算变更申请** 在执行采购预算的过程中，如果出现特殊情况，采购部要及时提出采购预算变更申请，并报采购总监审核，总经理审批。 **3. 核算、调整采购预算** 采购预算变更申请审批通过后，财务部对变更后的采购预算进行核算，然后依据总经理的审批意见对变更前的采购预算进行调整。 **工作重点** ☆在执行采购预算的过程中，经核定的分期采购预算，在当期未动用者，不得保留；若需保留，则下期必须补办相关手续；未列入预算的紧急采购，由使用部门领用后，补办追加相关预算的审批手续。 ☆变更采购预算时，所遵循的程序与采购预算编制程序基本相同。采购部应加强对采购预算变更申请的审批，防止出现频繁变更采购预算的现象。
	工作标准
	采购预算变更条件主要包括物资使用部门出现临时订单，因不可预测事件而导致设备损坏，因生产经营需要而增加临时需求，月度需求预算已执行完毕又接到预警单，以及其他影响采购的突发情况。
	考核指标
	采购预算完成率，其计算公式如下。 $$采购预算完成率=\frac{采购预算实际完成数}{采购预算应完成数}\times 100\%$$
执行规范	
“采购计划管理制度”“采购计划书”“物资请购单”“采购需求汇总表”“采购需求计划”“采购预算管理制度”“采购预算草案”“采购预算书”。	

3.8 采购计划执行管理流程设计与工作执行

3.8.1 采购计划执行管理流程设计

主办部门	采购部	流程名称	采购计划执行管理流程

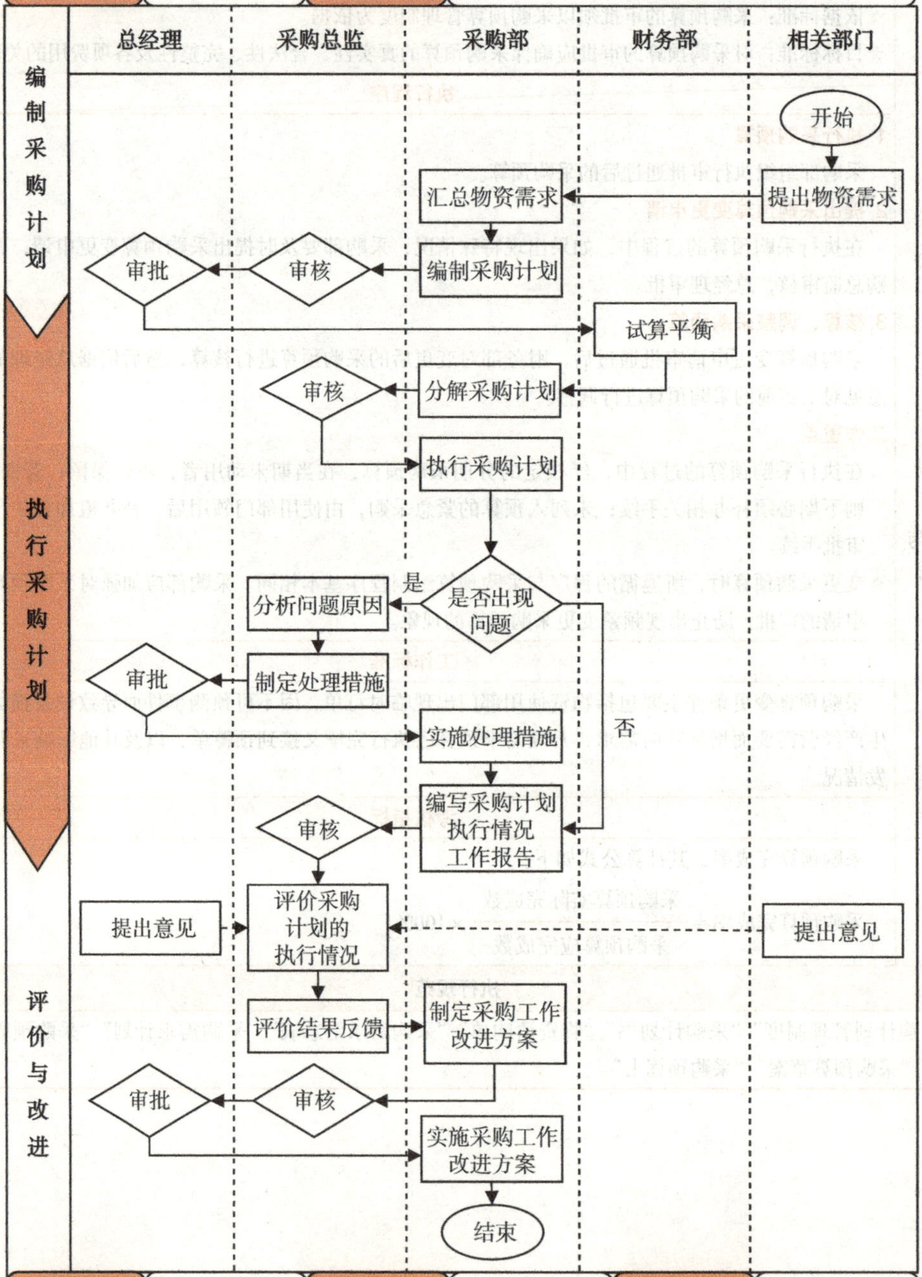

总经理
采购总监
采购部
财务部
相关部门
编制采购计划
执行采购计划
评价与改进
开始
提出物资需求
汇总物资需求
编制采购计划
审核
审批
试算平衡
分解采购计划
审核
执行采购计划
是否出现问题
是
否
分析问题原因
制定处理措施
审批
实施处理措施
编写采购计划执行情况工作报告
审核
提出意见
评价采购计划的执行情况
提出意见
评价结果反馈
制定采购工作改进方案
审核
审批
实施采购工作改进方案
结束

编修部门		签发人		签发日期	

3.8.2 采购计划执行管理执行程序、工作标准、考核指标、执行规范

任务名称	执行程序、工作标准与考核指标
编制采购计划	**执行程序**
	1. 汇总物资需求 采购部负责汇总相关部门提出的物资需求。 **2. 编制采购计划** ☆采购部根据物资需求的汇总情况，编制采购计划，然后将其报采购总监审核、总经理审批。 ☆采购计划审批通过后，采购部将其提交财务部进行试算平衡。 **工作重点** ☆采购部在汇总相关部门物资需求的过程中，要防止出现物资需求申请重复的现象，避免汇总后的采购需求与实际需求不符。 ☆采购计划要立足实际，避免脱离实际，导致采购计划不能起到很好的指导作用。
	工作标准
	☆时间标准：采购部须在____个工作日内完成物资需求汇总工作。 ☆内容标准：采购计划的内容包括物资类别、采购数量、采购金额、采购方式和采购时间等。
	考核指标
	采购计划编制的及时性：在规定的时间内完成采购计划的编制工作。
执行采购计划	**执行程序**
	1. 分解采购计划 采购部应先分解采购计划，然后分配到人，并落实责任。 **2. 执行采购计划** ☆采购部根据分解好的采购计划执行采购，并做好记录。 ☆在执行采购计划的过程中出现问题，采购部要及时将问题反映给采购总监。采购总监对采购部反映的问题进行分析，制定处理措施，并将处理措施报总经理审批。审批通过后，采购部实施处理措施。 **3. 编写采购计划执行情况工作报告** 采购部根据采购计划的执行情况，编写采购计划执行情况工作报告，并将其报采购总监审核。 **工作重点** 采购部要严格按照采购计划执行采购，不得随意更改计划内容。禁止不按照计划执行或任意地超计划采购，防止采购计划形同虚设。
	工作标准
	采购计划执行情况工作报告须在____个工作日内编写完成。
	考核指标
	☆采购计划完成率，其计算公式如下。 $\text{采购计划完成率}=\dfrac{\text{实际完成采购计划数}}{\text{应完成采购计划数}}\times 100\%$

（续）

<table>
<tr><th>任务名称</th><th>执行程序、工作标准与考核指标</th></tr>
<tr><td>执行采购计划</td><td>☆采购计划分解准确率，其计算公式如下。
$$采购计划分解准确率=\frac{采购计划分解准确数}{采购计划分解总数}\times 100\%$$</td></tr>
<tr><td rowspan="7">评价与改进</td><td>执行程序</td></tr>
<tr><td>1. 评价采购计划的执行情况
采购总监通过对采购计划执行工作的总结、分析和研究，结合对采购过程的监督和检查情况，并参考总经理和相关部门的意见，对采购计划的执行情况做出评价。
2. 制定采购工作改进方案
采购部根据采购总监反馈的评价结果制定采购工作改进方案，并将其报采购总监审核、总经理审批。审批通过后，采购部实施采购工作改进方案。
工作重点
☆在评价采购计划的执行情况时，不得带有个人感情色彩和偏见。
☆采购部须做好采购工作改进的跟进工作。</td></tr>
<tr><td>工作标准</td></tr>
<tr><td>☆时间标准：采购工作改进方案须在___个工作日内制定完成。
☆目标标准：全面落实采购工作改进方案。</td></tr>
<tr><td>考核指标</td></tr>
<tr><td>采购工作改进方案制定的及时性：在规定时间内完成采购工作改进方案的制定工作。</td></tr>
<tr><td colspan="2">执行规范</td></tr>
<tr><td colspan="2">“采购计划执行情况工作报告”“采购计划”“采购工作改进方案”。</td></tr>
</table>

3.9 采购预算审批管理流程设计与工作执行

3.9.1 采购预算审批管理流程设计

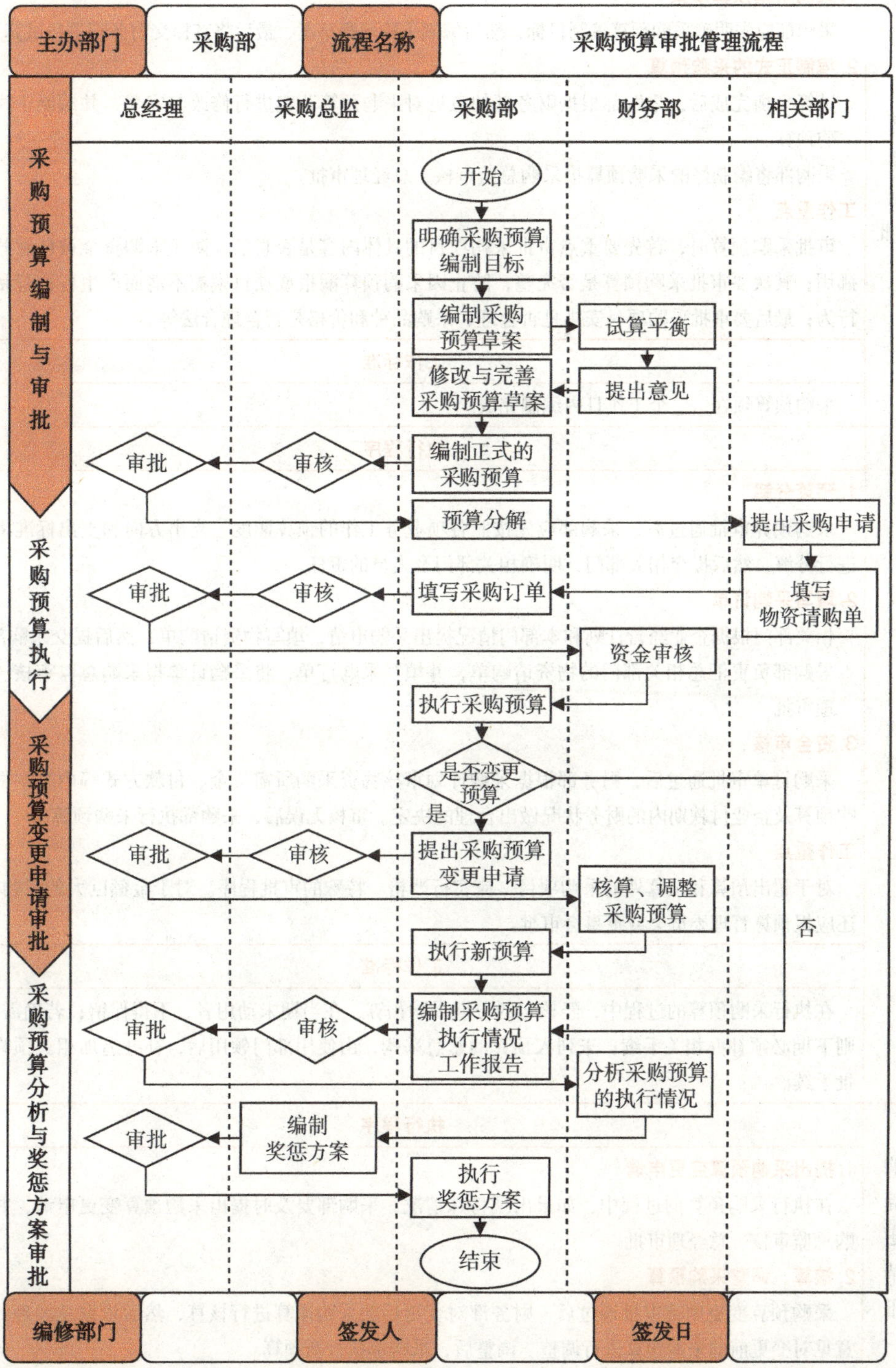

主办部门
采购部
流程名称
采购预算审批管理流程
总经理
采购总监
采购部
财务部
相关部门
采购预算编制与审批
采购预算执行
采购预算变更申请审批
采购预算分析与奖惩方案审批
开始
明确采购预算编制目标
编制采购预算草案
试算平衡
提出意见
修改与完善采购预算草案
审批
审核
编制正式的采购预算
预算分解
提出采购申请
审批
审核
填写采购订单
填写物资请购单
资金审核
执行采购预算
是否变更预算
是
否
审批
审核
提出采购预算变更申请
核算、调整采购预算
执行新预算
审批
审核
编制采购预算执行情况工作报告
分析采购预算的执行情况
审批
编制奖惩方案
执行奖惩方案
结束
编修部门
签发人
签发日

3.9.2 采购预算审批管理执行程序、工作标准、考核指标、执行规范

任务名称	执行程序、工作标准与考核指标
采购预算编制与审批	**执行程序**
	1. 编制采购预算草案 采购部应先明确采购预算编制目标，然后编制采购预算草案，最后将其提交财务部进行试算平衡。 **2. 编制正式的采购预算** ☆试算平衡完成后，采购部根据财务部的意见对采购预算草案进行修改与完善，并编制正式的采购预算。 ☆采购部将编制好的采购预算报采购总监审核、总经理审批。 **工作重点** 审批采购预算时，首先要重点审批采购项目的具体内容是否真实，防止采购资金被任意截留或挪用；其次要审批采购预算是否完整，防止因采购预算漏报或项目模糊不清而产生各种营私舞弊行为；最后要审批采购项目安排是否合理、采购品种和价格是否合理合法等。
	工作标准
	采购预算须在____个工作日内编制完成。
采购预算执行	**执行程序**
	1. 预算分解 采购预算审批通过后，采购部应先按照各项业务工作的预算额度、支出方向和支出标准将预算进行分解，然后提交相关部门，明确相关部门及人员的责任。 **2. 填写采购订单** ☆相关部门根据企业经营计划和本部门情况提出采购申请，填写物资请购单，然后提交采购部。 ☆采购部负责汇总相关部门的物资请购单，并填写采购订单，将采购订单报采购总监审核、总经理审批。 **3. 资金审核** 采购订单审批通过后，财务部根据采购计划审核物资采购所需资金、付款方式等内容，根据采购预算及企业付款期内的财务状况做出合理的决定。审核无误后，采购部执行采购预算 **工作重点** 对于超出预算和预算外的采购项目，应实行严格、特殊的审批程序。对于金额巨大的采购项目，还应报预算管理委员会或董事会审批。
	工作标准
	在执行采购预算的过程中，经核定的分期采购预算，在当期未动用者，不得保留；若确需保留，则下期必须补办相关手续；未列入预算的紧急采购，由使用部门领用后，补办追加相关预算的审批手续。
采购预算变更申请审批	**执行程序**
	1. 提出采购预算变更申请 在执行采购预算的过程中，如果出现特殊情况，采购部要及时提出采购预算变更申请，并报采购总监审核、总经理审批。 **2. 核算、调整采购预算** 采购预算变更申请审批通过后，财务部对变更后的采购预算进行核算，然后依据总经理的审批意见对变更前的采购预算进行调整。调整后，采购部执行新预算。

（续）

任务名称	执行程序、工作标准与考核指标
采购预算变更申请审批	工作重点 ☆采购部应重点审核采购预算变更的原因，确定是否符合采购预算变更的条件。 ☆采购部要加强对采购预算变更手续的审批，防止出现采购预算频繁变更的现象。 **工作标准** 当出现以下五种情况之一时，相关人员可提出采购预算变更申请：物资使用部门出现临时订单；因不可预测事件而导致设备损坏；因生产经营需要而增加的临时需求；月度需求预算已执行完毕又接到预警单；出现其他影响采购的突发情况。
采购预算分析与奖惩方案审批	**执行程序** 1. 编制采购预算执行情况工作报告 采购部定期编制采购预算执行情况工作报告，并报采购总监审核、总经理审批。审批通过后，采购部将其提交财务部。 2. 分析采购预算的执行情况 财务部应分析采购预算的执行情况。 3. 编制奖惩方案 采购总监根据财务部的分析结果组织人员编制奖惩方案，然后报总经理审批。 4. 执行奖惩方案 奖惩方案审批通过后，采购部负责将奖惩结果告知相关部门。 工作重点 采购部要加强对采购预算分析流程和方法的控制，确保采购预算分析准确、合理。 **工作标准** 采购预算分析流程一般包括确定分析对象、收集资料、找出差异并分析原因、提出处理措施及编制反馈报告等环节。
执行规范	
“采购预算管理制度”“采购预算审批规范”。	

3.10 采购预算变更管理流程设计与工作执行

3.10.1 采购预算变更管理流程设计

主办部门	采购部	流程名称	采购预算变更管理流程

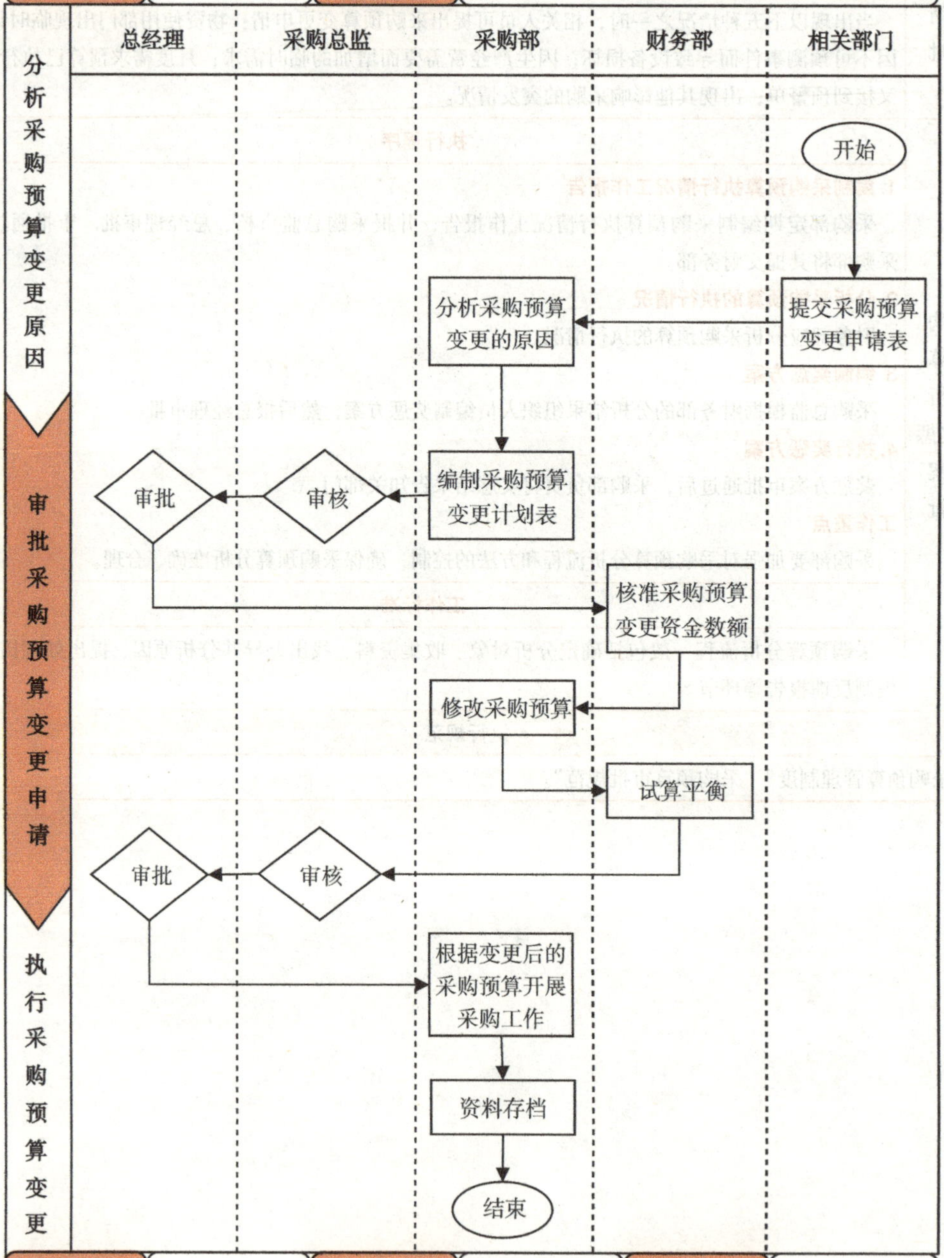
总经理
采购总监
采购部
财务部
相关部门
分析采购预算变更原因
审批采购预算变更申请
执行采购预算变更
开始
提交采购预算变更申请表
分析采购预算变更的原因
编制采购预算变更计划表
审核
审批
核准采购预算变更资金数额
修改采购预算
试算平衡
审核
审批
根据变更后的采购预算开展采购工作
资料存档
结束

编修部门		签发人		签发日	

3.10.2 采购预算变更管理执行程序、工作标准、考核指标、执行规范

任务名称	执行程序、工作标准与考核指标
分析采购预算变更原因	**执行程序** **1. 提交采购预算变更申请表** 当企业内外部环境发生重大变化而导致物资需求发生变化时，相关部门应先汇总本部门物资需求，然后及时向采购部提交采购预算变更申请表。 **2. 分析采购预算变更的原因** 采购部根据相关部门提交的采购预算变更申请表，分析采购预算变更的原因。 **工作重点** ☆采购预算变更申请表的填写必须规范，应制定填写说明书，避免因填写不规范而增加采购部后续工作量。 ☆在分析采购预算变更的原因时，应重点分析是否符合采购预算变更的条件。 **工作标准** ☆填写标准：采购预算变更申请表须按照填写说明书填写，其中的请购部门，部门联系人电话，请购日期及原请购单编号，请购物资名称、规格和变更数量，物资变更原因及部门经理签字需填写完整。 ☆参照标准：采购预算变更原因可参照采购预算变更的条件。
审批采购预算变更申请	**执行程序** **1. 编制采购预算变更计划表** 采购部根据采购预算变更原因的分析结果判断其是否符合采购预算变更的条件，在整体掌握采购预算的前提下，编制采购预算变更计划表，并将其报采购总监审核、总经理审批。 **2. 核准采购预算变更资金数额** 财务部对审批通过的采购预算变更计划表进行分析，对采购预算变更的资金数额进行核准，对需要增加的资金预先筹措，对多余的资金合理安排，并将调整后的采购预算明细反馈给采购部。 **3. 修改采购预算** 采购部根据财务部的反馈意见修改采购预算，然后提交财务部进行试算平衡。试算平衡完成后，财务部将修改后的采购预算报采购总监审核、总经理审批。 **工作重点** ☆采购部须准确判断采购预算变更是否符合采购预算变更的条件。 ☆财务部相关人员在核准采购预算变更资金时一定要仔细，避免因粗心大意而导致资金数据错误。 **工作标准** 采购预算变更的目标是保障企业采购战略计划和采购作业计划的顺利执行，确保企业组织目标的一致性，协调企业各部门之间的协作关系，合理安排有限资源，更有效地对企业物流成本进行控制、监督。只有达到以上目标，采购预算变更申请才能得到批准。
执行采购预算变更	**执行程序** 采购部根据变更后的采购预算开展采购工作，并及时记录采购预算变更情况，然后对相关资料进行存档。

（续）

任务名称	执行程序、工作标准与考核指标
执行采购预算变更	**工作重点** 企业应加强对采购预算执行过程的监督，避免因缺乏有效监督而导致预算执行不力、预算目标难以实现。
	工作标准
	采购部须在____个工作日内完成采购工作。
执行规范	
“采购预算变更控制办法”“采购预算变更申请表”“采购预算增加明细表”“采购预算变更计划表”。	

第4章 供应商过程管控

4.1 供应商过程管控流程

4.1.1 流程设计的目的

企业设计供应商过程管控流程的目的如下。

（1）指导供应商选择工作，使供应商符合企业选择标准。

（2）科学管理企业现有供应商，激励优秀供应商，及时淘汰末位供应商。

（3）建立科学、高效的供应商考核办法，评估、考核供应商，以考核模式激励供应商，保证企业所采购的物资的质量水平。

（4）规范企业供应商关系维护相关事项，指导供应商关系维护工作，促进供应商与企业战略合作关系，保障企业战略性物资的供应。

4.1.2 流程结构设计

供应商过程管控流程结构设计采取总分式结构，即先设计供应商管理流程，再设计供应商开发管理、供应商选择管理、供应商考核管理和供应商关系维护管理四个子流程。具体到每个流程，则按照“执行程序、工作标准、考核指标、执行规范”这一思路展开设计，具体如图 4-1 所示。

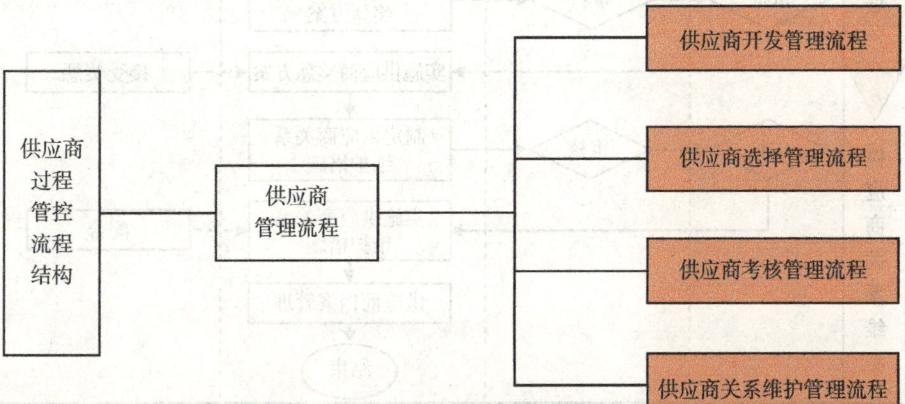

供应商过程管控流程结构
供应商管理流程
供应商开发管理流程
供应商选择管理流程
供应商考核管理流程
供应商关系维护管理流程

图 4-1　供应商过程管控流程结构设计

4.2 供应商管理流程设计与工作执行

4.2.1 供应商管理流程设计

主办部门	采购部	流程名称	供应商管理流程

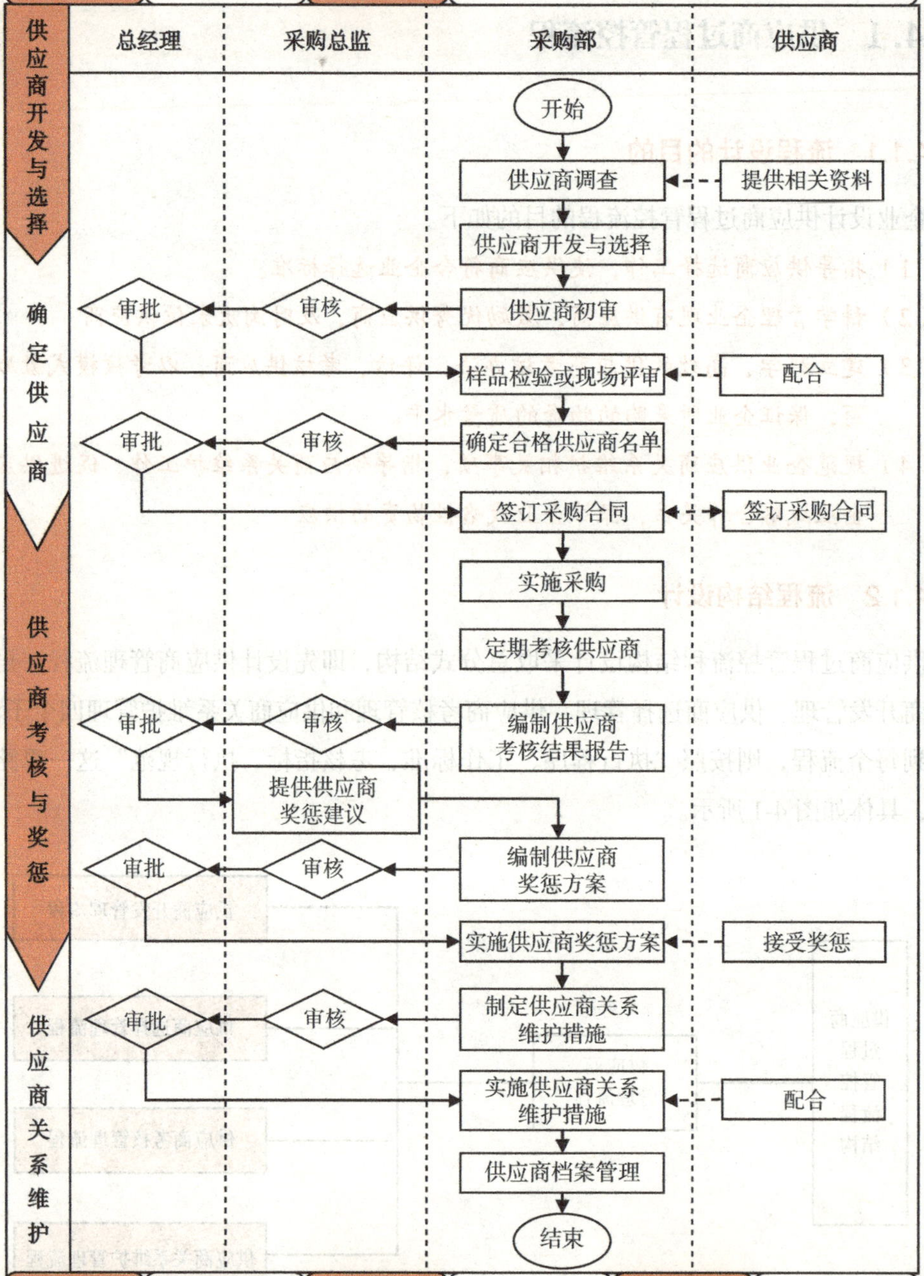

供应商开发与选择
确定供应商
供应商考核与奖惩
供应商关系维护
总经理
采购总监
采购部
供应商
开始
供应商调查
提供相关资料
供应商开发与选择
审批
审核
供应商初审
样品检验或现场评审
配合
审批
审核
确定合格供应商名单
签订采购合同
签订采购合同
实施采购
定期考核供应商
审批
审核
编制供应商考核结果报告
提供供应商奖惩建议
审批
审核
编制供应商奖惩方案
实施供应商奖惩方案
接受奖惩
审批
审核
制定供应商关系维护措施
实施供应商关系维护措施
配合
供应商档案管理
结束

编修部门		签发人		签发日期	

4.2.2 供应商管理执行程序、工作标准、考核指标、执行规范

任务名称	执行程序、工作标准与考核指标
供应商开发与选择	**执行程序**
	1. 供应商调查 采购部负责开展供应商调查工作。供应商要向采购部提供相关资料。 **2. 供应商开发与选择** 采购部根据供应商调查结果，开发与选择供应商。 **工作重点** 采购部对调查的资料必须进行审核和辨别，确保其真实性和合理性，避免因资料不准确而影响供应商的开发与选择。
	工作标准
	☆质量标准：供应商的相关资料全面、有效。 ☆目的标准：供应商应在产品质量、价格水平、资金实力、服务水平、技术条件、资信状况和生产能力等方面满足企业的要求。
确定供应商	**执行程序**
	1. 供应商初审 采购部结合企业的具体采购需求展开供应商初审工作，筛选出符合企业要求的供应商候选人，将其报采购总监审核、总经理审批。 **2. 样品检验或现场评审** 采购部根据企业实际需要，组织相关部门的人员进行样品检验或现场评审。供应商予以配合。 **3. 确定合格供应商名单** 采购部应先根据供应商初审信息和样品检验或现场评审结果进行综合评审，然后对供应商各项指标进行评分、排序，确定合格供应商名单，最后将供应商名单报采购总监审核、总经理审批。 **4. 签订采购合同** 合格供应商名单审批通过后，采购部应派专人与供应商签订采购合同。 **工作重点** ☆在现场评审的过程中，应全面考察供应商各方面指标是否达标，忌过度考虑价格因素而忽略质量、交期和服务等其他因素，使采购总成本上升。 ☆对于经检验确认合格的样品，检验人员在样品上粘贴样品标签，并标识检验状态，避免与不合格样品混淆。 ☆企业要做好内控工作，防止在选择供应商的过程中出现徇私舞弊等违规行为。
	工作标准
	☆依据标准：合格供应商名单的确定须以供应商管理制度为依据。 ☆数量标准：原则上一种物资应有两家或两家以上的合格供应商，以供采购时选择。
	考核指标
	供应商名单确定过程中徇私舞弊次数为0。

任务名称	执行程序、工作标准与考核指标
供应商考核与奖惩	**执行程序** **1. 定期考核供应商** ☆采购部负责安排相关人员收集供应商信息，了解考核指标所涉及的每个项目，然后向相关部门发放供应商考核评分表。 ☆相关部门依据评分标准和考核指标对供应商进行评分。 ☆采购部回收供应商考核评分表，然后进行整理、汇总，计算最终得分。 **2. 编制供应商考核结果报告** 采购部根据考核结果编制供应商考核结果报告，将其报采购总监审核、总经理审批。 **3. 编制供应商奖惩方案** 供应商考核结果报告审批通过后，采购总监提出供应商奖惩建议。采购部根据采购总监的建议及供应商管理制度相关规定，编制供应商奖惩方案，并将其报采购总监审核、总经理审批。 **4. 实施供应商奖惩方案** 采购部应先将奖惩结果以书面形式通知供应商，然后结合考核结果，根据奖惩方案对供应商实施奖惩。 **工作重点** ☆企业应加强对供应商奖惩方案的审核与审批，防止出现内容缺失的情况，从而影响供应商奖惩方案的执行。 ☆考核人员要以实际数据为依据，客观、公正地对供应商进行考核。 ☆供应商奖惩方案不仅要具有可操作性，更要立足实际，便于后期实施和操作。 **工作标准** ☆依据标准：供应商考核结果报告须以供应商考核评分表的考核结果为依据。 ☆内容标准：供应商考核的内容包括合同履行情况、质量、价格、服务、交期、生产技术和人员操作等方面。 ☆时间标准：采购部应每____个工作日进行一次供应商考核。 ☆执行标准：供应商奖惩方案按照合格供应商的标准及管理制度执行。 **考核指标** 考核评分的准确率应达到企业规定的____%以上。
供应商关系维护	**执行程序** **1. 制定供应商关系维护措施** 采购部应与供应商建立良好的合作关系，及时制定供应商关系维护措施，并将其报采购总监审核、总经理审批。 **2. 实施供应商关系维护措施** 审批通过后，采购部组织实施供应商关系维护措施。 **3. 供应商档案管理** 采购部应安排专人对供应商档案进行整理，并将供应商的最新信息录入供应商信息管理系统。 **工作重点** ☆企业要加强对供应商关系的维护与管理，与供应商建立稳定可靠、相互信任、双赢合作的关系。

（续）

任务名称	执行程序、工作标准与考核指标
供应商关系维护	☆供应商关系维护措施不仅要具有可操作性，更要立足实际，便于后期实施和操作。同时，还要避免脱离实际，导致维护措施不能起到很好的指导作用。 ☆采购部必须与供应商保持一定频率的互访。
	工作标准
	供应商关系维护的执行须以供应商管理制度为依据。
执行规范	
“供应商管理制度”“供应商选择制度”“供应商调查表”“供应商关系维护措施”“供应商奖惩方案”“供应商考核报告”“采购合同”。	

4.3 供应商开发管理流程设计与工作执行

4.3.1 供应商开发管理流程设计

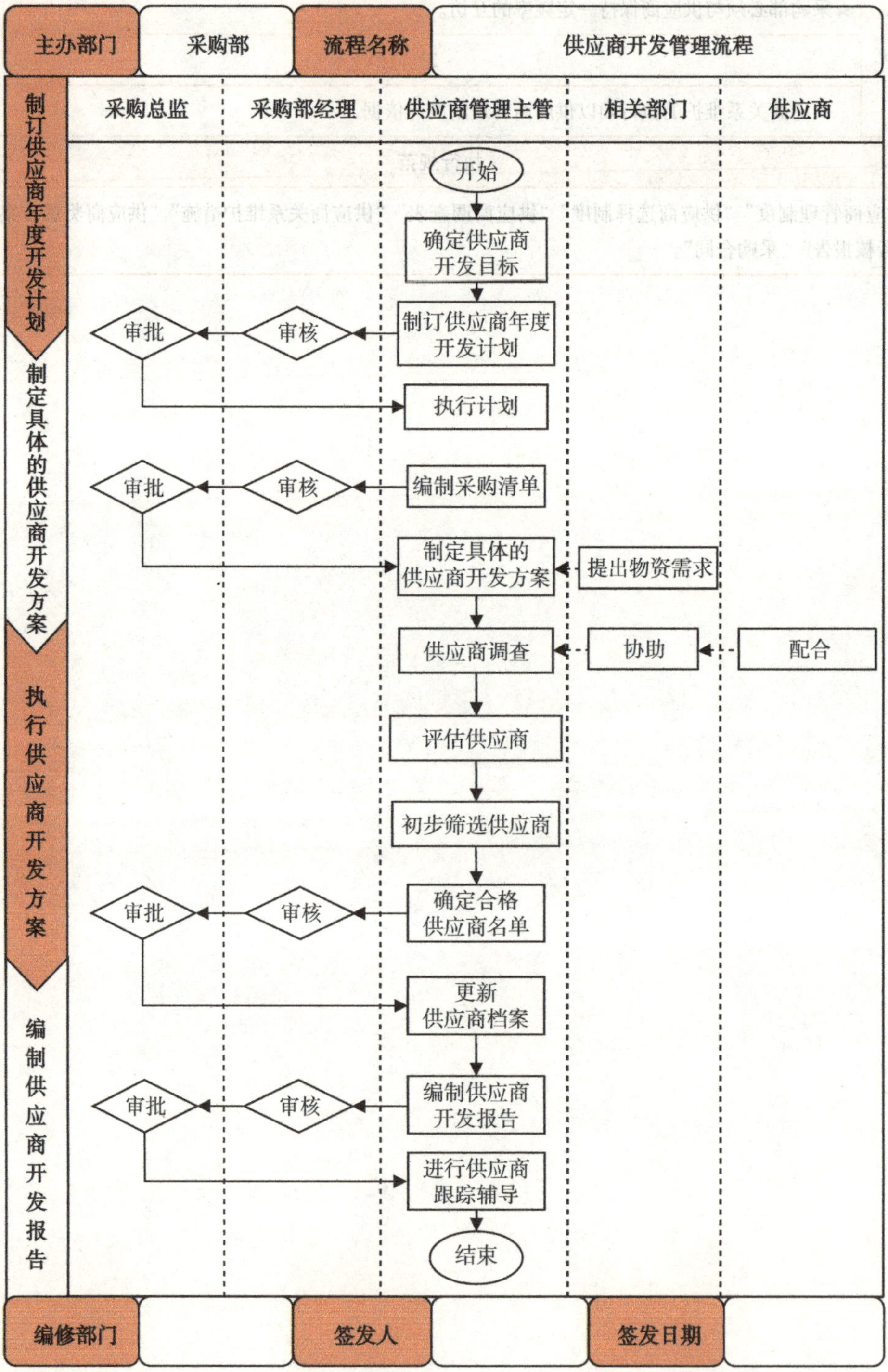

主办部门
采购部
流程名称
供应商开发管理流程
采购总监
采购部经理
供应商管理主管
相关部门
供应商
制订供应商年度开发计划
制定具体的供应商开发方案
执行供应商开发方案
编制供应商开发报告
开始
确定供应商开发目标
制订供应商年度开发计划
审核
审批
执行计划
编制采购清单
审核
审批
制定具体的供应商开发方案
提出物资需求
供应商调查
协助
配合
评估供应商
初步筛选供应商
确定合格供应商名单
审核
审批
更新供应商档案
编制供应商开发报告
审核
审批
进行供应商跟踪辅导
结束
编修部门
签发人
签发日期

4.3.2 供应商开发管理执行程序、工作标准、考核指标、执行规范

任务名称	执行程序、工作标准与考核指标
制订供应商年度开发计划	**执行程序** 供应商管理主管根据物资需求情况和年度采购计划的要求，确定供应商开发目标，制订供应商年度开发计划，并将计划报采购部经理审核、采购总监审批。审批通过后，供应商管理主管组织执行该计划。 **工作重点** 企业须加强对供应商年度开发计划的审核与审批，防止与企业年度采购计划进程脱节。 **工作标准** 供应商年度开发计划须在每年____月__日之前制订完成。
制定具体的供应商开发方案	**执行程序** **1. 编制采购清单** 供应商管理主管应先根据所需物料单，按物料等级与物料成本、性能进行物料分类，然后编制采购清单，最后将其报采购部经理审核、采购总监审批。 **2. 制定具体的供应商开发方案** 供应商管理主管根据供应商年度开发计划，针对此次相关部门提出的物资需求，制定具体的供应商开发方案。 **工作重点** ☆供应商开发方案要具有可操作性，便于后期实施和操作。 ☆供应商开发方案的制定必须立足实际，避免脱离实际，导致开发方案不能起到很好的指导作用。 **工作标准** 供应商开发方案的内容全面、清晰，便于执行。 **考核指标** 供应商开发方案制定的及时性：在规定的时间内完成供应商开发方案的制定工作。
执行供应商开发方案	**执行程序** **1. 供应商调查** 供应商管理主管应先根据供应商开发方案，通过各种渠道收集符合企业要求的供应商的相关资料，然后对收集的供应商资料进行初步筛选，最后在相关部门的协助下，对供应商进行调查。 **2. 评估供应商** 供应商管理主管通过现场考察或样品检验，再结合收集的供应商资料，综合考察供应商各方面的实力，对供应商进行评估。 **3. 确定合格供应商名单** 供应商管理主管在初步筛选出来的供应商中，通过样品和材料评定等级、比价、议价等，确定合格供应商名单，并将其报采购部经理审核、采购总监审批。 **工作重点** ☆供应商调查必须遵循公平、公正的原则，以免企业利益受损。 ☆企业要做好内控工作，防止在供应商选择过程中出现徇私舞弊等违规行为。

（续）

<table>
<tr><th>任务名称</th><th>执行程序、工作标准与考核指标</th></tr>
<tr><td>执行供应商开发方案</td><td>工作标准
供应商评估工作须在____个工作日内完成。</td></tr>
<tr><td>编制供应商开发报告</td><td>执行程序
合格供应商名单审批通过后，供应商管理主管应及时更新供应商档案，编制供应商开发报告，并将报告报采购部经理审核、采购总监审批。审批通过后，供应商管理主管对供应商进行跟踪辅导。
工作重点
供应商开发报告要重点突出对供应商开发情况的总结，并针对不同等级的供应商制定采购策略。
工作标准
企业以往优秀供应商开发报告。</td></tr>
<tr><td colspan="2">执行规范</td></tr>
<tr><td colspan="2">“供应商管理制度”“供应商开发规范”“供应商调查表”“供应商调查方案”“供应商开发报告”“供应商开发计划”“采购清单”“供应商档案管理制度”。</td></tr>
</table>

4.4 供应商选择管理流程设计与工作执行

4.4.1 供应商选择管理流程设计

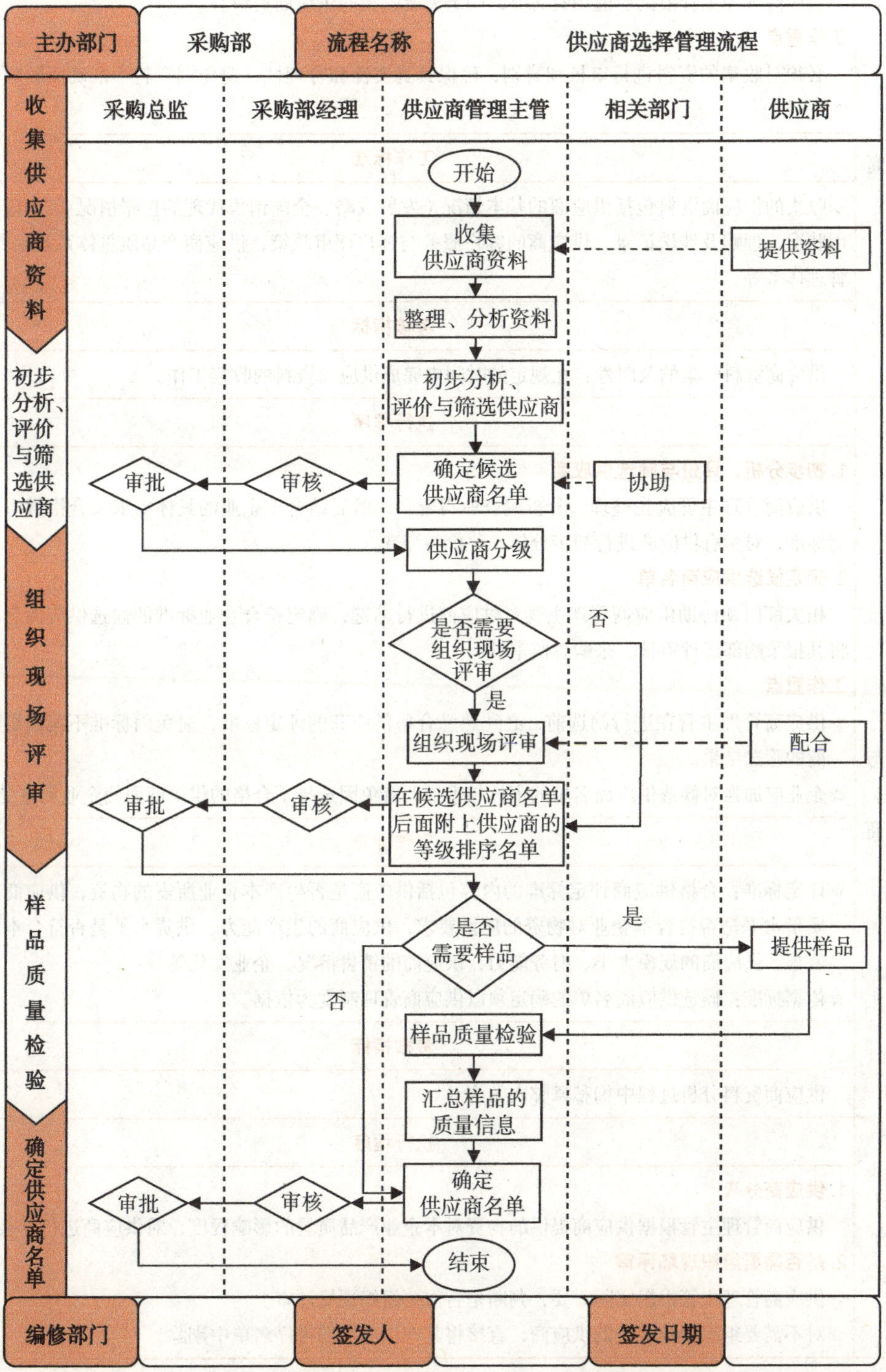
主办部门
采购部
流程名称
供应商选择管理流程
采购总监
采购部经理
供应商管理主管
相关部门
供应商
收集供应商资料
初步分析、评价与筛选供应商
组织现场评审
样品质量检验
确定供应商名单
开始
收集供应商资料
提供资料
整理、分析资料
初步分析、评价与筛选供应商
确定候选供应商名单
协助
审核
审批
供应商分级
是否需要组织现场评审
否
是
组织现场评审
配合
在候选供应商名单后面附上供应商的等级排序名单
审核
审批
是否需要样品
是
提供样品
否
样品质量检验
汇总样品的质量信息
确定供应商名单
审核
审批
结束
编修部门
签发人
签发日期

4.4.2 供应商选择管理执行程序、工作标准、考核指标、执行规范

任务名称	执行程序、工作标准与考核指标
收集供应商资料	**执行程序**
	供应商管理主管根据当前物资需要，确定需要收集的供应商资料。 **工作重点** 必须对收集的资料进行审核和辨别，确保其真实性和合理性，避免因资料不准确而影响供应商的选择。
	工作标准
	收集的供应商资料包括供应商的基本情况（发展战略、全国销售代理的扩张情况），供应商的信用状况、理赔及涉讼记录，供应商的客户服务与客户评审政策，供应商产品质量体系及生产组织、管理体系等。
	考核指标
	供应商资料收集的及时性：在规定的时间内完成供应商资料的收集工作。
初步分析、评价与筛选供应商	**执行程序**
	1. 初步分析、评价与筛选供应商 供应商管理主管应先整理、分析调查所得资料，然后结合本企业的具体需求及合格供应商的评定标准，对所有供应商进行初步分析、评价与筛选。 **2. 确定候选供应商名单** 相关部门须协助供应商管理主管对供应商进行筛选，确定符合企业标准的候选供应商名单，并将其报采购部经理审核、采购总监审批。 **工作重点** ☆供应商管理主管在进行筛选前，必须熟悉合格供应商的评定标准，避免因标准不明确影响供应商的筛选结果。 ☆企业应加强对候选供应商名单的审核与审批，避免因选择不合格的供应商而使企业利益受损。
	工作标准
	☆评定标准：合格供应商评定标准的内容包括供应商是否生产本企业所需的物资，供应商产品的质量水平是否符合本企业对物资的质量要求，供应商的生产能力、供货水平是否符合本企业的要求，供应商的规模大小、财务能力，供应商的销售情况、企业文化等。 ☆依据标准：候选供应商名单的确定须以供应商管理制度为依据。
	考核指标
	供应商资料分析过程中徇私舞弊次数为0。
组织现场评审	**执行程序**
	1. 供应商分级 供应商管理主管根据供应商提供的物资对本企业产品质量的影响程度，对供应商进行分级。 **2. 是否需要组织现场评审** ☆供应商管理主管根据实际需要，判断是否需要组织现场评审。 ☆对不需要组织现场评审的供应商，直接将其在供应商的排序名单中剔除。

（续）

任务名称	执行程序、工作标准与考核指标
组织现场评审	☆对需要组织现场评审的供应商，供应商管理主管应先与供应商协商、沟通，然后指派专人到供应商生产工厂进行实地考察。实地考察结束后，由供应商管理主管填写供应商现场评审表，相关部门在表上签署意见。 **3. 在候选供应商名单后面附上供应商的等级排序名单** 供应商管理主管应先汇总评审结果，然后在候选供应商名单后面附上供应商的等级排序名单，最后将其报采购部经理审核、采购总监审批。 **工作重点** ☆在现场评审的过程中，要避免因受主观因素的影响而选择了不合格的供应商。 ☆在现场评审的过程中，应全面考察供应商各方面指标是否达标，忌过度考虑价格因素，忽略质量、交期和服务等其他因素，使采购总成本上升。 **工作标准** ☆依据标准：现场评审的执行须以企业供应商现场评审制度为依据。 ☆分级标准：关键供应商——提供原材料、零部件的厂家；重要供应商——提供生产用辅助材料的厂家；普通供应商——提供低值易耗品的厂家。
样品质量检验	**执行程序** **1. 是否需要样品** ☆供应商管理主管根据企业的实际需要，判断是否需要供应商提供样品。 ☆若需要供应商提供样品，供应商管理主管负责向供应商提出样品检验需求，通知供应商送交样品。 **2. 样品质量检验** 供应商管理主管负责组织相关部门和人员对样品的技术质量进行检验和评估，然后由相关部门和人员对样品进行综合质量检验。 **3. 汇总样品的质量信息** 供应商管理主管根据样品质量检验结果，汇总样品的质量信息。 **工作重点** ☆对于经检验确认合格的样品，检验人员在样品上粘贴样品标签，并标识检验状态，避免与不合格样品混淆。 ☆合格的样品至少为两件：一件返还供应商，作为供应商进行生产的依据；一件留在质量管理部，作为日后检验的依据。 **工作标准** 样品检验的执行须以供应商管理制度为依据。
确定供应商名单	**执行程序** 供应商管理主管根据样品质量检验的结果，确定供应商名单，并将其报采购部经理审核、采购总监审批。 **工作重点** ☆对于唯一供应商或独占市场的供应商，可直接将其列入供应商名单。

（续）

任务名称	执行程序、工作标准与考核指标
确定供应商名单	☆在确定供应商名单的过程中，必须做好内控工作，防止在选择供应商的过程中出现徇私舞弊等违规行为。
	工作标准
	☆依据标准：供应商名单的确定须以供应商管理制度为依据。 ☆数量标准：原则上一种物资应有两家或两家以上的合格供应商，以供采购时选择。
	考核指标
	供应商名单确定过程中徇私舞弊次数为0。
执行规范	
“供应商管理制度”“采购管理制度”“供应商信息调查表”“候选供应商名单”“样品检验规定”。	

4.5 供应商考核管理流程设计与工作执行

4.5.1 供应商考核管理流程设计

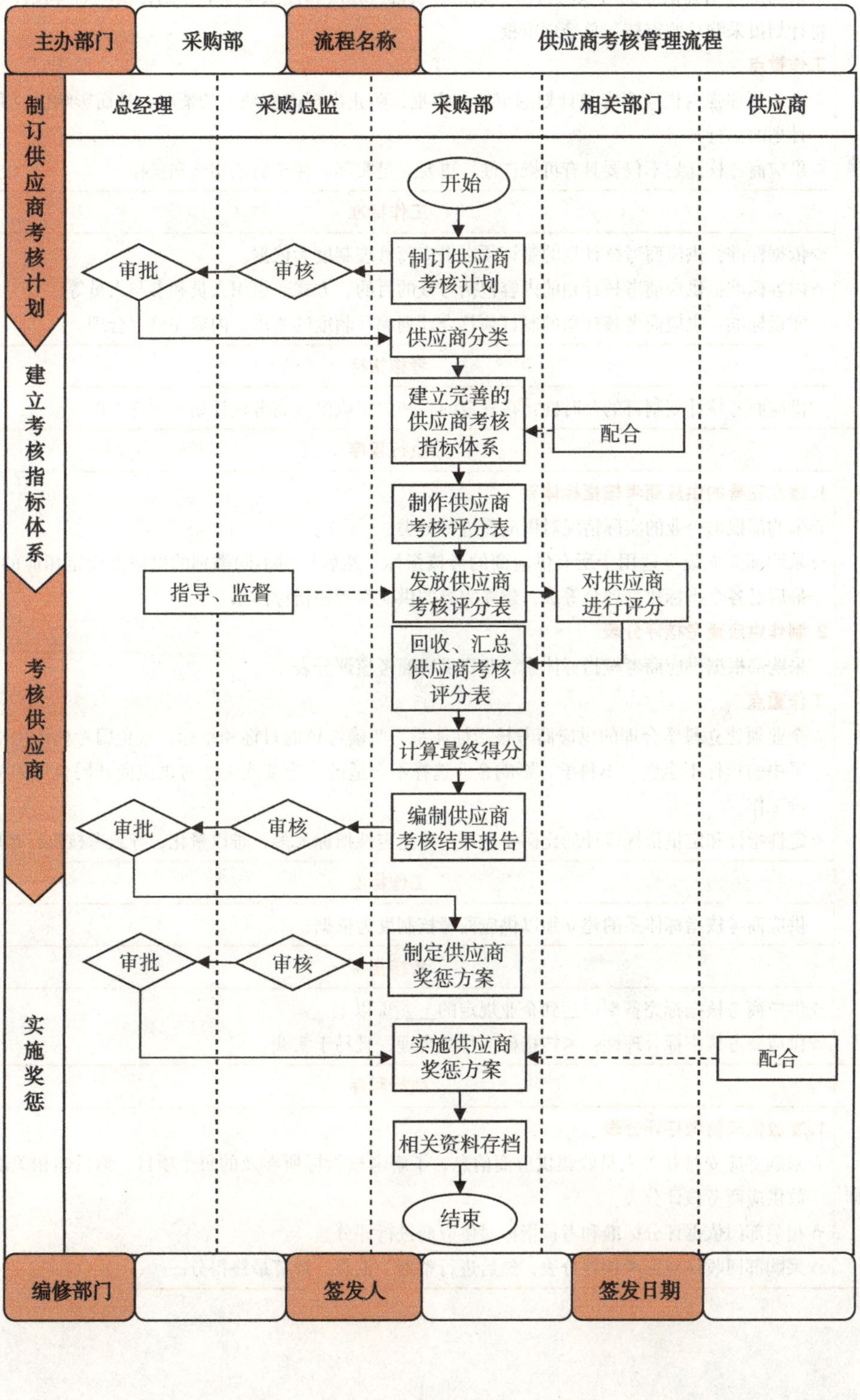
主办部门
采购部
流程名称
供应商考核管理流程
总经理
采购总监
采购部
相关部门
供应商
制订供应商考核计划
建立考核指标体系
考核供应商
实施奖惩
开始
制订供应商考核计划
审核
审批
供应商分类
建立完善的供应商考核指标体系
配合
制作供应商考核评分表
发放供应商考核评分表
指导、监督
对供应商进行评分
回收、汇总供应商考核评分表
计算最终得分
编制供应商考核结果报告
审核
审批
制定供应商奖惩方案
审核
审批
实施供应商奖惩方案
配合
相关资料存档
结束
编修部门
签发人
签发日期

4.5.2 供应商考核管理执行程序、工作标准、考核指标、执行规范

任务名称	执行程序、工作标准与考核指标
制订供应商考核计划	**执行程序** 采购部要明确供应商考核的目的、原则、项目、频次和注意事项等，制订供应商考核计划，并将计划报采购总监审核、总经理审批。 **工作重点** ☆企业须加强对供应商考核计划的审核与审批，防止出现内容缺失的情况，从而影响供应商考核计划的执行。 ☆供应商考核计划不仅要具有可操作性，更要立足实际，便于后期实施和操作。
	工作标准
	☆依据标准：供应商考核计划的制订须以供应商管理制度为依据。 ☆内容标准：供应商考核计划的内容包括考核的目的、方式、组织人员和参与人员等。 ☆质量标准：供应商考核计划的制订须符合计划编写制度的要求，内容完整、合理。
	考核指标
	供应商考核计划制订的及时性：在规定的时间内完成供应商考核计划的制订工作。
建立考核指标体系	**执行程序**
	1. 建立完善的供应商考核指标体系 ☆采购部根据企业的实际情况对供应商进行分类。 ☆采购部应先设立适用于所有供应商的考核指标，然后针对不同类别的供应商设定相应的权重，最后对各个指标建立评分等级，建立完善的供应商考核指标体系。 **2. 制作供应商考核评分表** 采购部根据供应商考核指标体系，制作供应商考核评分表。 **工作重点** ☆企业须建立科学合理的供应商考核指标体系，明确考核的目标和指标，避免因考核评价指标体系中的指标不全面、不科学，影响企业选择不合适的供应商或无法对供应商开展合理的绩效评价工作。 ☆定性指标和定量指标设计的比例要合理，防止定性指标太多，难以量化，导致考核执行难度大。
	工作标准
	供应商考核指标体系的建立须以供应商考核制度为依据。
	考核指标
	☆供应商考核指标完备率应达到企业规定的____% 以上。 ☆供应商考核指标合理性：考核指标应科学合理，且易于实践。
考核供应商	**执行程序**
	1. 发放供应商考核评分表 ☆采购部应安排相关人员收集供应商信息，了解考核指标所涉及的每个项目，然后向相关部门发放供应商考核评分表。 ☆相关部门依据评分标准和考核指标对供应商进行评分。 ☆采购部回收供应商考核评分表，然后进行整理、汇总，计算最终得分。

（续）

<table>
<tr><th>任务名称</th><th>执行程序、工作标准与考核指标</th></tr>
<tr><td rowspan="6">考核供应商</td><td>2. 编制供应商考核结果报告
采购部根据考核结果编制供应商考核结果报告，并将其报采购总监审核、总经理审批。
工作重点
☆相关人员在进行评分工作时，须严格按照考核程序和考核标准，客观、公正地对供应商进行评分，禁止带有个人感情色彩和偏见。相关部门或领导要做好监督工作。
☆考核前要明确各考核人员的工作职责，避免因职责不清晰导致人员分工不明确。</td></tr>
<tr><td>工作标准</td></tr>
<tr><td>☆依据标准：供应商考核结果报告的编制须以供应商考核评分表中的考核结果为依据。
☆内容标准：供应商考核的内容包括合同履行情况、质量、价格、服务、交期、生产技术和人员操作等方面。</td></tr>
<tr><td>考核指标</td></tr>
<tr><td>考核评分的准确率应达到企业规定的____%以上。</td></tr>
<tr><td></td></tr>
<tr><td rowspan="7">实施奖惩</td><td>执行程序</td></tr>
<tr><td>1. 制定供应商奖惩方案
供应商考核报告经总经理审批通过后，采购部根据供应商管理制度及相关规定，针对各级供应商制定相应的奖惩方案，并将方案报采购总监审核、总经理审批。
2. 实施供应商奖惩方案
审批通过后，采购部实施供应商奖惩方案，并及时将相关资料存档。
工作重点
☆企业要加强对供应商奖惩方案的审核与审批，防止出现内容缺失的情况，从而影响供应商奖惩方案的执行。
☆供应商奖惩方案不仅要具有可操作性，更要立足实际，便于后期实施和操作。</td></tr>
<tr><td>工作标准</td></tr>
<tr><td>☆执行标准：供应商奖惩方案按照合格供应商的标准及管理制度执行。
☆质量标准：供应商奖惩方案的制定须符合方案制定制度的要求，内容完整、合理。</td></tr>
<tr><td>考核指标</td></tr>
<tr><td>供应商奖惩方案制定的及时性：在规定的时间内完成供应商奖惩方案的制定工作。</td></tr>
<tr><td></td></tr>
<tr><td colspan="2">执行规范</td></tr>
<tr><td colspan="2">“供应商管理制度”“供应商考核计划”“供应商考核指标体系”“供应商考核评分表”“供应商考核报告”“供应商奖惩方案”。</td></tr>
</table>

4.6 供应商关系维护管理流程设计与工作执行

4.6.1 供应商关系维护管理流程设计

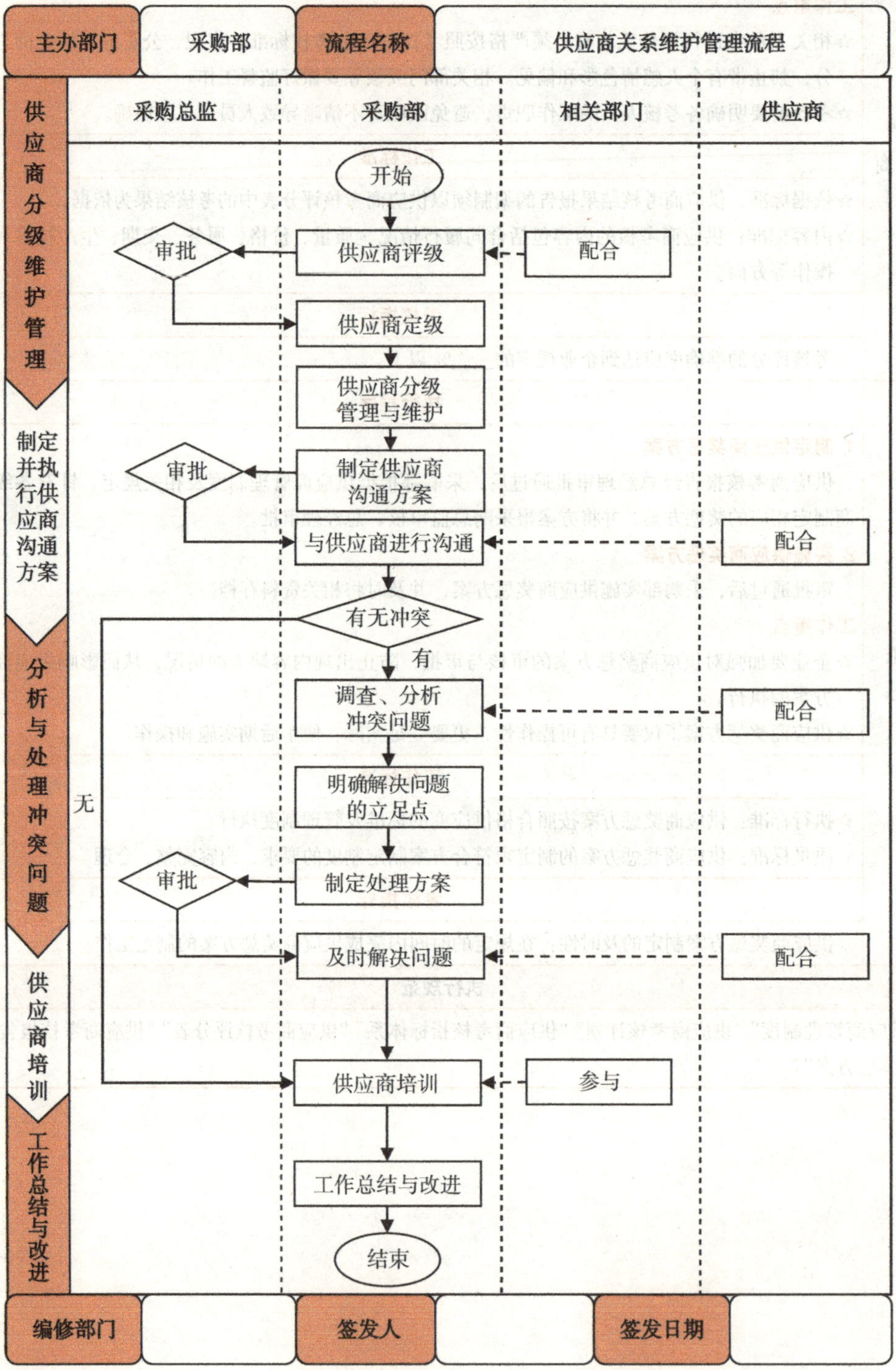
主办部门
采购部
流程名称
供应商关系维护管理流程
采购总监
采购部
相关部门
供应商
供应商分级维护管理
制定并执行供应商沟通方案
分析与处理冲突问题
供应商培训
工作总结与改进
开始
审批
供应商评级
配合
供应商定级
供应商分级管理与维护
审批
制定供应商沟通方案
与供应商进行沟通
配合
有无冲突
有
无
调查、分析冲突问题
配合
明确解决问题的立足点
审批
制定处理方案
及时解决问题
配合
供应商培训
参与
工作总结与改进
结束
编修部门
签发人
签发日期

4.6.2 供应商关系维护管理执行程序、工作标准、考核指标、执行规范

任务名称	执行程序、工作标准与考核指标
供应商分级维护管理	**执行程序** **1. 供应商评级** ☆采购部对收集的用于评估供应商等级的相关资料进行整理、分析，然后根据供应商等级评定标准对供应商进行评级，最后将评价结果报采购总监审批。 ☆相关部门配合采购部开展供应商评级工作。 **2. 供应商定级** 评级结果审批通过后，采购部对供应商进行定级，形成供应商等级列表。 **3. 供应商分级管理与维护** 采购部应针对不同等级的供应商分别进行管理与维护。 **工作重点** 对于供应商评级，须严格按照评级程序和评级标准进行，禁止带有个人感情色彩和偏见。相关部门或领导要做好监督工作。
	工作标准 ☆评定标准：评级的内容包括相互配合度、产品质量、服务态度等。 ☆时间标准：每年____月__日至__日组织进行供应商评级工作。
制定并执行供应商沟通方案	**执行程序** **1. 制定供应商沟通方案** 采购部负责制定供应商沟通方案，并将其报采购总监审批。 **2. 与供应商进行沟通** 供应商沟通方案审批通过后，采购部依照方案针对不同等级的供应商，分别进行定期、有效的沟通。 **工作重点** ☆平等对待供应商，遵守商务礼仪标准。 ☆与供应商沟通的问题必须简洁、明了。 ☆对于供应商询问的问题，若属于企业的商业机密，可向其解释无法告知。 ☆在与供应商沟通时，不可偏信某一方，应多方求证。
	工作标准 ☆数量标准：与供应商沟通的频率至少是____次/月。 ☆内容标准：与供应商沟通的具体内容包括对物资数量、规格、标准要求的核实或变更，交期的跟催与物流方式选择，售后服务相关事项，服务改善方案，供应商管理相关支持活动，供应商企业相关人员培训。
分析与处理冲突问题	**执行程序** **1. 调查、分析冲突问题** 对于沟通中出现的冲突问题，采购部应及时组织相关人员进行调查、分析。 **2. 制定处理方案** 采购部根据调查、分析的结果，明确解决问题的立足点，制定有效、合理的处理方案，并将方案报采购总监审批。

（续）

<table>
<tr><th>任务名称</th><th>执行程序、工作标准与考核指标</th></tr>
<tr><td rowspan="6">分析与处理冲突问题</td><td>3.及时解决问题
处理方案审批通过后，采购部依照该方案及时解决问题。
工作重点
☆在处理冲突问题时，采购部应公平、公正办事，一视同仁，不偏不倚，不因权力和其他外界因素的干扰而违背办事的原则，避免给企业造成损失。
☆采购部应站在企业的角度处理与供应商的冲突问题，保护企业的合法权益。
☆冲突问题解决后，采购部要及时总结经验教训，防止类似问题再次出现。</td></tr>
<tr><td>工作标准</td></tr>
<tr><td>☆依据标准：冲突问题的处理须以供应商关系维护方案为依据。
☆时间标准：冲突问题须在____个工作日内解决完成。</td></tr>
<tr><td>考核指标</td></tr>
<tr><td>冲突问题处理的及时性：在规定的时间内完成冲突问题的处理工作。</td></tr>
<tr><td></td></tr>
<tr><td rowspan="4">供应商培训</td><td>执行程序</td></tr>
<tr><td>相关部门要协助采购部开展供应商培训工作。
工作重点
企业的相关部门在对供应商进行业务指导和培训时，要注意保护企业产品核心或关键技术不扩散、不外泄。</td></tr>
<tr><td>工作标准</td></tr>
<tr><td>供应商培训的开展须以供应商管理制度为依据。</td></tr>
<tr><td rowspan="6">工作总结与改进</td><td>执行程序</td></tr>
<tr><td>采购部对供应商关系维护工作进行定期总结与分析，从中发现不足之处，并制定具体的改进措施。
工作重点
供应商关系维护工作总结必须在规定的时间内完成。</td></tr>
<tr><td>工作标准</td></tr>
<tr><td>供应商关系维护工作总结须在____个工作日内完成。</td></tr>
<tr><td>考核指标</td></tr>
<tr><td>供应商关系维护工作总结的及时性：在规定的时间内完成供应商关系维护工作的总结工作。</td></tr>
<tr><td colspan="2">执行规范</td></tr>
<tr><td colspan="2">“供应商管理制度”“采购管理制度”“供应商关系维护方案”“供应商沟通方案”。</td></tr>
</table>

第5章 采购价格与成本管控

5.1 采购价格与成本管控流程

5.1.1 流程设计的目的

企业设计采购价格与成本管控流程的目的如下。

（1）通过价格管理有效规范采购价格，为企业节省采购成本。

（2）规范询价、价格分析、底价确定和价格审批等各价格管理环节的操作流程，确保各项价格管理工作按照要求开展。

（3）通过加强对采购成本的管理，降低采购成本，提高企业的竞争力。

（4）规范企业采购成本管理各项工作，确保采购成本控制的准确性和有效性。

5.1.2 流程结构设计

采购价格与成本管控流程结构设计采取并列式结构，先将采购价格管控细分为四个事项，即采购询价管理、采购价格分析管理、采购底价确定管理和采购价格审批管理设计流程；然后将采购成本管控细分为三个事项，即采购成本核算管理、采购成本分析管理和采购成本控制管理设计流程。每个流程都按照“执行程序、工作标准、考核指标、执行规范”这一思路展开设计，具体如图 5-1 所示。

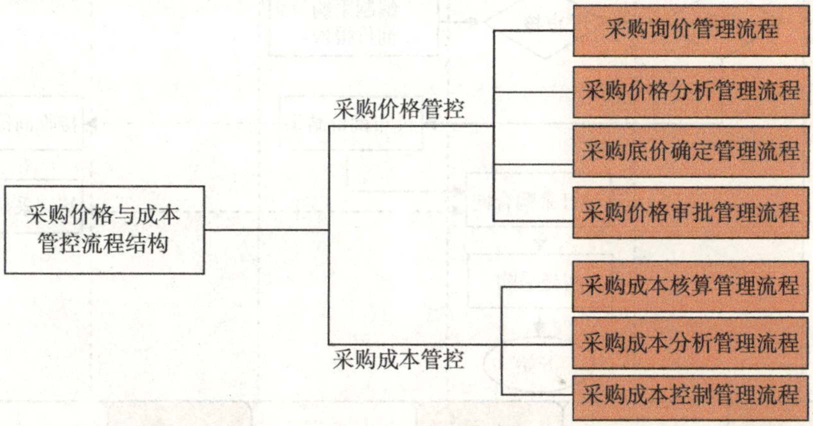

采购价格与成本管控流程结构
采购价格管控
采购成本管控
采购询价管理流程
采购价格分析管理流程
采购底价确定管理流程
采购价格审批管理流程
采购成本核算管理流程
采购成本分析管理流程
采购成本控制管理流程

图 5-1 采购价格与成本管控流程结构设计

5.2 采购询价管理流程设计与工作执行

5.2.1 采购询价管理流程设计

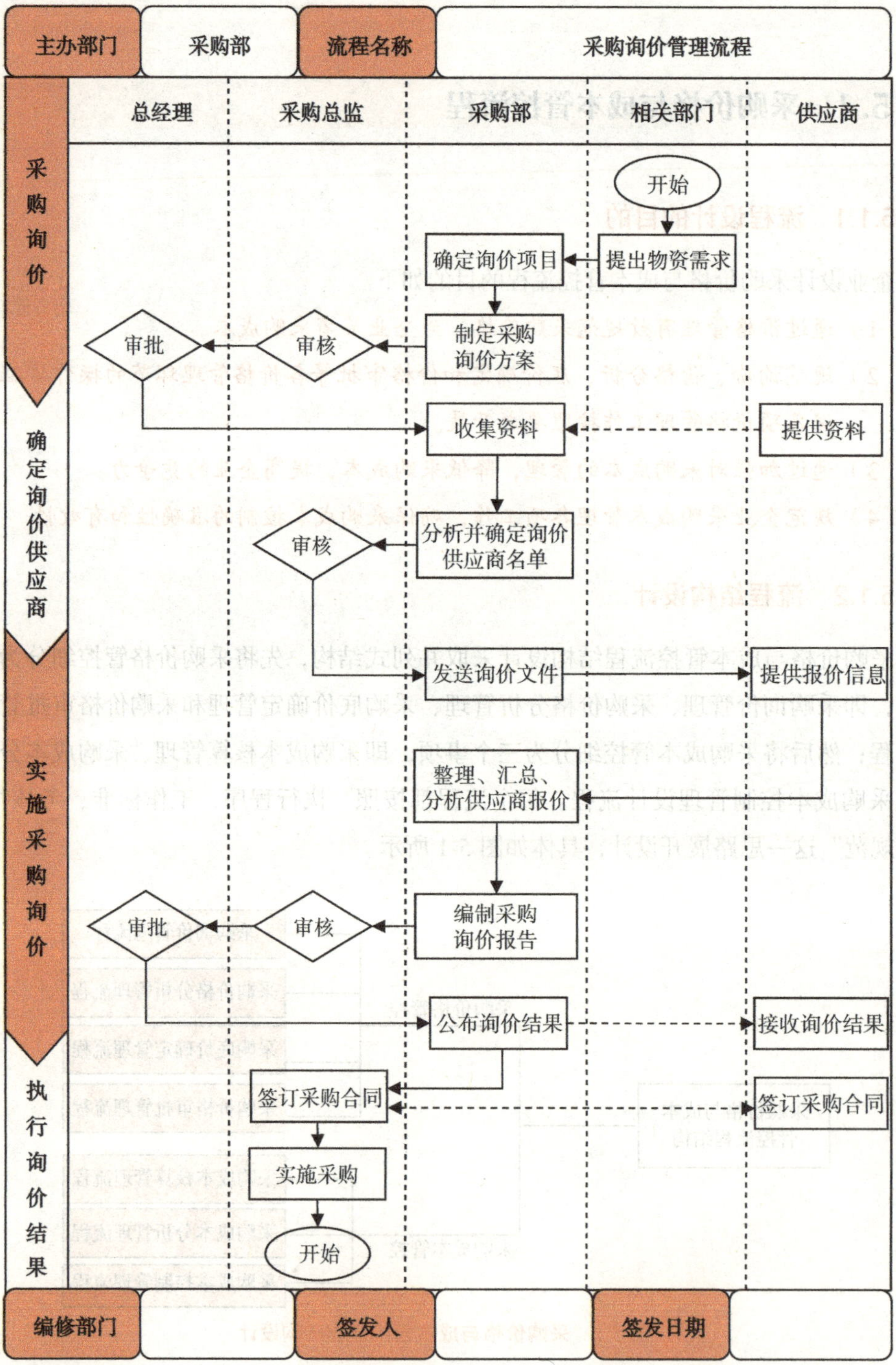
主办部门
采购部
流程名称
采购询价管理流程
总经理
采购总监
采购部
相关部门
供应商
采购询价
确定询价供应商
实施采购询价
执行询价结果
开始
提出物资需求
确定询价项目
制定采购询价方案
审核
审批
收集资料
提供资料
分析并确定询价供应商名单
审核
发送询价文件
提供报价信息
整理、汇总、分析供应商报价
编制采购询价报告
审核
审批
公布询价结果
接收询价结果
签订采购合同
签订采购合同
实施采购
开始
编修部门
签发人
签发日期

5.2.2 采购询价管理执行程序、工作标准、考核指标、执行规范

任务名称	执行程序、工作标准与考核指标
采购询价	**执行程序** **1. 确定询价项目** 采购部应先根据相关部门提出的物资需求，确定询价项目。 **2. 制定采购询价方案** 采购部根据企业采购计划和物资的急需程度与规模，制定采购询价方案，并报采购总监审核、总经理审批。 **工作重点** ☆企业须加强对采购询价方案的审核与审批，防止出现内容缺失的情况，从而影响采购询价方案的执行。 ☆采购询价方案不仅要具有可操作性，更要立足实际，便于后期实施和操作。 **工作标准** ☆内容标准：采购询价方案的内容包括项目概述、采购清单、采购方式和采购工作内容等。 ☆质量标准：采购询价方案的制定须符合方案编写制度的要求，内容完整、合理。
确定询价供应商	**执行程序** **1. 收集资料** 采购部根据采购询价方案进行相关资料的收集，然后对收集的资料进行整理、汇总、分类。 **2. 分析并确定询价供应商名单** 采购部应先对收集的资料进行分析，掌握供应市场动态，然后根据分析结果确定符合企业条件的询价供应商名单，最后将名单报采购总监审核。 **工作重点** ☆采购部须对收集的资料进行审核和辨别，确保其真实性和合理性，避免因资料不准确导致企业的采购询价结果出现偏差。 ☆企业应严格规定询价供应商的数量，避免因询价供应商数量过少而导致竞争不够激烈，使询价流于形式。 **工作标准** ☆质量标准：收集的资料包括询价项目资料、资源市场资料及供应商提供的资料。 ☆内容标准：采购询价方案的内容包括物资的品名与规格、物资采购数量、物资品质要求、物资报价基本要求、物资交货期要求等。
实施采购询价	**执行程序** **1. 整理、汇总、分析供应商报价** 采购部应向供应商发送采购询价单，收集所有供应商反馈的报价信息，并进行整理、汇总、分析。 **2. 编制采购询价报告** 采购部根据供应商报价信息的分析结果，编制采购询价报告，并将其报采购总监审核、总经理审批。 **工作重点** 采购询价单中应明确报价期限，确保采购作业的时效性与公平性。对于逾期报价的，则不予受理。

（续）

任务名称	执行程序、工作标准与考核指标
实施采购询价	**工作标准**
	☆目标标准：全面落实采购询价方案。 ☆依据标准：采购询价的实施须以采购管理制度和采购成本核算制度为依据。
执行询价结果	**执行程序**
	1. 签订采购合同 采购部应先根据采购询价结果确定候选供应商，同时公布询价结果，然后与候选供应商积极联系，安排后续事宜，并签订采购合同。 **2. 实施采购** 采购部根据签订的采购合同，实施采购。 **工作重点** ☆采购合同必须将有关采购的各个事项交代清楚，并有双方的签字和盖章。 ☆采购部须严格按照采购合同实施采购。
	工作标准
	全面落实采购合同条款。
执行规范	
“采购谈判管理制度”“采购谈判方案”“采购谈判礼仪规范”“采购谈判协议”。	

5.3 采购价格分析管理流程设计与工作执行

5.3.1 采购价格分析管理流程设计

主办部门	采购部	流程名称	采购价格分析管理流程

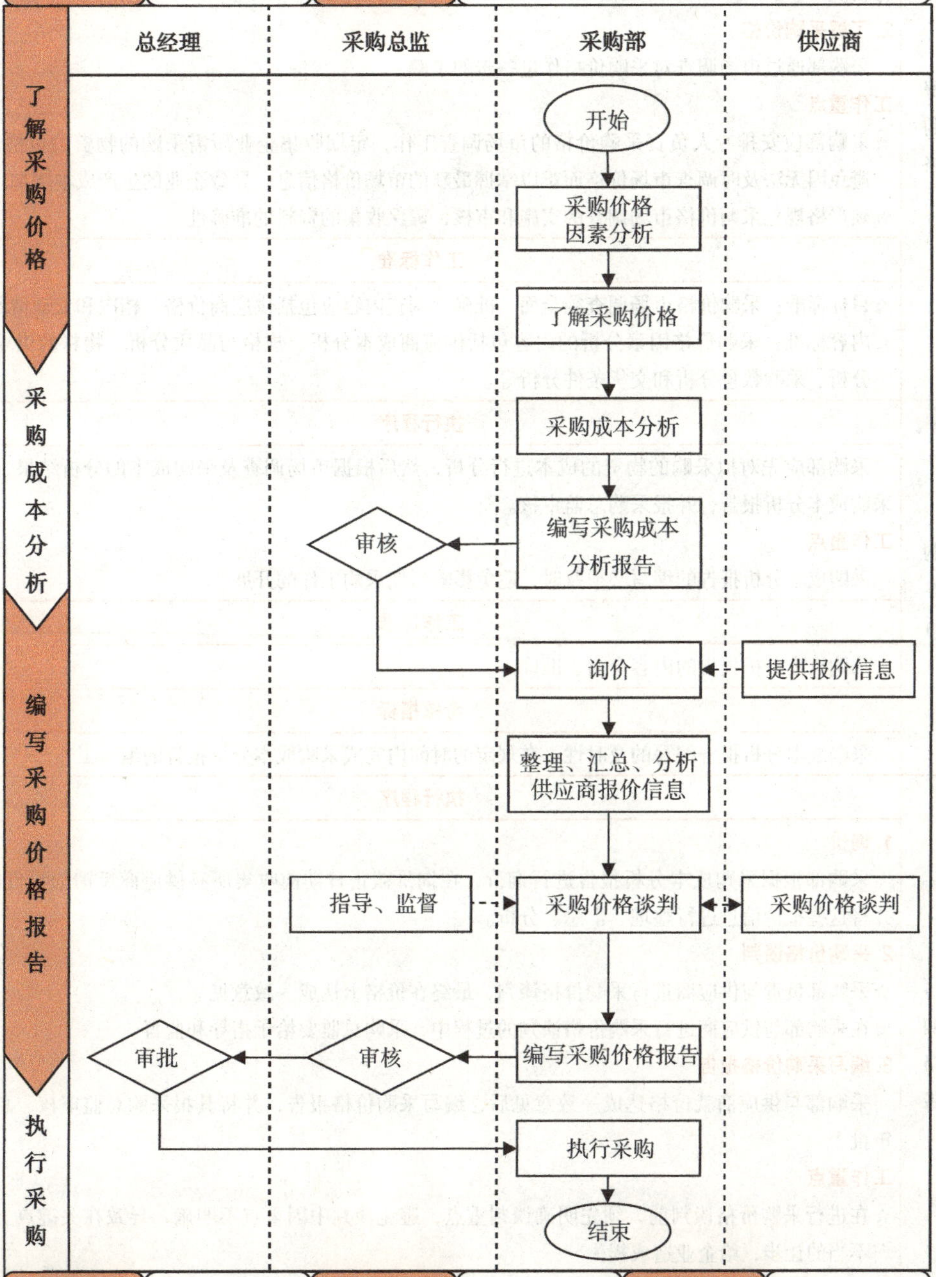

总经理
采购总监
采购部
供应商
了解采购价格
采购成本分析
编写采购价格报告
执行采购
开始
采购价格因素分析
了解采购价格
采购成本分析
编写采购成本分析报告
审核
询价
提供报价信息
整理、汇总、分析供应商报价信息
指导、监督
采购价格谈判
采购价格谈判
审批
审核
编写采购价格报告
执行采购
结束

编修部门		签发人		签发日期	

5.3.2 采购价格分析管理执行程序、工作标准、考核指标、执行规范

任务名称	执行程序、工作标准与考核指标
了解采购价格	**执行程序** **1. 采购价格因素分析** 采购部通过对各种采购价格资料的分析，确定影响采购价格的因素，并对各个影响因素进行分析。 **2. 了解采购价格** 采购部通过市场调查对采购价格作进一步的了解。 **工作重点** ☆采购部应安排专人负责采购价格的市场调查工作，定期收集企业所需采购的物资的价格信息，避免因无法及时调查市场价格而难以掌握最新的市场价格信息，导致企业的生产成本增加。 ☆须严格规范采购价格市场调查的实施和审核，确保收集的资料的准确性。
	工作标准
	☆目标标准：采购价格市场调查须全面、准确，调查内容应包括供应商价格、档次和变动情况等。 ☆内容标准：采购价格因素分析的内容包括供应商成本分析、规格与品质分析、物料的供求关系分析、采购数量分析和交货条件分析等。
采购成本分析	**执行程序**
	采购部应先对拟采购的物资的成本进行分析，然后根据市场调查及采购成本的分析结果，编写采购成本分析报告，并报采购总监审核。 **工作重点** 采购成本分析报告的编写必须及时，避免影响后期采购工作的开展。
	工作标准
	采购成本分析报告的内容全面、准确。
	考核指标
	采购成本分析报告编写的及时性：在规定的时间内完成采购成本分析报告的编写工作。
编写采购价格报告	**执行程序**
	1. 询价 采购部根据采购成本分析报告进行询价，在询价截止日期前收集所有供应商反馈的报价信息，并将这些报价信息进行整理、汇总、分析。 **2. 采购价格谈判** ☆采购部负责与供应商进行采购价格谈判，最终在价格上达成一致意见。 ☆在采购部与供应商进行采购价格谈判的过程中，采购总监要给予指导和监督。 **3. 编写采购价格报告** 采购部与供应商就价格达成一致意见后，编写采购价格报告，并将其报采购总监审核、总经理审批。 **工作重点** ☆在进行采购价格谈判前，须先明确谈判重点，避免谈判中因重点不明确，导致在关键点上做出不当的让步，给企业造成损失。 ☆在编写采购价格报告的过程中，要注意内容的全面性和真实性。

（续）

任务名称	执行程序、工作标准与考核指标
编写采购价格报告	**工作标准** ☆目标标准：采购价格谈判的最终目标是在保证质量和交期条件下，争取低廉的成交价格。 ☆质量标准：采购价格报告内容全面、翔实。
执行采购	**执行程序** 采购价格报告审批通过后，采购部执行采购。 **工作重点** 采购部必须严格按照采购价格执行采购，禁止私自篡改采购价格。 **工作标准** 全面落实采购价格。
执行规范	
“采购价格市场调查单”“采购成本分析报告”“供应商报价单”。	

5.4 采购底价确定管理流程设计与工作执行

5.4.1 采购底价确定管理流程设计

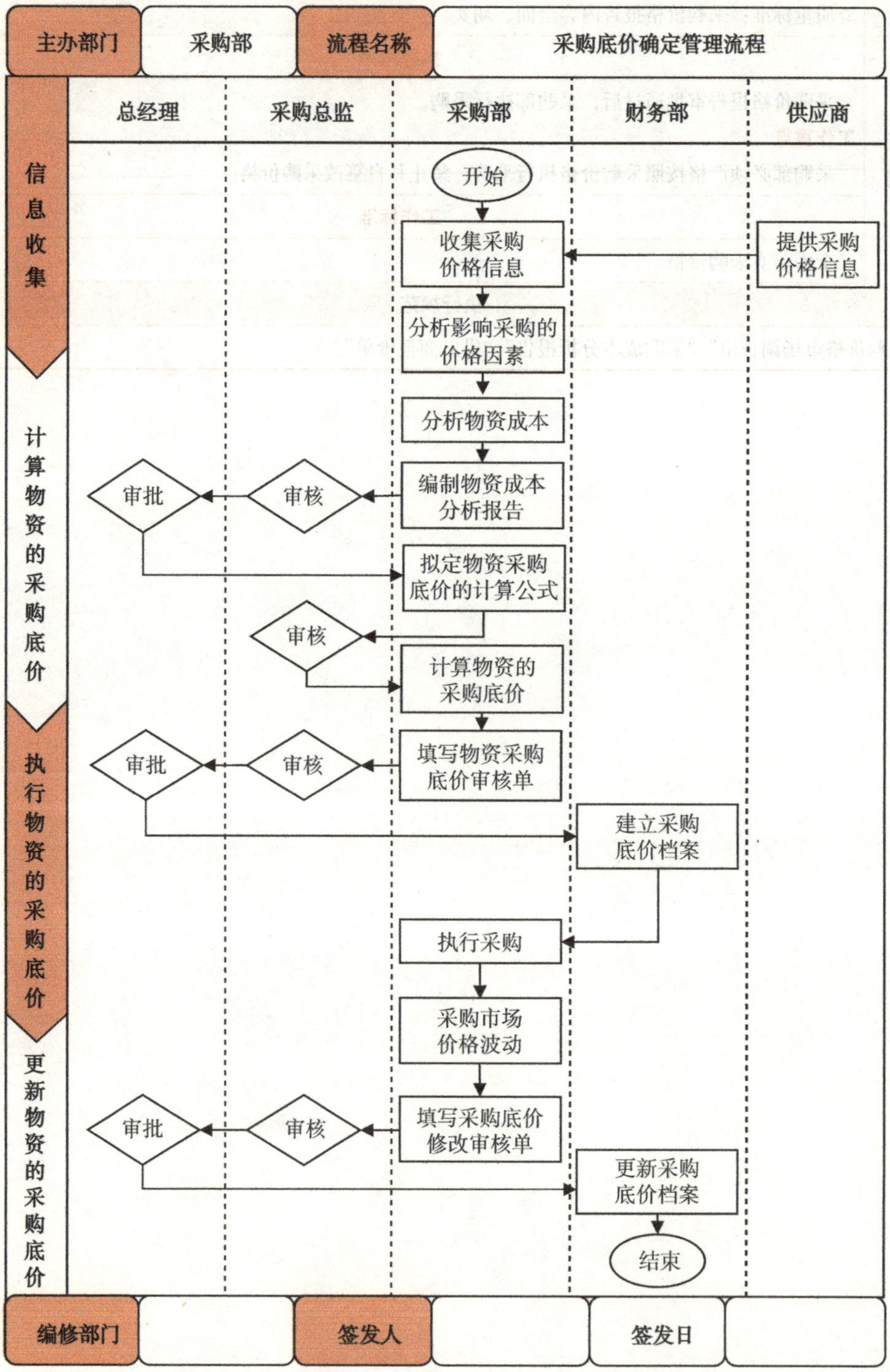
主办部门
采购部
流程名称
采购底价确定管理流程
总经理
采购总监
采购部
财务部
供应商
信息收集
计算物资的采购底价
执行物资的采购底价
更新物资的采购底价
开始
收集采购价格信息
提供采购价格信息
分析影响采购的价格因素
分析物资成本
编制物资成本分析报告
审核
审批
拟定物资采购底价的计算公式
审核
计算物资的采购底价
填写物资采购底价审核单
审核
审批
建立采购底价档案
执行采购
采购市场价格波动
填写采购底价修改审核单
审核
审批
更新采购底价档案
结束
编修部门
签发人
签发日

5.4.2 采购底价确定管理执行程序、工作标准、考核指标、执行规范

任务名称	执行程序、工作标准与考核指标
信息收集	**执行程序** **1. 收集采购价格信息** 采购部负责收集市场的采购价格信息，并对收集的信息进行整理、汇总。 **2. 分析影响采购价格的因素** 采购部通过对采购价格信息的分析，确定影响采购价格的因素，并对各个影响因素进行分析。 **工作重点** ☆对收集的信息进行审核和辨别，确保其真实性和合理性，避免因信息不准确导致采购底价的确定出现偏差。 ☆采购价格信息的收集须及时，严禁拖延，避免影响后期采购工作的开展。 **工作标准** ☆时间标准：采购价格信息的收集须在____个工作日内完成。 ☆质量标准：采购价格信息收集全面、准确。 **考核指标** 采购价格信息收集的及时性：在规定的时间内完成采购价格信息的收集工作。
计算物资的采购底价	**执行程序** **1. 编制物资成本分析报告** 采购部应先分析物资成本，然后根据分析结果编制物资成本分析报告，并报采购总监审核、总经理审批。 **2. 计算物资的采购底价** 采购部根据采购方式、物资价格等因素拟定物资采购底价的计算公式，据此计算所需物资的采购底价。 **工作重点** ☆采购部在对物资成本进行分析时，应重点核查供应商账簿，验证供应商提供的成本信息的真实性，同时根据供应商提供的资料对供应商的生产技术、品质保证、工厂布置、生产效率和材料损耗等方面的信息进行评估。 ☆采购部须对物资成本进行全面分析，避免因内容缺失而影响采购底价的计算。 ☆须严格规定物资采购底价的签署权限，以免因权限不明晰而发生越权等行为，损害企业利益。 **工作标准** ☆依据标准：物资采购底价的确定须以物资采购底价确定管理办法为依据。 ☆内容标准：物资成本分析的内容包括物资的生产制造方法和生产工艺，物资生产制造所需的特殊设备和工具，物资生产所耗费的直接或间接的人工成本和材料成本，物资外协费用和库存管理费用，物流、运输和保险费用。 **考核指标** ☆物资采购底价计算公式拟定正确率：目标值为100%。 ☆物资采购底价计算公式实施过程准确率：目标值为100%。

（续）

任务名称	执行程序、工作标准与考核指标
执行物资的采购底价	**执行程序** **1. 填写物资采购底价审核单** 采购部根据物资采购底价的计算结果，填写物资采购底价审核单，并将其报采购总监审核、总经理审批。审批通过后，财务部应建立采购底价档案。 **2. 执行采购** 采购部应严格按照采购底价执行采购。 **工作重点** 采购部在执行采购的过程中，必须将采购底价作为衡量供应商报价的标准，在避免高价购买物资的同时，也要保证物资的质量。
	工作标准 ☆依据标准：采购底价的执行须以采购管理制度为依据。 ☆目标标准：全面落实采购底价。
更新物资的采购底价	**执行程序** **1. 填写采购底价修改审核单** ☆采购部在物资采购的过程中若发现物资的市场价格出现波动，要及时向领导反映，然后收集相关信息，判断是否需要更新或调整采购底价。 ☆确需更新或调整采购底价的，采购部应先填写采购底价修改审核单，并附书面说明，分析其价格调整的原因，然后将其报采购总监审核、总经理审批。 **2. 更新采购底价档案** 采购底价修改审核单审批通过后，财务部及时更新采购底价档案。 **工作重点** 企业须加强对采购底价修改审核单的审核与审批，避免出现随意、频繁修改采购底价的现象。
	工作标准 采购底价档案的更新须以采购底价确定管理办法为依据。
	考核指标 采购底价档案更新的及时性：在规定的时间内完成采购底价档案的更新工作。
执行规范	
"采购底价确定管理办法""物资需求调查表""物资价格分析表""成本分析报告""采购底价修改审核单"。	

5.5 采购价格审批管理流程设计与工作执行

5.5.1 采购价格审批管理流程设计

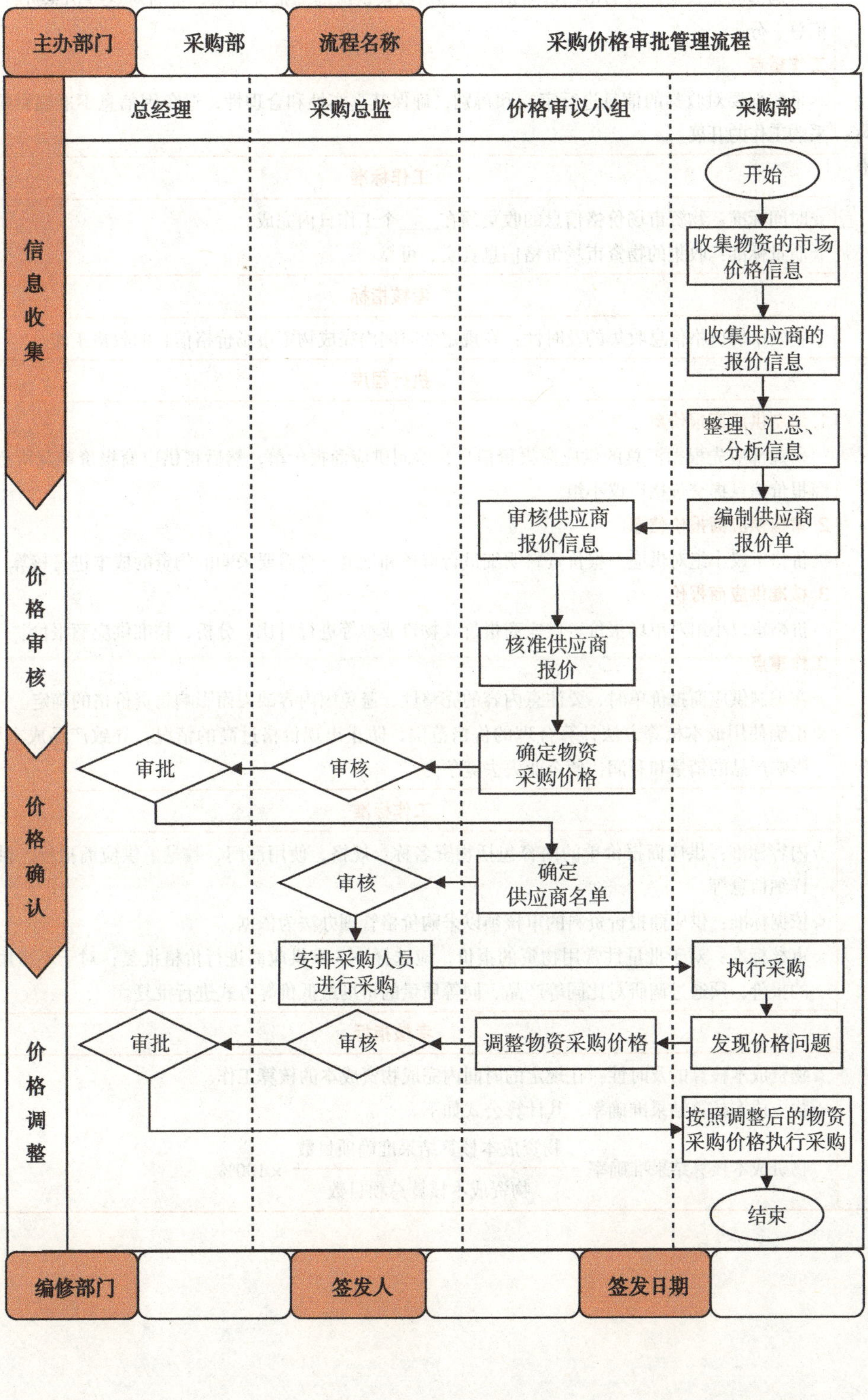

主办部门
采购部
流程名称
采购价格审批管理流程
总经理
采购总监
价格审议小组
采购部
信息收集
价格审核
价格确认
价格调整
开始
收集物资的市场价格信息
收集供应商的报价信息
整理、汇总、分析信息
编制供应商报价单
审核供应商报价信息
核准供应商报价
确定物资采购价格
审核
审批
确定供应商名单
审核
安排采购人员进行采购
执行采购
发现价格问题
调整物资采购价格
审核
审批
按照调整后的物资采购价格执行采购
结束
编修部门
签发人
签发日期

5.5.2 采购价格审批管理执行程序、工作标准、考核指标、执行规范

任务名称	执行程序、工作标准与考核指标
信息收集	**执行程序** 采购部应先收集物资的市场价格信息，然后收集供应商的报价信息，最后对这些信息进行整理、汇总、分析。 **工作重点** 采购部要对收集的信息进行审核和辨别，确保其真实性和合理性，避免因信息不准确影响后期采购工作的开展。 **工作标准** ☆时间标准：物资市场价格信息的收集须在____个工作日内完成。 ☆质量标准：收集的物资市场价格信息真实、可靠。 **考核指标** 物资市场价格信息收集的及时性：在规定的时间内完成物资市场价格信息的收集工作。
价格审核	**执行程序** **1. 编制供应商报价单** 采购部应先根据汇总的供应商报价信息，编制供应商报价单，然后将供应商报价单及所有供应商报价信息提交价格审议小组。 **2. 审核供应商报价信息** 价格审议小组对供应商报价资料明细进行审核和批复，对需要采购的物资的成本进行核算。 **3. 核准供应商报价** 价格审议小组对市场报价、供应商报价及物资成本等进行对比、分析，核准供应商报价。 **工作重点** ☆在编制供应商报价单时，要注意内容的完整性，避免因内容缺失而影响物资价格的确定。 ☆正确使用成本核算方法计算合理的价格范围，防止出现价格过高的情况，导致产品成本增加，影响产品的销量和利润，使企业失去竞争力。 **工作标准** ☆内容标准：供应商报价单的内容包括物资名称、规格、使用部门、数量、供应商报价、供应商详细信息等。 ☆依据标准：供应商报价资料的审核须以采购价格管理办法为依据。 ☆审核标准：对于批量性常用物资的报价，应选择2~3家供应商进行价格批复；对于不常用物资的报价，须通过调研对比同等产品、同等质量的市场最低价等方式进行批复。 **考核指标** ☆物资成本核算的及时性：在规定的时间内完成物资成本的核算工作。 ☆物资成本核算结果准确率，其计算公式如下。 $物资成本核算结果准确率=\frac{物资成本核算结果准确项目数}{物资成本核算总项目数}\times 100\%$

（续）

<table>
<tr><th>任务名称</th><th>执行程序、工作标准与考核指标</th></tr>
<tr><td rowspan="4">价格确认</td><td>执行程序</td></tr>
<tr><td>1. 确定物资采购价格
价格审议小组通过一系列的价格对比及其核准，确定物资的采购价格，并将价格报采购总监审核、总经理审批。
2. 确定供应商名单
价格审议小组依据经总经理审批通过的物资采购价格，确定供应商名单，并将其报采购总监审核。
工作重点
在确定物资采购价格的过程中，价格审议小组须重点考虑采购报价日到审议价格日期间，相关物资的价格波动情况和市场通货膨胀水平，以减少最终确认的物资采购价格的误差。</td></tr>
<tr><td>工作标准</td></tr>
<tr><td>物资采购价格的确定须以采购价格管理办法为依据。</td></tr>
<tr><td rowspan="6">价格调整</td><td>执行程序</td></tr>
<tr><td>1. 执行采购
采购总监根据审批通过的采购价格和供应商名单，安排采购人员进行采购。采购人员要严格按照物资采购价格执行采购。
2. 发现价格问题
采购人员在采购的过程中发现物资采购价格存在问题时，要及时将问题反映给价格审议小组，并将该物资的调价明细及调价信息资料提供给价格审议小组。
3. 调整物资采购价格
☆价格审议小组根据采购人员反映的问题，调整物资采购价格，并将调整后的物资采购价格报采购总监审核、总经理审批。
☆若采购价格需要更新或调整，价格审议小组应及时更新或调整采购价格。
4. 按照调整后的物资采购价格执行采购
物资采购价格调整通过后，采购人员应按照调整后的物资采购价格执行采购。
工作重点
☆采购人员在采购的过程中，必须按不高于批准价的原则执行采购。
☆物资采购价格更新或调整在提交领导审核与审批时，必须附书面说明，详细说明物资采购价格调整的原因。
☆物资采购价格调整的审批手续要严格，避免出现采购价格频繁调整的现象。</td></tr>
<tr><td>工作标准</td></tr>
<tr><td>☆目标标准：全面落实新的物资采购价格。
☆依据标准：物资采购价格的执行须以采购管理制度为依据。</td></tr>
<tr><td>考核指标</td></tr>
<tr><td>物资采购价格调整的及时性：在规定的时间内完成物资采购价格的调整工作。</td></tr>
<tr><td colspan="2">执行规范</td></tr>
<tr><td colspan="2">“物资采购报价单”“采购询价单”“供应商报价单”“采购价格管理办法”“价格信息汇总表”“比价记录单”“议价记录单”“采购价格审批表”“采购管理制度”。</td></tr>
</table>

5.6 采购成本核算管理流程设计与工作执行

5.6.1 采购成本核算管理流程设计

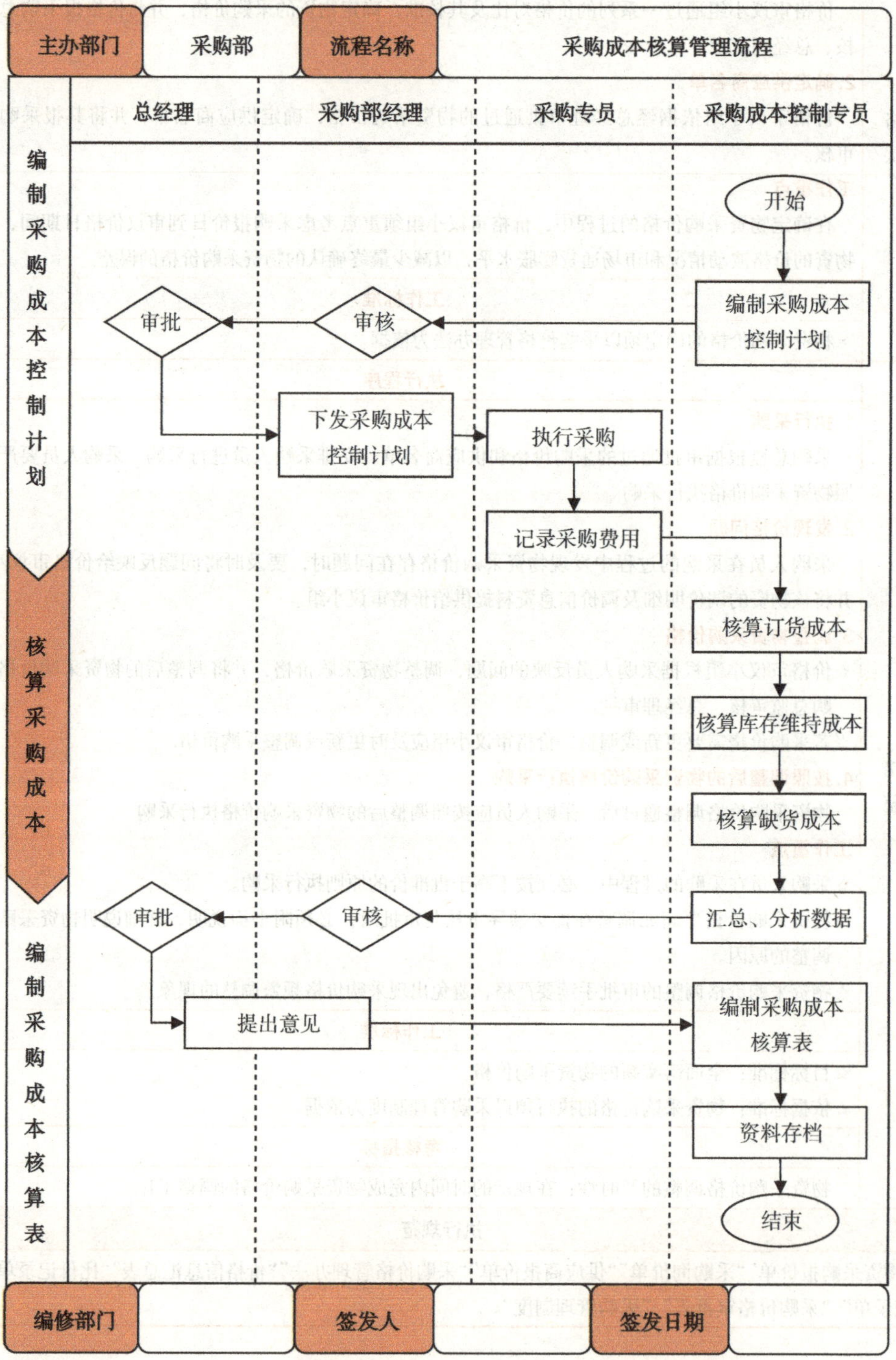
主办部门
采购部
流程名称
采购成本核算管理流程
总经理
采购部经理
采购专员
采购成本控制专员
编制采购成本控制计划
核算采购成本
编制采购成本核算表
开始
编制采购成本控制计划
审核
审批
下发采购成本控制计划
执行采购
记录采购费用
核算订货成本
核算库存维持成本
核算缺货成本
汇总、分析数据
审核
审批
提出意见
编制采购成本核算表
资料存档
结束
编修部门
签发人
签发日期

5.6.2 采购成本核算管理执行程序、工作标准、考核指标、执行规范

任务名称	执行程序、工作标准与考核指标
编制采购成本控制计划	**执行程序** **1. 编制采购成本控制计划** 采购成本控制专员应先根据企业采购成本管理的相关规定，编制采购成本控制计划，然后报采购部经理审核、总经理审批。 **2. 记录采购费用** ☆采购成本控制计划审批通过后，采购部经理将其下发给采购专员。 ☆采购专员根据采购成本控制计划执行采购，并记录所有采购费用。 **工作重点** 采购成本控制计划的编制要从本企业、本部门的实际情况出发，不能脱离实际。 **工作标准** 采购成本控制计划的编制须以企业成本核算标准为依据。 **考核指标** 采购成本控制计划编制的及时性：在规定的时间内完成采购成本控制计划的编制工作。
核算采购成本	**执行程序** **1. 核算订货成本** 采购成本控制专员从请购手续成本、往来沟通成本、人工成本、差旅费用、招待费用和保险费用等方面进行订货成本的核算。 **2. 核算库存维持成本** 采购成本控制专员从资金成本、搬运成本、仓储成本、折旧及陈腐成本、保险及其他管理费用等方面进行库存维持成本的核算。 **3. 核算缺货成本** 采购成本控制专员从安全存货成本、延期交货成本和顾客流失成本等方面进行缺货成本的核算。 **工作重点** ☆采购成本控制专员在核算采购成本时，要选择合理的采购成本核算方法，避免核算的采购成本偏离实际支出。 ☆计入采购成本的费用必须符合国家相关法律法规的规定，否则不能计入采购成本。 ☆对于采购成本有重大影响的项目，应进行重点核算；其他内容可在综合项目中合并反映。 ☆在同一会计周期中，采购成本核算所采用的方法必须前后各期保持一致，禁止随意变更采购成本的核算方法。 **工作标准** ☆质量标准：采购成本核算项目准确、有效。 ☆参照标准：采购成本核算可参照财务成本管理制度。 **考核指标** ☆采购成本核算的及时性：在规定的时间内完成采购成本的核算工作。 ☆采购成本核算结果准确率，其计算公式如下。 $\text{采购成本核算结果准确率}=\frac{\text{采购成本核算结果准确项目数}}{\text{采购成本核算总项目数}}\times 100\%$

（续）

任务名称	执行程序、工作标准与考核指标
编制采购成本核算表	**执行程序**
	1. 汇总、分析数据 采购成本控制专员应先将订货成本、库存维持成本和缺货成本的数据进行汇总，然后对这些数据进行分析，最后将分析结果报采购部经理审核、总经理审批。 **2. 编制采购成本核算表** 采购部经理及总经理就分析结果提出意见，采购成本控制专员据此编制采购成本核算表。 **工作重点** 采购成本控制专员在汇总、分析数据时须细心、认真，避免因粗心大意导致后期数据分析结果不准确，影响采购成本核算结果。
	工作标准
	采购成本核算表的编制须以企业财务成本管理制度为依据。
	考核指标
	采购成本核算表编制的及时性：在规定的时间内完成采购成本核算表的编制工作。
执行规范	
"采购成本管理制度""采购成本控制计划""财务成本管理制度""采购成本核算表"。	

5.7 采购成本分析管理流程设计与工作执行

5.7.1 采购成本分析管理流程设计

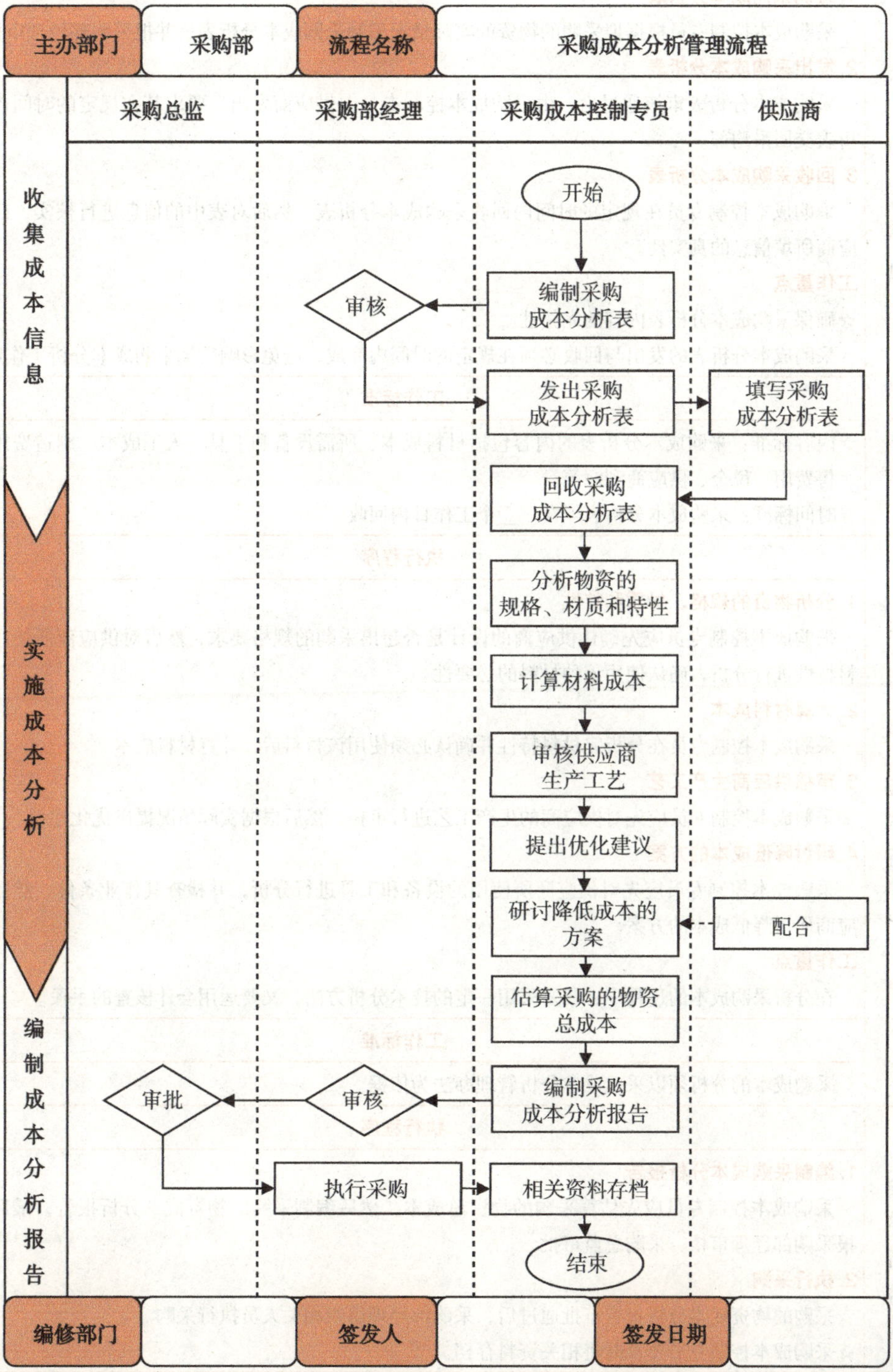
主办部门
采购部
流程名称
采购成本分析管理流程
采购总监
采购部经理
采购成本控制专员
供应商
收集成本信息
实施成本分析
编制成本分析报告
开始
编制采购成本分析表
审核
发出采购成本分析表
填写采购成本分析表
回收采购成本分析表
分析物资的规格、材质和特性
计算材料成本
审核供应商生产工艺
提出优化建议
研讨降低成本的方案
配合
估算采购的物资总成本
编制采购成本分析报告
审核
审批
执行采购
相关资料存档
结束
编修部门
签发人
签发日期

5.7.2 采购成本分析管理执行程序、工作标准、考核指标、执行规范

<table>
<tr><th>任务名称</th><th>执行程序、工作标准与考核指标</th></tr>
<tr><td rowspan="4">收集成本信息</td><td>执行程序</td></tr>
<tr><td>1. 编制采购成本分析表
采购成本控制专员根据拟采购的物资的实际情况编制采购成本分析表，并报采购部经理审核。
2. 发出采购成本分析表
采购成本分析表审核通过后，由采购成本控制专员向供应商发出，要求其在规定的时间内将分析表交回采购部。
3. 回收采购成本分析表
采购成本控制专员在规定的时间内回收采购成本分析表，然后对表中的信息进行核实，确认供应商所填信息的真实性。
工作重点
☆确保采购成本分析表内容的完整性。
☆采购成本分析表的发出与回收必须在规定的时间内完成，避免影响后期采购成本分析工作进程。</td></tr>
<tr><td>工作标准</td></tr>
<tr><td>☆内容标准：采购成本分析表的内容包括材料成本、所需设备和工具、人工成本、制造费用、销售费用、税金、供应商利润等。
☆时间标准：采购成本分析表须在____个工作日内回收。</td></tr>
<tr><td rowspan="4">实施成本分析</td><td>执行程序</td></tr>
<tr><td>1. 分析物资的规格、材质和特性
采购成本控制专员应先确认供应商的设计是否超出采购的规格要求，然后对供应商所使用的材料特性进行分析，确认使用该种材料的必要性。
2. 计算材料成本
采购成本控制专员在分析完材料特性并确认必须使用该材料后，计算材料成本。
3. 审核供应商生产工艺
采购成本控制专员应先对供应商的生产工艺进行审核，然后根据实际情况提出优化建议。
4. 研讨降低成本的方案
采购成本控制专员应先对供应商所使用的设备和工具进行分析，并检查其作业条件，然后与供应商研讨降低成本的方案。
工作重点
在分析采购成本的过程中，既要采用一定的技术分析方法，又要运用会计核查的手段。</td></tr>
<tr><td>工作标准</td></tr>
<tr><td>采购成本的分析须以采购成本分析管理办法为依据。</td></tr>
<tr><td rowspan="2">编制成本分析报告</td><td>执行程序</td></tr>
<tr><td>1. 编制采购成本分析报告
采购成本控制专员应先估算采购的物资总成本，然后编制采购的物资成本分析报告，最后将其报采购部经理审核、采购总监审批。
2. 执行采购
☆采购的物资成本分析报告审批通过后，采购部经理组织相关人员执行采购。
☆采购成本控制专员要及时将相关资料存档。</td></tr>
</table>

（续）

<table>
<tr><th>任务名称</th><th>执行程序、工作标准与考核指标</th></tr>
<tr><td rowspan="6">编制成本分析报告</td><td>工作重点
采购成本控制专员必须及时编制采购成本分析报告，避免影响后期采购工作进程。</td></tr>
<tr><td>工作标准</td></tr>
<tr><td>采购的物资成本分析报告的编制须以企业财务成本管理制度为依据。</td></tr>
<tr><td>考核指标</td></tr>
<tr><td>采购的物资成本分析报告编制的及时性：在规定的时间内完成采购的物资成本分析报告的编制工作。</td></tr>
<tr><td></td></tr>
<tr><th colspan="2">执行规范</th></tr>
<tr><td colspan="2">“采购成本分析表”“采购成本分析管理办法”“采购成本分析报告”。</td></tr>
</table>

5.8 采购成本控制管理流程设计与工作执行

5.8.1 采购成本控制管理流程设计

主办部门	采购部	流程名称	采购成本控制管理流程

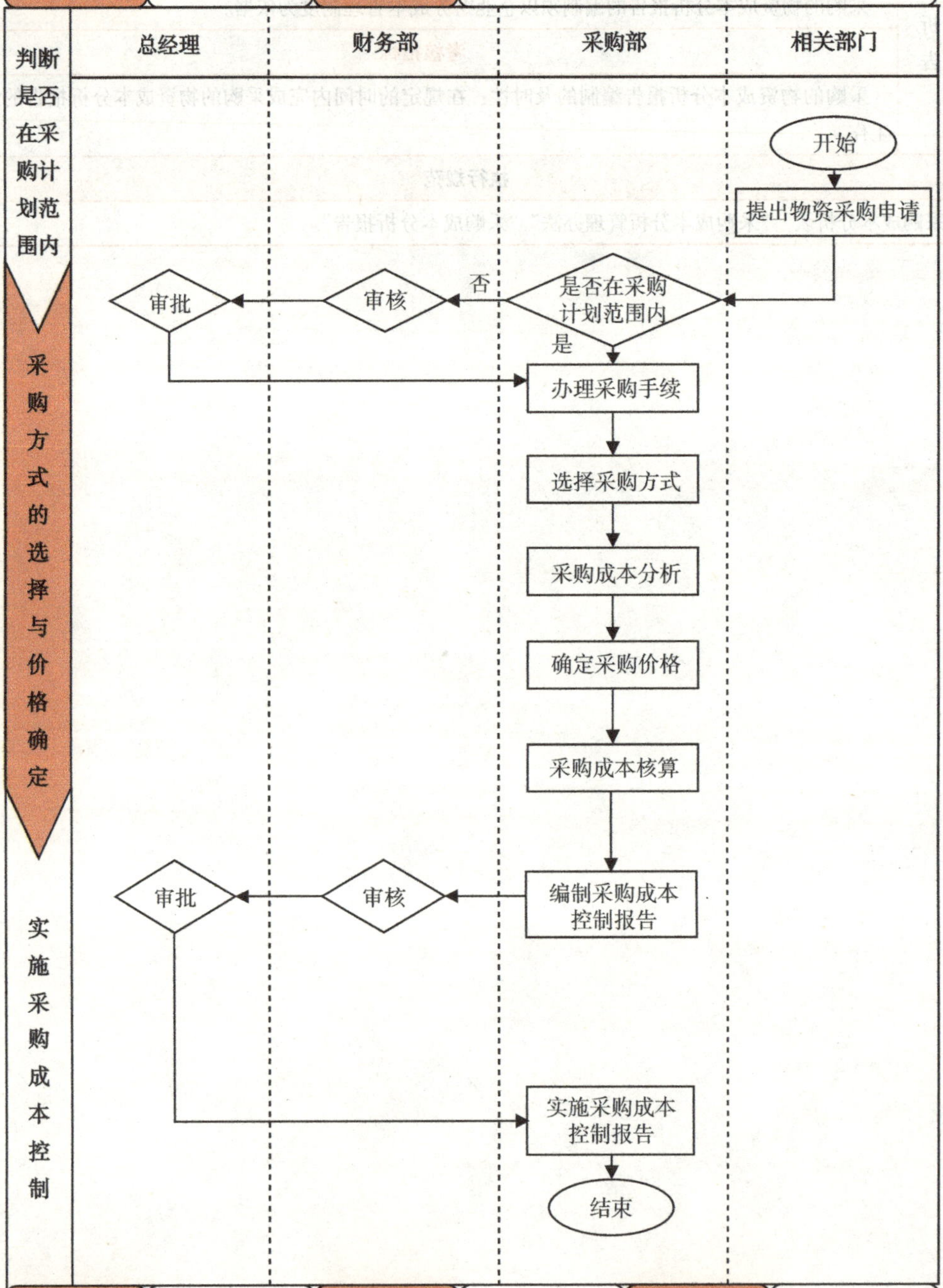

总经理
财务部
采购部
相关部门
判断是否在采购计划范围内
采购方式的选择与价格确定
实施采购成本控制
开始
提出物资采购申请
是否在采购计划范围内
否
是
审核
审批
办理采购手续
选择采购方式
采购成本分析
确定采购价格
采购成本核算
编制采购成本控制报告
审核
审批
实施采购成本控制报告
结束

编修部门		签发人		签发日期	

5.8.2 采购成本控制管理执行程序、工作标准、考核指标、执行规范

任务名称	执行程序、工作标准与考核指标
判断是否在采购计划范围内	**执行程序** ☆相关部门根据本部门的物资需求，向采购部提出物资采购申请。采购部根据所需采购的物资，判断其是否在采购计划范围内。 ☆对于在采购计划范围内的物资，立即办理采购手续，执行采购；对于不在采购计划范围内的物资，则先填写物资申购单，经财务部审核、总经理审批通过后办理采购手续。 **工作重点** 采购部必须加强对物资采购申请的审核与审批，准确判断其是否在采购计划范围内，避免因判断失误影响企业的生产计划和经济利益。 **工作标准** 物资采购计划范围的判断须以企业采购计划为依据。
采购方式的选择与价格确定	**执行程序** **1. 选择采购方式** 采购部应对采购的物资特点进行分析，据此选择采购方式。 **2. 确定采购价格** 采购部应先全面分析市场行情，并分析各供应商提供的材料的性能、规格、品质要求和用量等，建立比价标准；然后成立估价小组，估算出符合品质要求的、较为准确的采购底价；最后根据采购底价、市场行情和供应商用料的不同，以及企业采购量的大小、付款期的长短等因素，确定采购价格。 **工作重点** 在选择采购方式时，必须通过对比各种采购方式，选择成本最低的采购方式，以降低采购成本。 **工作标准** 采购成本的控制须以采购成本管理制度为依据。
实施采购成本控制	**执行程序** **1. 采购成本核算** 采购部应核算订货成本、库存维持成本及缺货成本，据此核算采购成本。 **2. 编制与实施采购成本控制报告** 采购部根据采购成本核算结果，编制采购成本控制报告，并将其报财务部审核、总经理审批。审批通过后，采购部组织实施采购成本控制报告。 **工作重点** ☆采购部在核算采购成本时，应合理选择采购成本核算方法，避免因方法选择不合理导致采购成本偏离实际支出。 ☆计入采购成本的费用须符合国家相关法律法规的规定，否则不能计入采购成本。 ☆对于采购成本有重大影响的项目，应进行重点核算；其他内容可在综合项目中合并反映。 ☆在同一会计周期中，采购成本核算所采用的方法必须前后各期保持一致，禁止随意变更采购成本的核算方法。

（续）

任务名称	执行程序、工作标准与考核指标
实施采购成本控制	**工作标准**
	☆质量标准：采购成本核算项目准确、有效。 ☆参照标准：采购成本核算可参照财务成本管理制度。
	考核指标
	☆采购成本核算的及时性：在规定的时间内完成采购成本的核算工作。 ☆采购成本核算结果准确率，其计算公式如下。 $$采购成本核算结果准确率=\frac{采购成本核算结果准确项目数}{采购成本核算总项目数}\times100\%$$ ☆采购成本控制报告编制的及时性：在规定的时间内完成采购成本控制报告的编制工作。
执行规范	
"采购成本管理制度""财务成本管理制度""采购计划""采购成本核算表"。	

第6章 采购谈判管控

6.1 采购谈判管控流程

6.1.1 流程设计的目的

企业设计采购谈判管控流程的目的如下。

（1）规范采购谈判准备、采购谈判过程控制的流程，确保维护企业利益。

（2）指导采购谈判工作，确保采购谈判过程符合企业各项规章制度，且能够为企业争取更多的权益。

6.1.2 流程结构设计

采购谈判管控流程结构设计采取总分式结构，即先设计采购谈判管理流程，再将采购谈判管理流程细分为采购谈判准备管理流程和采购谈判过程控制管理流程。具体到每个流程，则按照“执行程序、工作标准、考核指标、执行规范”这一思路展开设计，具体如图 6-1 所示。

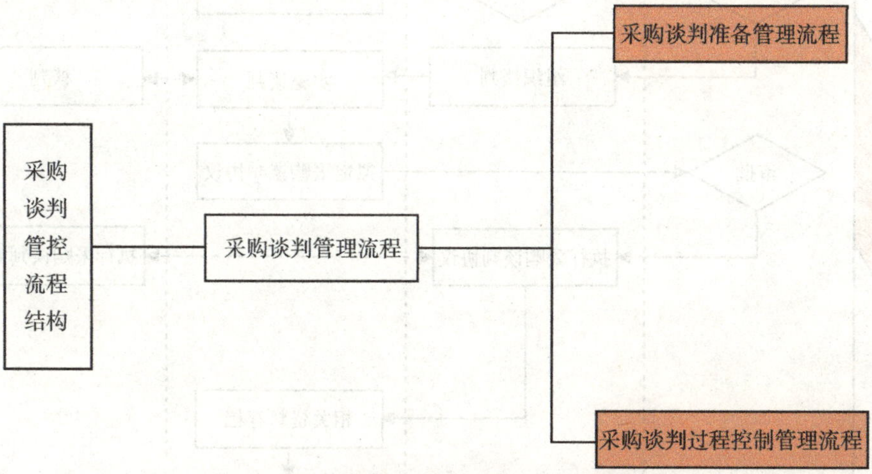

采购谈判管控流程结构
采购谈判管理流程
采购谈判准备管理流程
采购谈判过程控制管理流程

图 6-1 采购谈判管控流程结构设计

6.2 采购谈判管理流程设计与工作执行

6.2.1 采购谈判管理流程设计

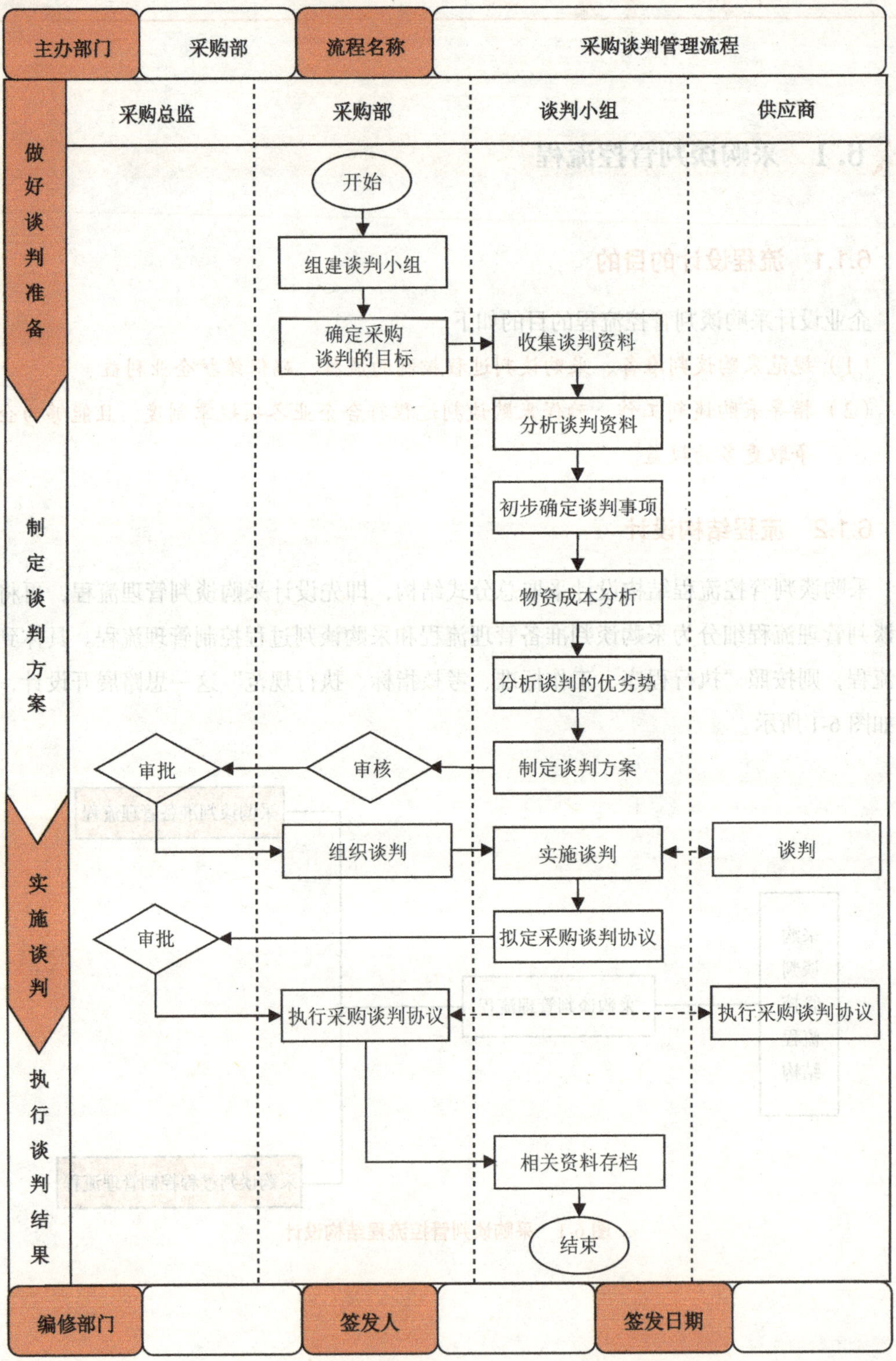
主办部门
采购部
流程名称
采购谈判管理流程
采购总监
采购部
谈判小组
供应商
做好谈判准备
制定谈判方案
实施谈判
执行谈判结果
开始
组建谈判小组
确定采购谈判的目标
收集谈判资料
分析谈判资料
初步确定谈判事项
物资成本分析
分析谈判的优劣势
制定谈判方案
审核
审批
组织谈判
实施谈判
谈判
拟定采购谈判协议
审批
执行采购谈判协议
执行采购谈判协议
相关资料存档
结束
编修部门
签发人
签发日期

6.2.2 采购谈判管理执行程序、工作标准、考核指标、执行规范

任务名称	执行程序、工作标准与考核指标
做好谈判准备	**执行程序** **1. 组建谈判小组** 采购部根据采购谈判任务的具体情况，组建规模适当的谈判小组，并确定采购谈判的目标。 **2. 收集谈判资料** 谈判小组收集谈判历史资料、产品与服务的历史资料、宏观环境资料及供应商情报资料，并对收集的资料进行分析。 **工作重点** ☆在组建谈判小组时，采购部应注意谈判小组成员在性格、专业和特长领域上的互补性。 ☆企业须对谈判小组成员进行相关专业培训，避免因谈判经验不足，缺乏技术、法律和财务知识的支撑，导致企业利益受损。
	工作标准 ☆依据标准：谈判小组的组建须以采购谈判小组组建规范为依据。 ☆质量标准：收集的资料真实、可靠。
制定谈判方案	**执行程序** **1. 初步确定谈判事项** 谈判小组应先对收集的资料进行分析，以了解市场趋势及供应商产品的市场信息，然后根据采购的物资需求，确定需要谈判的相关事项，并做好谈判内容规划。 **2. 制定谈判方案** ☆谈判小组应对物资成本进行专业分析，设定议价底线，同时对相同成本或相同规格的产品售价及服务进行比较，分析谈判的优劣势，据此制定谈判方案。 ☆谈判小组将制定好的谈判方案报采购部审核、采购总监审批。 **工作重点** ☆谈判小组在分析资料前，必须辨别资料的真实性、可靠性、相关性与有效性。 ☆谈判小组必须合理地规划谈判内容，重点关注物资的质量、价格、数量和包装条件。
	工作标准 谈判方案的内容应明确采购谈判参与人员，确立采购谈判的原则，细化谈判准备工作，掌握谈判过程的控制方法和突发情况应对方法。
实施谈判	**执行程序** **1. 实施谈判** 谈判方案审批通过后，采购部组织谈判。谈判小组负责与供应商谈判。 **2. 拟定采购谈判协议** 双方达成一致意见后，拟定采购谈判协议，并将其报采购总监审批。 **工作重点** ☆谈判过程应严格保密。无关人员未经允许不得进入谈判会场，参与谈判的人员和工作人员不得泄露与谈判有关的内容，谈判结果未经最后审定不得公布。 ☆明确谈判重点，避免因重点不明确导致在关键点上做出不当的让步，给企业造成损失。 ☆在谈判的过程中，谈判人员必须遵守谈判礼仪规范，以免给对方造成“不可靠”或者“形象不佳”的印象，影响长期合作。 ☆采购谈判应在企业或供应商会议室或双方选定的采购谈判场所进行，以提高工作效率。

（续）

<table>
<tr><th>任务名称</th><th>执行程序、工作标准与考核指标</th></tr>
<tr><td rowspan="2">实施谈判</td><td>工作标准</td></tr>
<tr><td>☆目标标准：采购谈判的最终目标是在保证质量和交期的条件下，争取低廉的成交价格。
☆礼仪标准：采购谈判礼仪规范主要包括谈判人员的仪容仪表、谈判过程中的商务礼仪，具体参照采购谈判礼仪规范。</td></tr>
<tr><td rowspan="4">执行谈判结果</td><td>执行程序</td></tr>
<tr><td>☆采购谈判协议审批通过后，采购部要组织执行该协议。
☆谈判小组应及时将相关资料存档。
工作重点
企业须加强对采购谈判协议的审批，确保采购谈判协议内容符合国家相关法律法规的规定。</td></tr>
<tr><td>工作标准</td></tr>
<tr><td>采购谈判协议的拟定须以国家相关法律法规为依据。</td></tr>
<tr><td colspan="2">执行规范</td></tr>
<tr><td colspan="2">“采购谈判管理制度”“采购谈判方案”“采购谈判礼仪规范”“采购谈判协议”。</td></tr>
</table>

6.3 采购谈判准备管理流程设计与工作执行

6.3.1 采购谈判准备管理流程设计

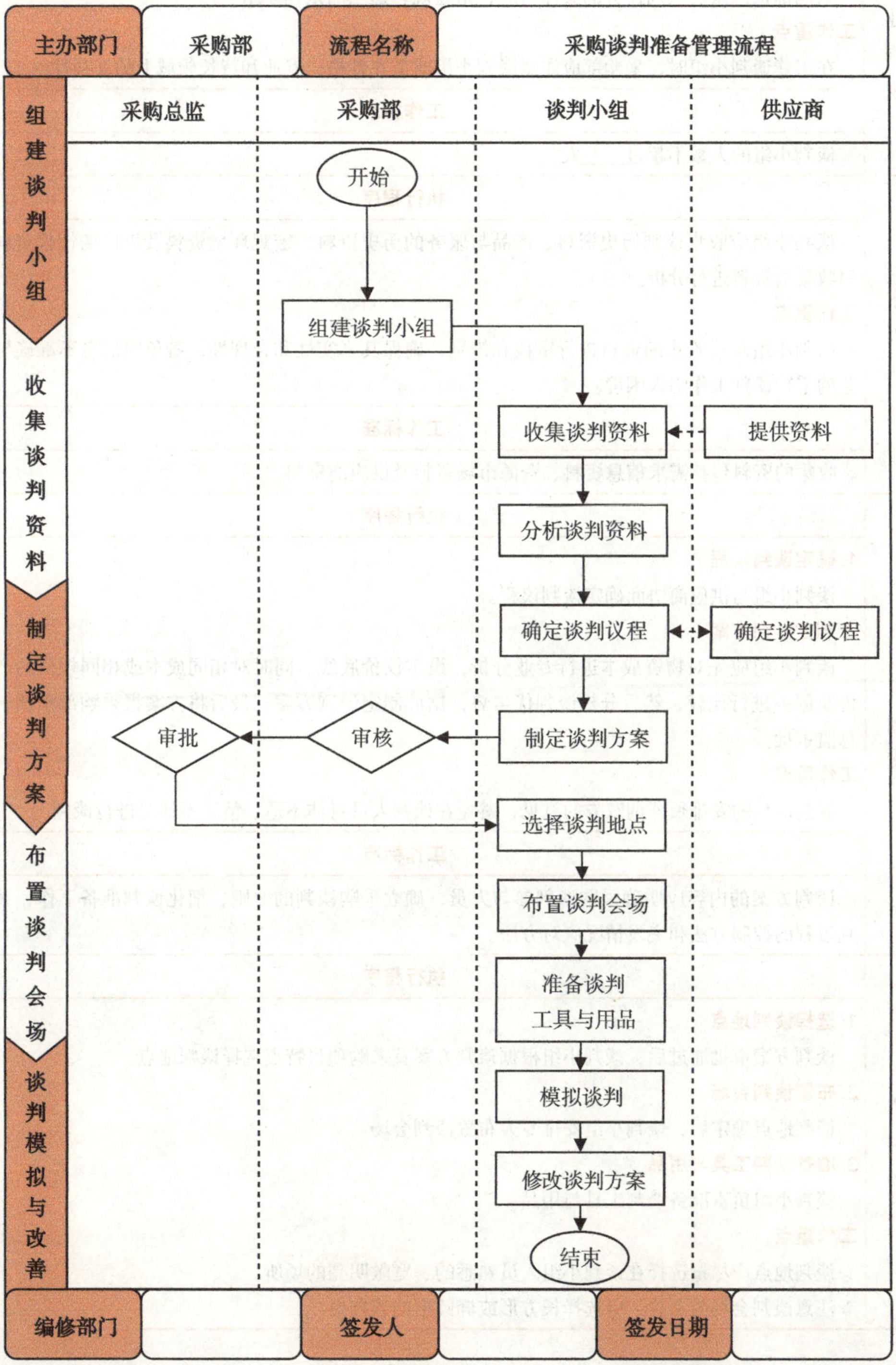

主办部门
采购部
流程名称
采购谈判准备管理流程
采购总监
采购部
谈判小组
供应商
组建谈判小组
收集谈判资料
制定谈判方案
布置谈判会场
谈判模拟与改善
开始
组建谈判小组
收集谈判资料
提供资料
分析谈判资料
确定谈判议程
确定谈判议程
审批
审核
制定谈判方案
选择谈判地点
布置谈判会场
准备谈判
工具与用品
模拟谈判
修改谈判方案
结束
编修部门
签发人
签发日期

6.3.2 采购谈判准备管理执行程序、工作标准、考核指标、执行规范

任务名称	执行程序、工作标准与考核指标
组建谈判小组	**执行程序**
	采购部根据采购谈判任务的具体情况，组建规模适当的谈判小组。 **工作重点** 在组建谈判小组时，采购部应注意谈判小组成员在性格、专业和特长领域上的互补性。
	工作标准
	谈判小组的人数不超过____人。
收集谈判资料	**执行程序**
	谈判小组应收集谈判历史资料、产品与服务的历史资料、宏观环境资料及供应商情报资料，并对收集的资料进行分析。 **工作重点** 谈判小组须对收集的资料进行审核和辨别，确保其真实性和合理性，避免因信息不准确导致企业的采购谈判工作陷入困境。
	工作标准
	收集的资料包括需求信息资料、资源市场资料及供应商资料。
制定谈判方案	**执行程序**
	1. 确定谈判议程 谈判小组与供应商协商确定谈判议程。 **2. 制定谈判方案** 谈判小组应先对物资成本进行专业分析，设定议价底线，同时对相同成本或相同规格的产品售价及服务进行比较，然后分析谈判优劣势，据此制定谈判方案，最后将方案报采购部审核、采购总监审批。 **工作重点** 谈判议程的安排须征询双方的意见，避免在谈判人员身体不适、情绪不佳时进行谈判。
	工作标准
	谈判方案的内容应明确采购谈判参与人员，确立采购谈判的原则，细化谈判准备工作，掌握谈判过程的控制方法和突发情况应对方法。
布置谈判会场	**执行程序**
	1. 选择谈判地点 谈判方案审批通过后，谈判小组根据谈判方案及采购项目特点选择谈判地点。 **2. 布置谈判会场** 谈判地点确定后，谈判小组安排专人布置谈判会场。 **3. 准备谈判工具与用品** 谈判小组负责准备谈判工具与用品。 **工作重点** ☆谈判地点应尽量选择在谈判小组人员熟悉的、宽敞明亮的场所。 ☆注意谈判会场的布置，应选择长方形或椭圆形的谈判桌。

（续）

<table>
<tr><th>任务名称</th><th>执行程序、工作标准与考核指标</th></tr>
<tr><td rowspan="2">布置谈判会场</td><td>工作标准</td></tr>
<tr><td>谈判会场的布置参照采购谈判礼仪规范。</td></tr>
<tr><td rowspan="4">谈判模拟与改善</td><td>执行程序</td></tr>
<tr><td>1. 模拟谈判
在正式谈判前，谈判小组负责组织进行谈判模拟，以掌握一定的谈判技巧，发现潜在的问题。
2. 修改谈判方案
谈判小组根据在谈判模拟过程中发现的问题，据此修改谈判方案。
工作重点
模拟谈判结束后，谈判小组要总结经验，发现问题，提出解决对策，弥补、改善薄弱环节，避免在正式谈判过程中出现类似问题。</td></tr>
<tr><td>工作标准</td></tr>
<tr><td>模拟谈判的总结内容主要包括对方的观点、风格、精神，对方的反对意见及解决办法，自己的有利条件及运用状况，自己的不足之处及改进措施，谈判所需的情报资料是否完整等。</td></tr>
<tr><td colspan="2">执行规范</td></tr>
<tr><td colspan="2">“采购谈判管理制度”“采购谈判方案”“采购谈判礼仪规范”“采购谈判准备方案”。</td></tr>
</table>

6.4 采购谈判过程控制管理流程设计与工作执行

6.4.1 采购谈判过程控制管理流程设计

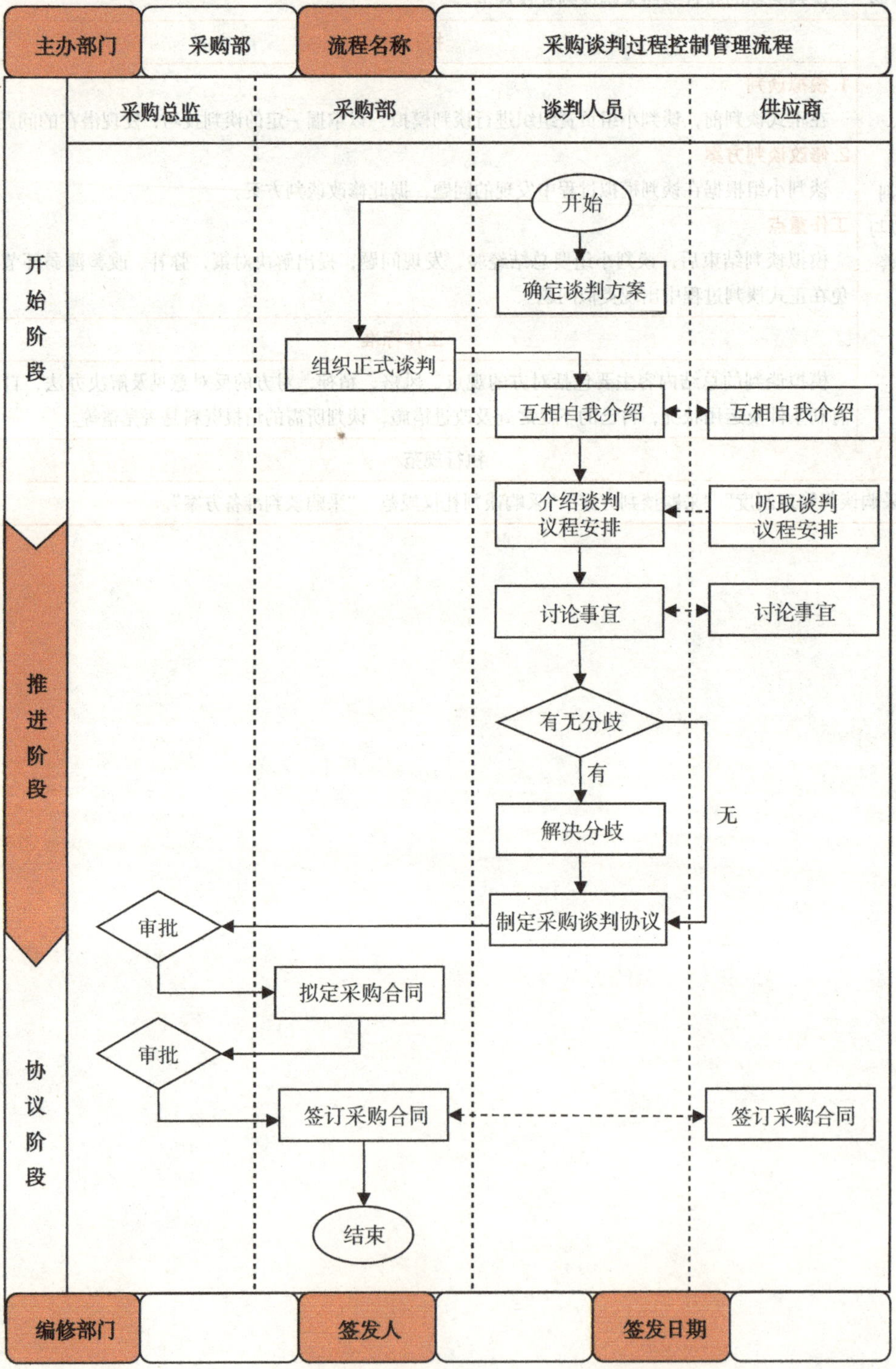
主办部门
采购部
流程名称
采购谈判过程控制管理流程
采购总监
采购部
谈判人员
供应商
开始阶段
推进阶段
协议阶段
开始
确定谈判方案
组织正式谈判
互相自我介绍
互相自我介绍
介绍谈判议程安排
听取谈判议程安排
讨论事宜
讨论事宜
有无分歧
有
无
解决分歧
制定采购谈判协议
审批
拟定采购合同
审批
签订采购合同
签订采购合同
结束
编修部门
签发人
签发日期

6.4.2 采购谈判过程控制管理执行程序、工作标准、考核指标、执行规范

任务名称	执行程序、工作标准与考核指标
开始阶段	**执行程序**
	1. 组织正式谈判 谈判方案确定后，采购部负责组织正式谈判。 **2. 介绍谈判议程安排** 谈判人员应先与供应商相互自我介绍，然后向供应商介绍谈判议程安排。 **工作重点** ☆在互相自我介绍时，企业应坚持客方优先的原则。 ☆谈判过程应严格保密，无关人员未经允许不得进入谈判会场，参与谈判的人员和工作人员不得泄露与谈判有关的内容，谈判结果未经最后审定不得公布。
	工作标准
	☆参照标准：正式谈判可参照采购谈判执行细则。 ☆礼仪标准：谈判过程中的礼仪标准参照采购谈判礼仪规范。
推进阶段	**执行程序**
	1. 讨论事宜 谈判人员与供应商就双方希望在谈判中解决的事宜进行讨论，互相交流意见。 **2. 解决分歧** 当双方意见产生分歧时，谈判人员应先判断双方的分歧程度、分歧类型及其原因，然后提出相应的解决方案，最后通过运用谈判技巧解决分歧。 **工作重点** ☆谈判人员在解决分歧时要就事论事，保持耐心、冷静，不可因发生分歧就怒气冲冲，更不可攻击和侮辱对方。 ☆谈判人员在谈判的过程中要合理运用采购谈判技巧，掌握谈判的主导权，为企业争取有利的交易条件。
	工作标准
	☆目标标准：谈判的最终目标是在保证质量和交期的条件下，争取低廉的成交价格。 ☆礼仪标准：谈判过程中的礼仪标准参照采购谈判礼仪规范。
协议阶段	**执行程序**
	1. 制定采购谈判协议 双方达成一致意见后，谈判人员应先制定采购谈判协议，然后将其报采购总监审批。 **2. 签订采购合同** 采购谈判协议审批通过后，采购部拟定采购合同，并报采购总监审批。审批通过后，采购部派代表与供应商代表签订采购合同。

（续）

任务名称	执行程序、工作标准与考核指标
协议阶段	**工作重点** ☆采购谈判协议必须将有关采购的各个事项交代清楚，并有双方的签字和盖章。 ☆企业须加强对采购合同的审批，确保合同内容符合国家相关法律法规的规定。 ☆企业必须严格规定各类采购合同及金额范围的签署权限，以免因权限不明晰而发生越权等行为。
	工作标准
	采购合同须在____个工作日内拟定完成。
执行规范	
“采购谈判执行细则”“采购谈判协议”“采购合同”“采购谈判礼仪规范”“采购谈判技巧应用规范”“采购谈判议价方案”“采购谈判让步方案”。	

第7章 采购合同管控

7.1 采购合同管控流程

7.1.1 流程设计的目的

企业设计采购合同管控流程的目的如下。

（1）规范采购合同制定、执行和变更等过程，确保维护企业的利益。

（2）加强对采购合同执行过程的控制，确保采购合同按照预期执行。

7.1.2 流程结构设计

采购合同管控流程结构设计采取总分式结构，即先设计采购合同管理流程，再将采购合同管理流程细分为采购合同制定管理流程、采购合同执行管理流程和采购合同变更管理流程。具体到每个流程，则按照“执行程序、工作标准、考核指标、执行规范”这一思路展开设计，具体如图7-1所示。

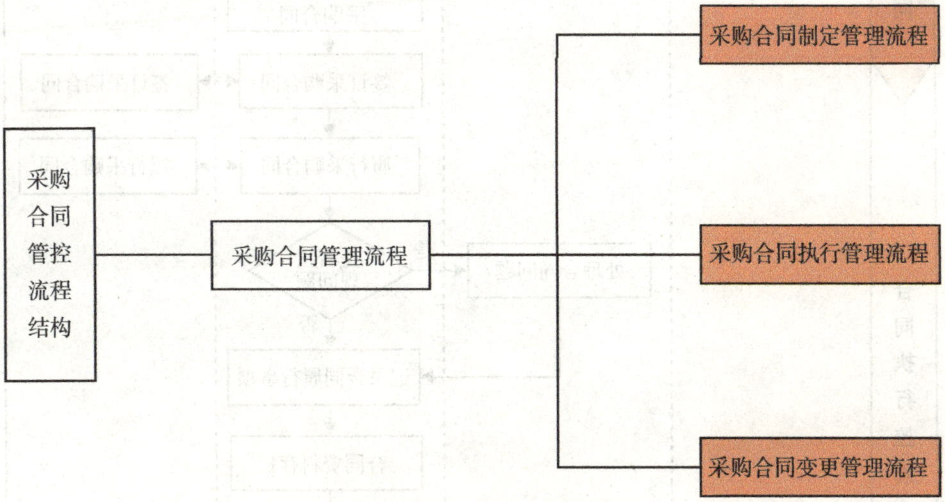
采购合同管控流程结构
采购合同管理流程
采购合同制定管理流程
采购合同执行管理流程
采购合同变更管理流程

图7-1 采购合同管控流程结构设计

7.2 采购合同管理流程设计与工作执行

7.2.1 采购合同管理流程设计

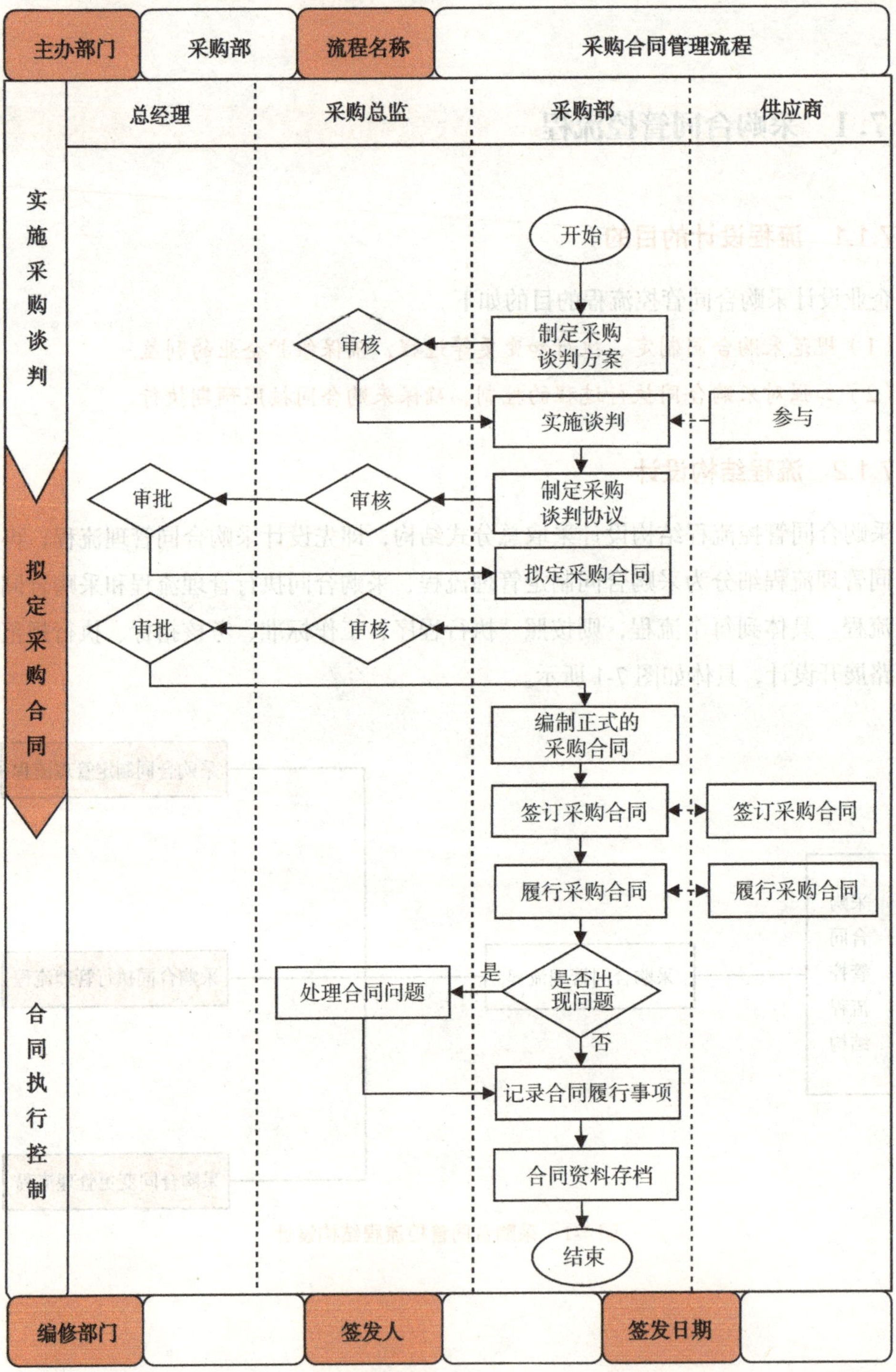
主办部门
采购部
流程名称
采购合同管理流程
总经理
采购总监
采购部
供应商
实施采购谈判
拟定采购合同
合同执行控制
开始
制定采购谈判方案
审核
实施谈判
参与
制定采购谈判协议
审核
审批
拟定采购合同
审核
审批
编制正式的采购合同
签订采购合同
签订采购合同
履行采购合同
履行采购合同
是否出现问题
是
否
处理合同问题
记录合同履行事项
合同资料存档
结束
编修部门
签发人
签发日期

7.2.2　采购合同管理执行程序、工作标准、考核指标、执行规范

任务名称	执行程序、工作标准与考核指标
实施采购谈判	**执行程序** **1. 制定采购谈判方案** 采购部应先根据供应商的运营状况、供货成本及价格底线等，制定采购谈判方案，然后将方案报采购总监审核。 **2. 实施谈判** 采购谈判方案确定后，采购部组织谈判人员与供应商进行谈判。 **工作重点** ☆谈判过程应严格保密，无关人员未经允许不得进入谈判会场，参与谈判的人员和工作人员不得泄露与谈判有关的内容，谈判结果未经最后审定不得公布。 ☆在谈判前，企业应对谈判人员进行相关专业培训，避免因谈判经验不足，缺乏技术、法律和财务知识的支撑，导致企业利益受损。 **工作标准** ☆内容标准：采购谈判的方案内容包括议价底线、谈判的优劣势及谈判目标等。 ☆目标标准：谈判的最终目标是在保证质量和交期的条件下，争取低廉的成交价格。
拟定采购合同	**执行程序** **1. 制定采购谈判协议** 双方达成一致意见后，采购部应先根据谈判达成的条件制定采购谈判协议，然后将协议报采购总监审核、总经理审批。 **2. 拟定采购合同** 采购谈判协议审批通过后，采购部拟定采购合同，并将其报采购总监审核、总经理审批。 **3. 编制正式的采购合同** 采购部应先根据总经理的审批意见修改采购合同，然后编制正式的采购合同。 **工作重点** ☆采购谈判协议必须将有关采购的各个事项交代清楚，并有双方的签字和盖章。 ☆企业须加强对采购合同的审核与审批，须对合同文本的合法性、经济性、可行性和严密性进行重点审核，关注合同的主体、内容和形式是否合法，合同内容是否符合企业的经济利益，对方当事人是否具有履约能力，合同的权利和义务、违约责任和争议解决条款是否明确等。另外，“其他约定事项”等需要补充填写的栏目，如不存在“其他约定事项”，须注明“此处空白”或“无其他约定”，防止合同后续被篡改。 **工作标准** ☆依据标准：采购合同的拟定须符合国家相关法律法规的规定。 ☆内容标准：采购合同的内容包括交货地点、时间、方式，包装要求，产品规格、特性指标，验收注意事项，价格及付款方式，不合格品处理办法等。 **考核指标** 采购合同拟定的及时性：在规定的时间内完成采购合同的拟定工作。

（续）

<table>
<tr><th>任务名称</th><th>执行程序、工作标准与考核指标</th></tr>
<tr><td rowspan="6">合同执行控制</td><td>执行程序</td></tr>
<tr><td>1. 履行采购合同
☆采购部根据采购合同内容和企业的具体需求编制采购订单，并及时将采购订单下达至供应商。
☆供应商确认采购订单后，采购部要跟踪订单，承担订单执行过程中的管理监督责任，确保采购订单顺利交付。
2. 处理合同问题
针对采购合同执行过程中出现的问题，相关人员要及时上报采购总监做出处理。采购部负责记录合同履行事项，并及时将合同资料存档。
工作重点
☆在执行合同的过程中，相关负责人应做好检查、监督、协助和验收等工作，确保合同全面、有效地执行，以免出现质量风险、交期风险和物资数量风险等。
☆在合同履行的过程中，对于合同中没有约定或约定不明确的内容，双方应通过协商对原有合同进行补充。无法达成补充协议的，按照相关法律法规、合同有关条款或者交易习惯确定。对方当事人提出终止、转让、解除合同而给企业造成经济损失的，企业应向对方提出书面索赔。
☆企业须加强对合同纠纷的管理。在合同执行的过程中若发生纠纷，应依据相关法律法规，在规定时效内与对方当事人协商并按规定权限和程序及时报告。若合同纠纷经协商达成一致，双方应当签订书面协议。若合同纠纷经协商无法解决，应根据合同约定选择仲裁或诉讼方式解决。</td></tr>
<tr><td>工作标准</td></tr>
<tr><td>合同纠纷的处理须以国家相关法律法规为依据。</td></tr>
<tr><td>考核指标</td></tr>
<tr><td>采购合同纠纷处理及时率，其计算公式如下。
$$\text{采购合同纠纷处理及时率}=\frac{\text{在企业规定时限内处理采购合同纠纷数}}{\text{采购合同纠纷总数}}\times 100\%$$</td></tr>
<tr><td colspan="2">执行规范</td></tr>
<tr><td colspan="2">“采购谈判方案”“采购谈判协议”“采购合同”“采购合同纠纷处理方案”“采购合同执行记录”“采购合同档案管理制度”。</td></tr>
</table>

7.3 采购合同制定管理流程设计与工作执行

7.3.1 采购合同制定管理流程设计

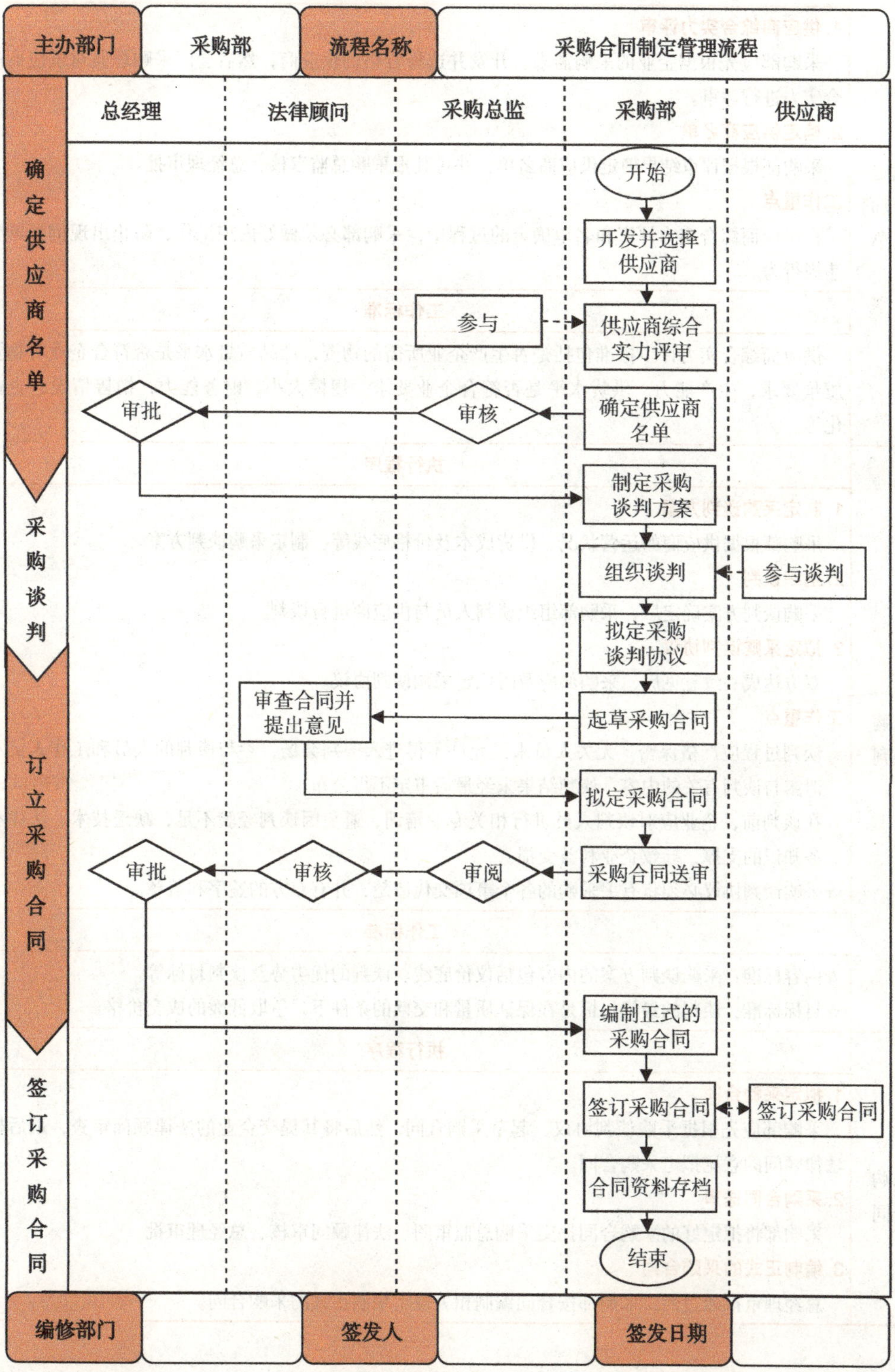
主办部门
采购部
流程名称
采购合同制定管理流程
总经理
法律顾问
采购总监
采购部
供应商
确定供应商名单
采购谈判
订立采购合同
签订采购合同
开始
开发并选择供应商
参与
供应商综合实力评审
审批
审核
确定供应商名单
制定采购谈判方案
组织谈判
参与谈判
拟定采购谈判协议
审查合同并提出意见
起草采购合同
拟定采购合同
审批
审核
审阅
采购合同送审
编制正式的采购合同
签订采购合同
签订采购合同
合同资料存档
结束
编修部门
签发人
签发日期

7.3.2 采购合同制定管理执行程序、工作标准、考核指标、执行规范

任务名称	执行程序、工作标准与考核指标
确定供应商名单	**执行程序**
	1. 供应商综合实力评审 采购部应先根据企业的采购需求，开发并选择合格的供应商，然后会同采购总监对供应商的综合实力进行评审。 2. 确定供应商名单 采购部根据评审结果确定供应商名单，并将其报采购总监审核、总经理审批。 工作重点 在供应商综合实力评审和名单确定的过程中，采购部必须做好内控工作，防止出现徇私舞弊等违规行为。
	工作标准
	供应商综合实力评审标准包括是否生产企业所需的物资，产品质量水平是否符合企业对物资的质量要求，生产能力、供货水平是否符合企业要求，规模大小、财务能力，销售情况、企业文化等。
采购谈判	**执行程序**
	1. 制定采购谈判方案 采购部根据供应商的运营状况、供货成本及价格底线等，制定采购谈判方案。 2. 组织谈判 采购谈判方案确定后，采购部组织谈判人员与供应商进行谈判。 3. 拟定采购谈判协议 双方达成一致意见后，采购部应及时拟定采购谈判协议。 工作重点 ☆谈判过程应严格保密。无关人员未经允许不得进入谈判会场，参与谈判的人员和工作人员不得泄露与谈判有关的内容，谈判结果未经最后审定不得公布。 ☆在谈判前，企业应对谈判人员进行相关专业培训，避免因谈判经验不足，缺乏技术、法律和财务知识的支撑，导致企业利益受损。 ☆采购谈判协议必须将有关采购的各个事项交代清楚，并有双方的签字和盖章。
	工作标准
	☆内容标准：采购谈判方案的内容包括议价底线、谈判的优劣势及谈判目标等。 ☆目标标准：谈判的最终目标是在保证质量和交期的条件下，争取低廉的成交价格。
订立采购合同	**执行程序**
	1. 拟定采购合同 采购部应先根据采购谈判协议，起草采购合同，然后将其提交企业的法律顾问审查，最后根据法律顾问的意见拟定采购合同。 2. 采购合同送审 采购部将拟定好的采购合同提交采购总监审阅、法律顾问审核、总经理审批。 3. 编制正式的采购合同 总经理审批通过后，采购部按合同编制相关规定编制正式的采购合同。

（续）

任务名称	执行程序、工作标准与考核指标
订立采购合同	**工作重点** 企业须加强对采购合同的审核与审批，确保合同内容符合国家相关法律法规的规定。
	工作标准
	☆依据标准：采购合同的编制须以国家相关法律法规为依据。 ☆内容标准：采购合同的内容包括交货地点、时间、方式，包装要求，产品规格、特性指标，验收注意事项，价格及付款方式，不合格品处理方法等。
	考核指标
	☆采购合同编制的及时性：在规定的时间内完成采购合同的编制工作。 ☆采购合同审核、审批后问题数，目标值为不高于____个。
签订采购合同	**执行程序**
	1. 签订采购合同 采购合同编制完成后，采购部与供应商在合同权限日期内签订采购合同。 **2. 合同资料存档** 采购合同签订完成后，采购部负责将采购合同及相关资料进行存档。 **工作重点** 企业必须严格规定各类采购合同及金额范围的签署权限，以免因权限不明晰而发生越权等行为。
	工作标准
	采购合同须在____个工作日内编制完成。
	考核指标
	☆合同归档率，其计算公式如下。 $合同归档率=\frac{实际归档合同数}{应归档合同数}\times 100\%$ ☆合同归档完整率，其计算公式如下。 $合同归档完整率=\frac{每个已归档合同中实有的资料份数}{每个已归档合同中应有的资料份数}\times 100\%$
执行规范	
“供应商审批流程”“供应商评价表”“采购谈判方案”“采购谈判记录表”“采购合同草案”“采购合同”“企业档案管理制度”。	

7.4 采购合同执行管理流程设计与工作执行

7.4.1 采购合同执行管理流程设计

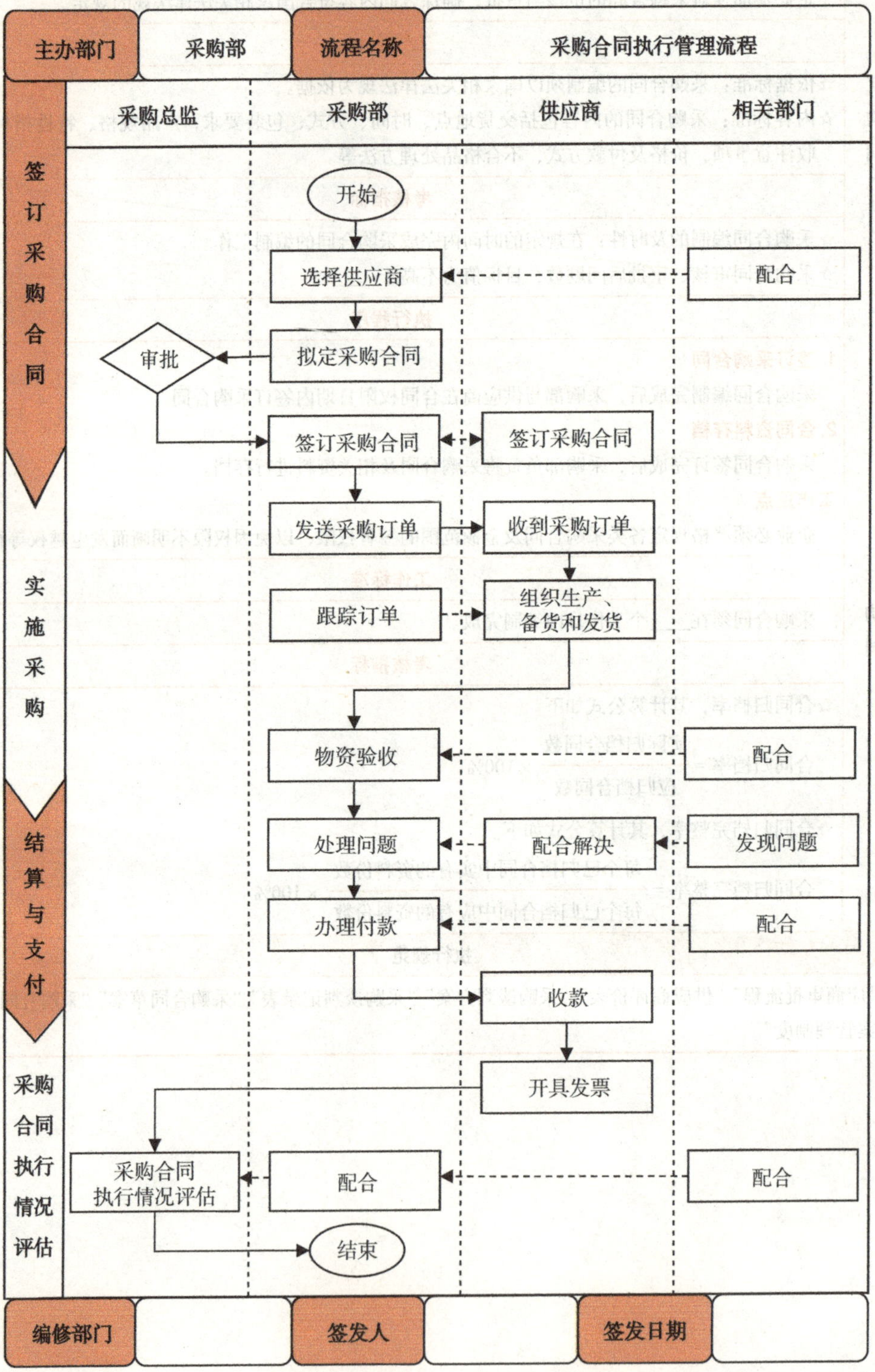
主办部门
采购部
流程名称
采购合同执行管理流程
采购总监
采购部
供应商
相关部门
签订采购合同
实施采购
结算与支付
采购合同执行情况评估
开始
选择供应商
配合
拟定采购合同
审批
签订采购合同
签订采购合同
发送采购订单
收到采购订单
跟踪订单
组织生产、备货和发货
物资验收
配合
处理问题
配合解决
发现问题
办理付款
配合
收款
开具发票
采购合同执行情况评估
配合
配合
结束
编修部门
签发人
签发日期

7.4.2 采购合同执行管理执行程序、工作标准、考核指标、执行规范

任务名称	执行程序、工作标准与考核指标
签订采购合同	**执行程序**
	1. 拟定采购合同 采购部应先根据采购需求选择供应商，然后与供应商进行谈判，最后会同相关部门根据采购谈判所达成的条款拟定采购合同，并将其报采购总监审批。 **2. 签订采购合同** 采购合同审批通过后，采购部与供应商于合同权限日期内签订采购合同。 **工作重点** ☆企业须加强对采购合同的审批，确保合同内容符合国家相关法律法规的规定。 ☆企业应严格规定各类采购合同及金额范围的签署权限，以免因权限不明晰而发生越权等行为。
	工作标准
	采购合同的制定须以国家相关法律法规的规定为依据。
实施采购	**执行程序**
	1. 发送采购订单 ☆采购部根据采购合同的规定编制采购订单，然后将采购订单发送给供应商。 ☆供应商收到采购订单后，安排人员执行订单，并组织生产、备货和发货。 **2. 跟踪订单** 采购部应安排专人密切跟踪供应商的订单处理和备货情况，确保所采购的物资按时、按质、按量交货。 **3. 物资验收** 采购部会同相关部门按照合同约定的时间、地点，对物资进行交货确认和物资验收。 **4. 处理问题** 若在验收过程中发现问题，相关部门工作人员应及时将问题反映给采购部，然后由采购部会同供应商对有问题的物资进行处理。 **工作重点** 在采购的过程中，必须做好检查、监督、协助和验收等工作，确保采购合同全面、有效地执行，以免出现质量风险、交期风险和物资数量风险等。
	工作标准
	物资验收的标准包括点收数量，查验交货数量是否与采购合同、订单及运送凭单相符；检验质量，确认接收物资与订购物资一致，检验其质量是否符合采购合同约定的要求；检验供应商的供货清单与承运单位的货运清单是否一致。
	考核指标
	☆交货差错率，其计算公式如下。 $交货差错率=\frac{期内交货差错数}{期内交货总数}\times 100\%$ ☆物资质量合格率，其计算公式如下。 $物资质量合格率=\frac{期内所采购的物资总数-质量不合格物资数}{期内所采购的物资总数}\times 100\%$ ☆问题处理的及时性：在规定的时间内完成验收过程中发现的问题的处理工作。

（续）

<table>
<tr><th>任务名称</th><th>执行程序、工作标准与考核指标</th></tr>
<tr><td rowspan="4">结算与支付</td><td>执行程序</td></tr>
<tr><td>1. 办理付款
采购部应先确认物资验收入库，然后通知相关部门按照采购合同约定的支付方式向供应商支付货款。
2. 开具发票
供应商应先确认是否收到企业的货款，然后开具发票。
工作重点
相关部门收到付款通知后，应仔细核查物资验收单据和采购订单，确定付款的具体数目，避免多付或少付。</td></tr>
<tr><td>工作标准</td></tr>
<tr><td>款项的结算与支付须以采购合同的规定为依据。</td></tr>
<tr><td rowspan="6">采购合同执行情况评估</td><td>执行程序</td></tr>
<tr><td>采购部及相关部门配合采购总监对采购合同的执行情况进行评估。
工作重点
企业须加强对采购合同执行情况的评估，避免评估过程中出现徇私舞弊等违规行为。</td></tr>
<tr><td>工作标准</td></tr>
<tr><td>采购合同执行情况的评估须以采购工作评估管理制度为依据。</td></tr>
<tr><td>考核指标</td></tr>
<tr><td>☆采购合同执行情况评估的及时性：在规定的时间内完成对采购合同执行情况的评估工作。
☆评估过程中徇私舞弊次数为 0。</td></tr>
<tr><td colspan="2">执行规范</td></tr>
<tr><td colspan="2">“采购合同”“采购订单”“物资检验表”“供应商货物问题汇总表”“货物验收单”“采购执行工作评价表”“采购工作评估管理制度”。</td></tr>
</table>

7.5 采购合同变更管理流程设计与工作执行

7.5.1 采购合同变更管理流程设计

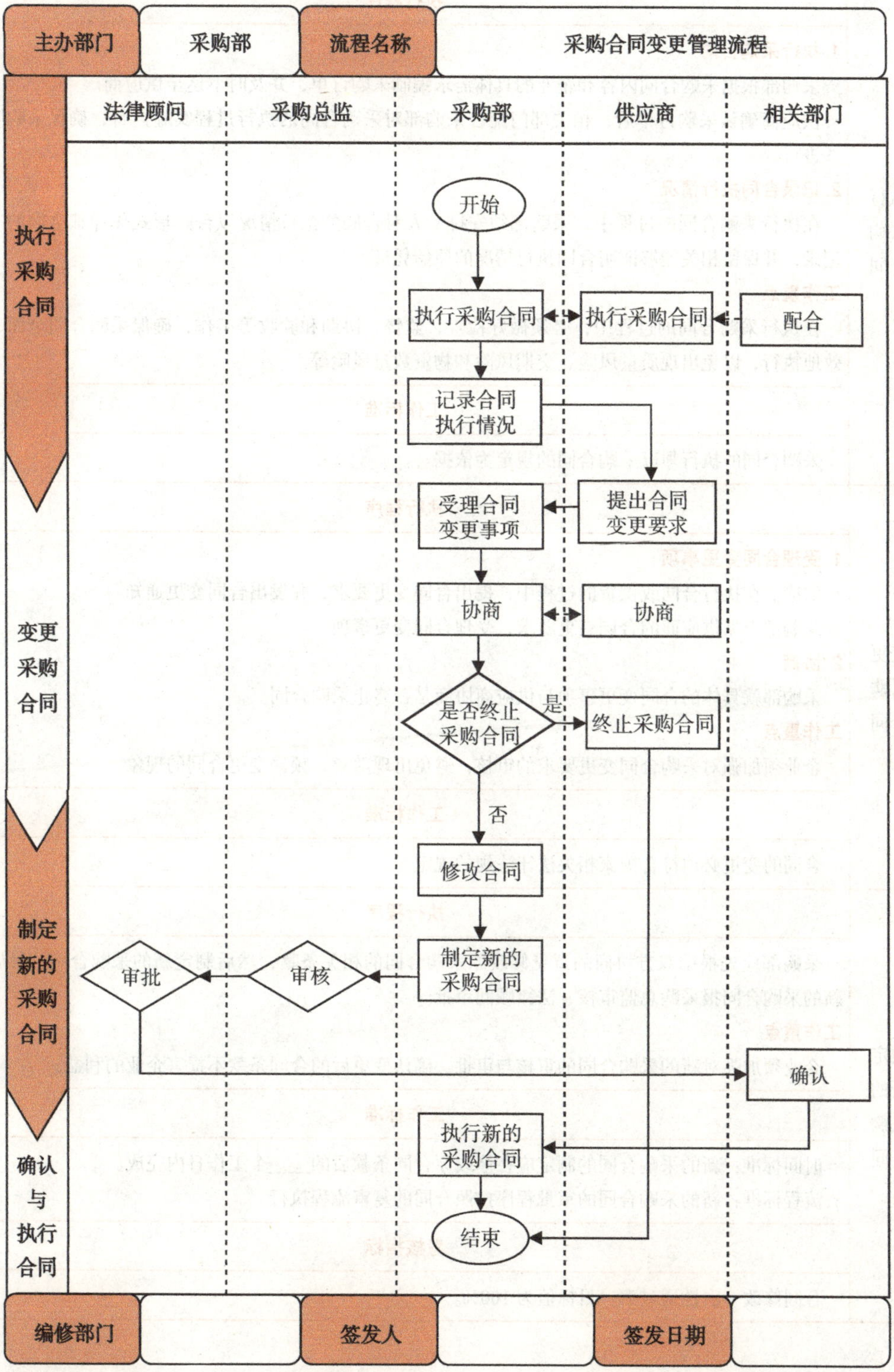
主办部门
采购部
流程名称
采购合同变更管理流程
法律顾问
采购总监
采购部
供应商
相关部门
执行采购合同
变更采购合同
制定新的采购合同
确认与执行合同
开始
执行采购合同
执行采购合同
配合
记录合同执行情况
提出合同变更要求
受理合同变更事项
协商
协商
是否终止采购合同
是
终止采购合同
否
修改合同
制定新的采购合同
审核
审批
确认
执行新的采购合同
结束
编修部门
签发人
签发日期

7.5.2 采购合同变更管理执行程序、工作标准、考核指标、执行规范

任务名称	执行程序、工作标准与考核指标
执行采购合同	**执行程序** **1. 执行采购合同** ☆采购部根据采购合同内容和企业的具体需求编制采购订单，并及时下达至供应商。 ☆供应商确认采购订单后，相关部门配合采购部对采购合同的执行过程实施监督，确保采购顺利进行。 **2. 记录合同执行情况** 在执行采购合同的过程中，采购部须安排专人对合同的执行情况以台账形式作详细全面的书面记录，并保留相关能够证明合同执行情况的原始凭证。 **工作重点** 在执行采购合同的过程中，必须做好检查、监督、协助和验收等工作，确保采购合同全面、有效地执行，以免出现质量风险、交期风险和物资数量风险等。 **工作标准** 采购合同的执行须以采购合同的规定为依据。
变更采购合同	**执行程序** **1. 受理合同变更事项** ☆供应商在执行合同或供货的过程中，提出合同变更要求，并发出合同变更通知。 ☆采购部根据供应商的合同变更要求，受理合同变更事项。 **2. 协商** 采购部就具体的合同变更事项与供应商协商是否终止采购合同。 **工作重点** 企业须加强对采购合同变更要求的审核，避免出现随意、频繁变更合同的现象。 **工作标准** 合同的变更必须符合国家相关法律法规的规定。
制定新的采购合同	**执行程序** 采购部应先根据双方协商的意见修改原采购合同的相关条款，然后制定新的采购合同，最后将新的采购合同报采购总监审核、法律顾问审批。 **工作重点** 企业须加强对新的采购合同的审核与审批，确认变更后的合同条款不损害企业的利益。 **工作标准** ☆时间标准：新的采购合同的制定应在修改原合同条款后的____个工作日内完成。 ☆流程标准：新的采购合同的审批程序按照合同的复审流程执行。 **考核指标** 合同修改一次性通过率：目标值为100%。

（续）

任务名称	执行程序、工作标准与考核指标
确认与执行合同	**执行程序**
	1. 确认 新的采购合同审批通过后，由相关部门负责确认。 **2. 执行新的采购合同** 采购部根据新的采购合同开展采购工作，并及时登记采购合同变更情况。 **工作重点** 企业应加强对新的采购合同执行过程的监督，避免因缺乏有效监督，导致合同执行不力、预期目标难以实现。
	工作标准
	企业应严格按照合同执行流程的相关规定执行采购合同。
执行规范	
“采购合同”“合同执行情况记录”“供应商合同变更通知”。	

第8章 采购进度与质量管控

8.1 采购进度与质量管控流程

8.1.1 流程设计的目的

企业设计采购进度与质量管控流程的目的如下。

（1）规范采购作业过程和采购质量管控各项工作，确保采购作业按照企业要求展开，并且确保企业所采购的物资质量都符合标准。

（2）有效控制采购订单处理周期，确保物资按期交付。

（3）提高采购质量管理各个事项实施的工作效率，便于及时发现并解决问题。

8.1.2 流程结构设计

采购进度与质量管控流程结构设计采取并列式结构，即先将采购进度与质量管控分为采购订单管理和采购质量控制管理两大事项，然后将采购订单管理细分为四个事项，将采购质量控制管理细分为三个事项，最后就每个事项设计流程。而对于每个流程，则按照“执行程序、工作标准、考核指标、执行规范”这一思路展开设计，具体如图 8-1 所示。

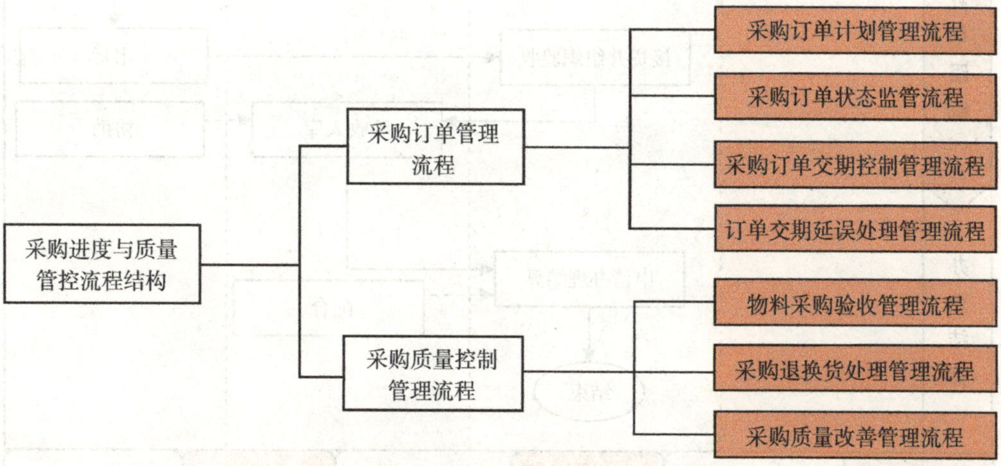

采购进度与质量管控流程结构
采购订单管理流程
采购质量控制管理流程
采购订单计划管理流程
采购订单状态监管流程
采购订单交期控制管理流程
订单交期延误处理管理流程
物料采购验收管理流程
采购退换货处理管理流程
采购质量改善管理流程

图 8-1 采购进度与质量管控流程结构设计

8.2 采购订单管理流程设计与工作执行

8.2.1 采购订单管理流程设计

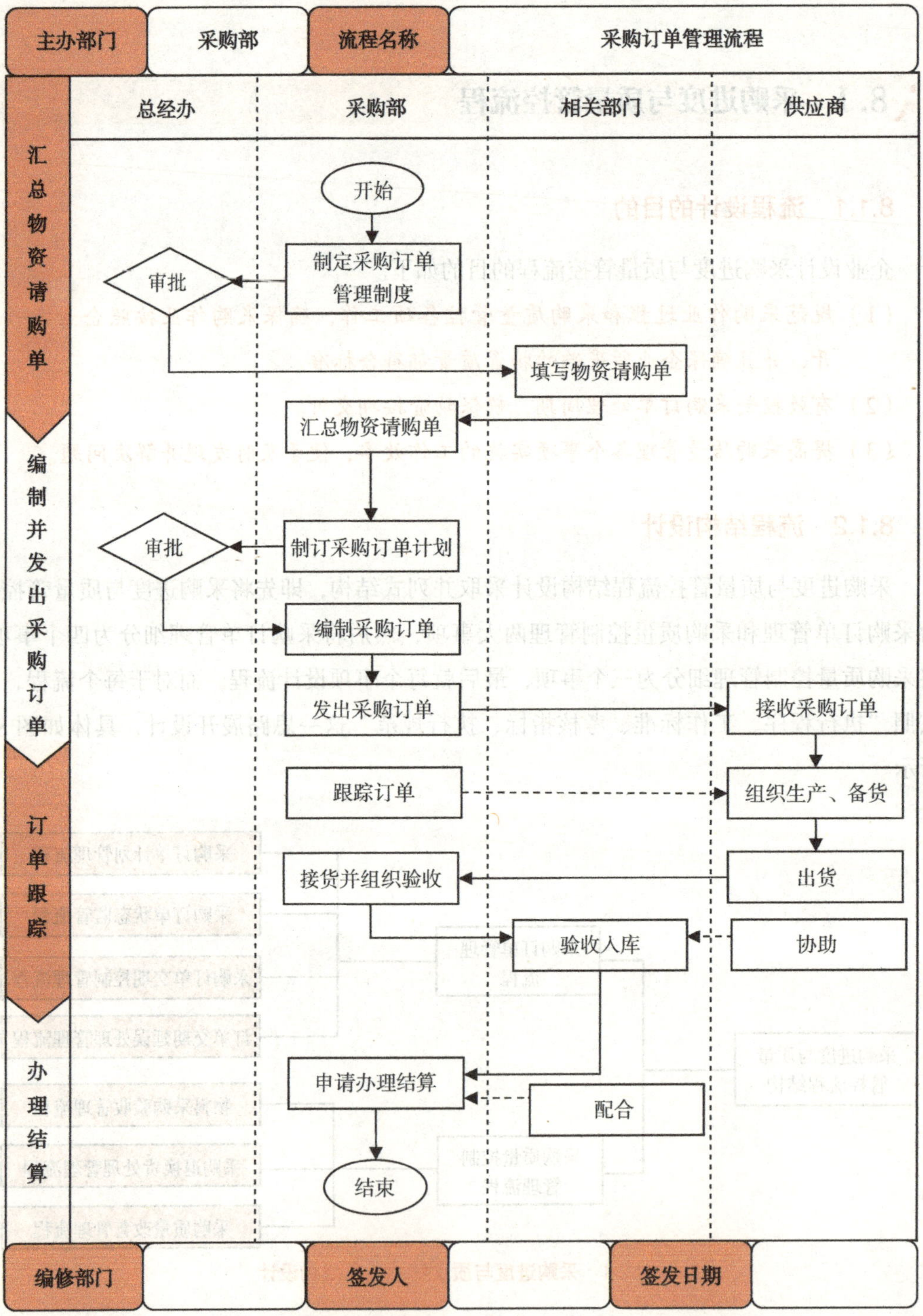
主办部门
采购部
流程名称
采购订单管理流程
总经办
采购部
相关部门
供应商
汇总物资请购单
编制并发出采购订单
订单跟踪
办理结算
开始
制定采购订单管理制度
审批
填写物资请购单
汇总物资请购单
制订采购订单计划
审批
编制采购订单
发出采购订单
接收采购订单
跟踪订单
组织生产、备货
出货
接货并组织验收
验收入库
协助
申请办理结算
配合
结束
编修部门
签发人
签发日期

8.2.2 采购订单管理执行程[illegible]工作标准、考核指标、执行规范

任务名称	执行[illegible]工作标准与考核指标
汇总物资请购单	**执行程序**
	1. 制定采购订单管理制度 采购部根据企业采购作业流程，制定采[illegible]单管理制度，并将其报总经办审批。 **2. 汇总物资请购单** ☆相关部门根据企业的生产计划及本部门[illegible]际需求填写物资请购单，然后将其提交采购部，并与采购部做好采购过程中的协调和沟通工[illegible] ☆采购部应及时接收相关部门提交的请购单[illegible]对其进行审核，然后汇总请购单内容，编制物资需求汇总表。 **工作重点** ☆相关部门在填写物资请购单时，须注明物资[illegible]称、规格、数量、需求日期及注意事项等内容。若遇紧急请购，经核准后，可由采购部先行采[illegible]，再由请购部门补办请购手续。 ☆请购原料：相关部门依据产销预估、实际产[illegible]、存量控制基准及库存状况等因素，计算原料的请购数量，并根据原料的市场状况填写原料请购单。 ☆请购常备物资：相关部门考虑物资的估计数量及库存状况等因素，填写物资请购单。
	工作标准
	采购部应每____个工作日对相关部门的物资请购单进行一次汇总。
	考核指标
	物资请购单填写准确率，其计算公式如下。 $$物资请购单填写准确率=\frac{物资请购单填制准确数}{物资请购单填制总数}\times 100\%$$
编制并发出采购订单	**执行程序**
	1. 制订采购订单计划 采购部根据汇总的物资请购单制订采购订单计划，并将其报总经办审批。 **2. 编制采购订单** 采购订单计划审批通过后，采购部编制采购订单，并及时向供应商发出。 **工作重点** ☆采购订单计划不仅要具有可操作性，更要立足实际，便于后期实施和操作。 ☆采购订单中须注明所需物资的需求时间和物资质量要求、规格、型号、数量、价格等信息。
	工作标准
	采购订单的编制须以采购订单管理制度为依据。
	考核指标
	☆采购订单计划提交的及时性：在规定的时间内完成采购订单计划的提交工作。 ☆采购订单编制准确率，其计算公式如下。 $$采购订单编制准确率=\frac{采购订单编制准确数}{采购订单编制总数}\times 100\%$$

（续）

任务名称	执行程序、工作标准与考核指标
订单跟踪	**执行程序** **1. 跟踪订单** ☆采购部向供应商下达采购订单后，须安排专人跟踪订单的执行情况。必要时，可要求供应商提供供应计划，要求供应商严格按照计划控制供应进度。 ☆供应商接到采购订单后，组织生产、备货。 **2. 接货并组织验收** 供应商发货后，采购部要通知相关部门接货，并组织做好验收工作。 **3. 验收入库** 物资验收无误后，做入库处理。 **工作重点** ☆在跟踪订单的过程中，若发现存在技术问题，采购部须安排企业的技术人员到现场进行指导，确保供应商按时完成采购订单。 ☆在跟踪订单的过程中，如遇中途发生订单变更的情况，须立即解决，不得延误。 ☆采购部应及时跟踪与确认采购进度，确保采购的物资按时到位。 ☆明确物资验收工作职责，避免因职责不清晰导致人员分工不明确。
	工作标准 ☆依据标准：物资验收须以采购质量管理制度和采购订单管理制度为依据。 ☆验收标准：物资验收标准参照采购验收实施细则。
	考核指标 ☆订单跟踪及时率：目标值为____%。 ☆交货差错率，其计算公式如下。 $交货差错率=\frac{期内交货差错数}{期内交货总数}\times 100\%$
办理结算	**执行程序** 物资入库后，采购部要及时将发票与送料相关凭证提交采购部，申请办理结算。 **工作重点** ☆企业须合理选择付款方式，以降低付款结算风险、财务运营成本。 ☆结算办理程序须严格按照采购支付管理办法执行。
	工作标准 票据齐全，准确无误。
执行规范	
“采购订单管理制度”“物资请购单”“物资需求汇总表”“供应商生产计划”“订单跟踪记录表”“采购验收记录表”“物资入库台账”“采购质量管理制度”“采购结算单”“采购订单资料档案”“采购验收实施细则”。	

8.3 采购订单计划管理流程设计与工作执行

8.3.1 采购订单计划管理流程设计

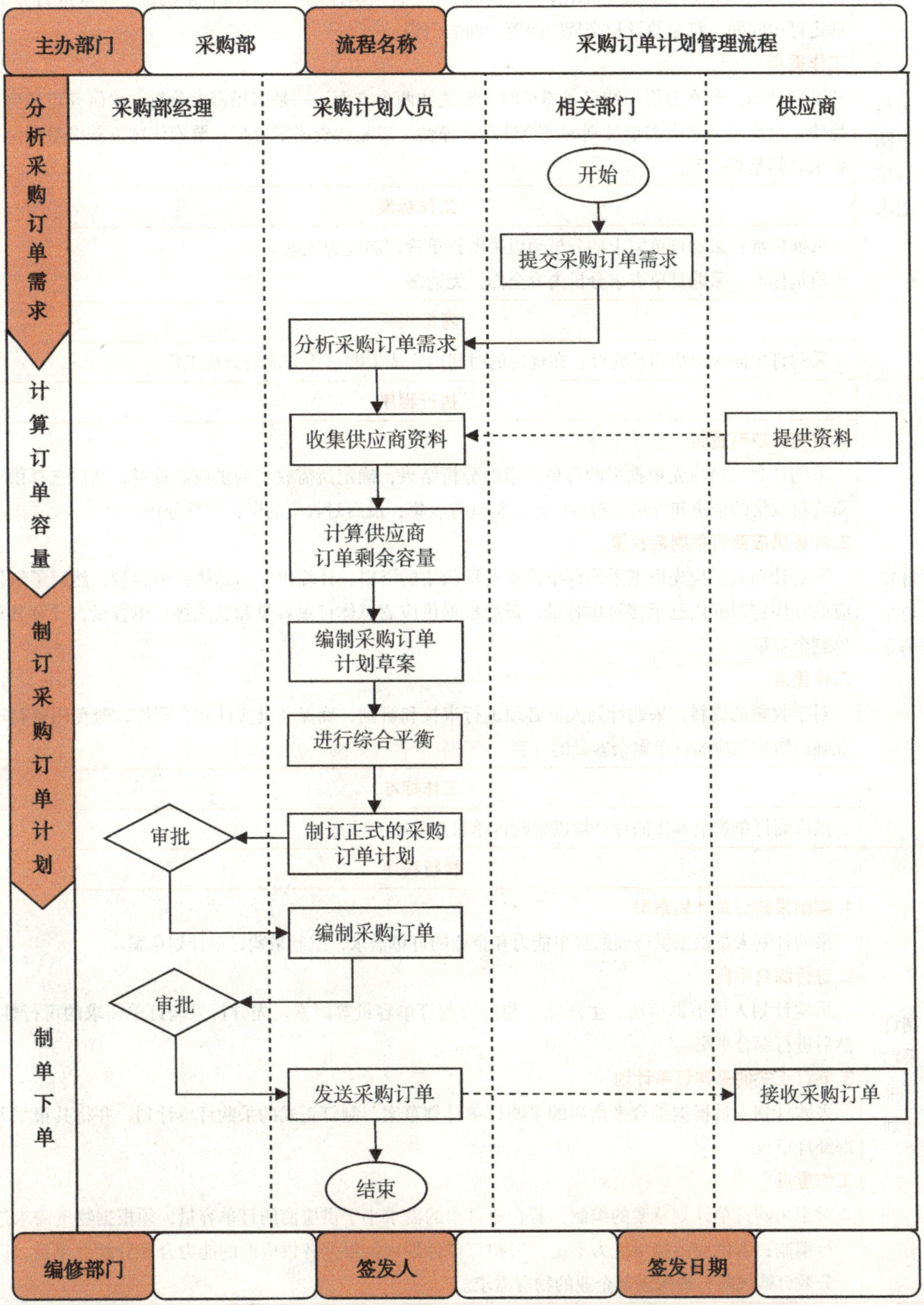

主办部门
采购部
流程名称
采购订单计划管理流程
采购部经理
采购计划人员
相关部门
供应商
分析采购订单需求
计算订单容量
制订采购订单计划
制单下单
开始
提交采购订单需求
分析采购订单需求
收集供应商资料
提供资料
计算供应商订单剩余容量
编制采购订单计划草案
进行综合平衡
审批
制订正式的采购订单计划
编制采购订单
审批
发送采购订单
接收采购订单
结束
编修部门
签发人
签发日期

8.3.2 采购订单计划管理执行程序、工作标准、考核指标、执行规范

<table>
<tr><th>任务名称</th><th>执行程序、工作标准与考核指标</th></tr>
<tr><td rowspan="7">分析采购订单需求</td><td>执行程序</td></tr>
<tr><td>相关部门向采购部提交本部门的采购需求，然后采购计划人员对所有采购订单需求进行分析，确定订单时间、订单数量和交货时间等方面的内容。
工作重点
采购计划人员在分析采购订单需求时，要关注两个方面。一是市场需求分析：要研究市场变化趋势，全面考虑物资需求计划的规范性和严谨性。二是物资需求分析：要确认物资需求量和交货要求时间是否合理。</td></tr>
<tr><td>工作标准</td></tr>
<tr><td>☆依据标准：采购订单需求的分析须以采购订单管理制度为依据。
☆质量标准：采购订单需求分析内容全面，无遗漏。</td></tr>
<tr><td>考核指标</td></tr>
<tr><td>采购订单需求分析的及时性：在规定的时间内完成采购订单需求的分析工作。</td></tr>
<tr><td rowspan="4">计算订单容量</td><td>执行程序</td></tr>
<tr><td>1. 收集供应商资料
采购计划人员应先根据采购订单需求的分析结果，确定所需收集的供应商资料，然后选择供应商资料收集的渠道和方法，对供应商资料进行收集，最后对收集的资料进行分析。
2. 计算供应商订单剩余容量
采购计划人员应先根据采购订单需求及所收集的资料，计算供应商总体订单容量，然后了解供应商在固定时间内已承接订单容量，最后根据供应商总体订单容量和已承接订单容量，计算其订单剩余容量。
工作重点
对于收集的资料，采购计划人员必须进行审核和辨别，确保其真实性和合理性，避免因资料不准确而影响供应商订单剩余容量的计算。</td></tr>
<tr><td>工作标准</td></tr>
<tr><td>供应商订单剩余容量的计算须以采购订单管理制度为依据。</td></tr>
<tr><td rowspan="2">制订采购订单计划</td><td>执行程序</td></tr>
<tr><td>1. 编制采购订单计划草案
采购计划人员根据供应商的接单能力和企业的订单需求，编制采购订单计划草案。
2. 进行综合平衡
采购计划人员根据市场、生产能力和供应商订单容量等因素，先分析采购订单需求的可行性，然后进行综合平衡。
3. 制订正式的采购订单计划
采购计划人员根据综合平衡后的采购订单计划草案，制订正式的采购订单计划，并将其报采购部经理审批。
工作重点
☆对于采购订单计划草案的编制，若企业订单的需求小于供应商的订单容量，须根据物资需求进行编制；若供应商接单能力不足，采购订单计划则需根据各供应商的能力合理分配订单量，以分散订购风险，确保满足企业的物资需求。</td></tr>
</table>

（续）

<table>
<tr><th>任务名称</th><th>执行程序、工作标准与考核指标</th></tr>
<tr><td rowspan="5">制订采购订单计划</td><td>☆采购计划人员根据供应商接单能力和企业的实际需要，结合库存和在途物资情况，科学安排订单数量，防止采购数量过高或过低。</td></tr>
<tr><td>工作标准</td></tr>
<tr><td>☆依据标准：采购订单计划的制订须以采购订单管理制度为依据。
☆权限标准：月采购订单计划由采购部经理审批，年采购订单计划由总经理审批。</td></tr>
<tr><td>考核指标</td></tr>
<tr><td>☆采购订单计划制订的及时性：在规定的时间内完成采购订单计划的制订工作。
☆采购订单计划制订准确率，其计算公式如下。
$$采购订单计划制订准确率=\frac{采购订单计划制订准确数}{采购订单计划制订总数}\times 100\%$$</td></tr>
<tr><td rowspan="6">制单下单</td><td>执行程序</td></tr>
<tr><td>1. 编制采购订单
采购计划人员根据采购订单计划编制采购订单，并报采购部经理审批。
2. 发送采购订单
采购计划人员负责将审批通过的采购订单发送给供应商。
工作重点
☆在发送采购订单时，应注意不能对未列入采购订单计划的物资进行采购，如确需紧急采购，应在采购完后补办相关手续。
☆采购订单中须注明所需物资的需求时间和物资质量要求、规格、型号、数量、价格等信息。</td></tr>
<tr><td>工作标准</td></tr>
<tr><td>☆依据标准：采购订单的编制须以采购订单管理制度为依据。
☆时间标准：采购订单处理平均时间不多于____小时。
☆审批标准：采购部经理审批采购订单的标准是采购订单各项信息填写清楚，符合合同内容，订单金额在预算范围内，有相关负责人的签字且在其审批权限范围内等。</td></tr>
<tr><td>考核指标</td></tr>
<tr><td>☆采购订单编制准确率，其计算公式如下。
$$采购订单编制准确率=\frac{采购订单编制准确数}{采购订单编制总数}\times 100\%$$
☆采购订单提交的及时性：在规定的时间内完成采购订单的提交工作。
☆采购订单发送的及时性：在规定的时间内完成采购订单的发送工作。
☆采购订单接收率：目标值为100%。</td></tr>
<tr><td colspan="2">执行规范</td></tr>
<tr><td colspan="2">“采购订单管理制度”“物资请购单”“物资需求汇总表”“供应商信息调查表”“供应商订单容量表”“供应商剩余接单能力计算表”“采购订单计划”“采购订单”。</td></tr>
</table>

8.4 采购订单状态监管流程设计与工作执行

8.4.1 采购订单状态监管流程设计

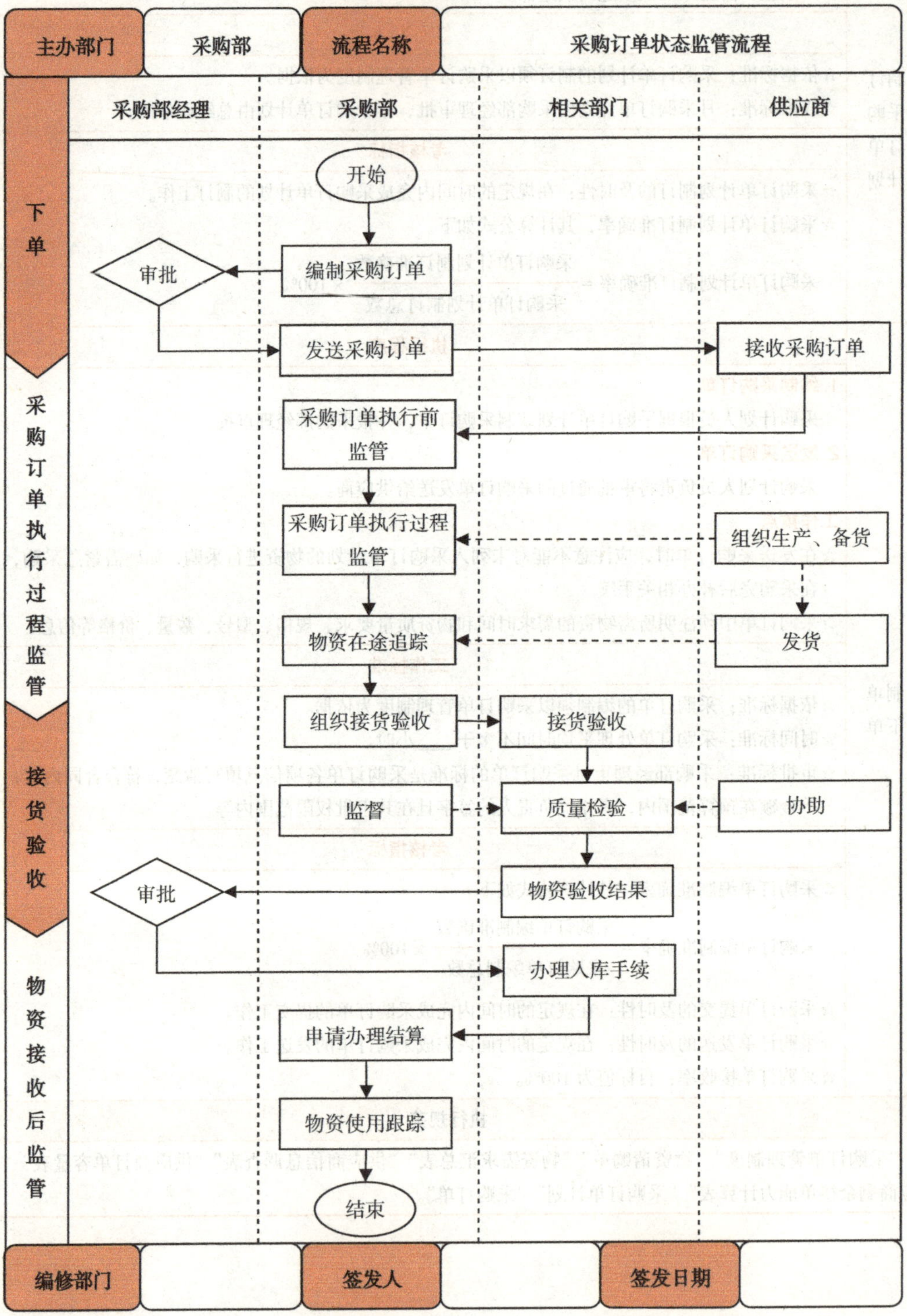
主办部门
采购部
流程名称
采购订单状态监管流程
采购部经理
采购部
相关部门
供应商
下单
采购订单执行过程监管
接货验收
物资接收后监管
开始
编制采购订单
审批
发送采购订单
接收采购订单
采购订单执行前监管
采购订单执行过程监管
组织生产、备货
物资在途追踪
发货
组织接货验收
接货验收
监督
质量检验
协助
审批
物资验收结果
办理入库手续
申请办理结算
物资使用跟踪
结束
编修部门
签发人
签发日期

8.4.2 采购订单状态监管执行程序、工作标准、考核指标、执行规范

<table>
<tr><th>任务名称</th><th>执行程序、工作标准与考核指标</th></tr>
<tr><td rowspan="6">下单</td><td>执行程序</td></tr>
<tr><td>1. 编制采购订单
采购部负责编制采购订单，并将其报采购部经理审批。
2. 下达采购订单
☆采购订单审批通过后，采购部将其发送给供应商。
☆供应商接到采购订单后，要发送订单回执。
工作重点
☆采购订单的内容主要包括物资名称、数量、规格、质量要求、价格、交期、交货方式、送货地址、支付条款、保险条款和仲裁条款等。
☆须严格控制采购订单的处理，避免因订单编制和下发时间过长，影响采购工作的效率。</td></tr>
<tr><td>工作标准</td></tr>
<tr><td>☆依据标准：采购订单的编制须以采购订单管理制度为依据。
☆时间标准：采购订单处理平均时间不多于____小时。
☆审批标准：采购部经理审批采购订单的标准是采购订单各项填写清楚，符合合同内容，订单金额在预算范围内，有相关负责人的签字且在其审批权限范围内等。</td></tr>
<tr><td>考核指标</td></tr>
<tr><td>☆采购订单编制准确率，其计算公式如下。
$$采购订单编制准确率=\frac{采购订单编制准确数}{采购订单编制总数}\times 100\%$$
☆采购订单提交的及时性：在规定的时间内完成采购订单的提交工作。
☆采购订单下达的及时性：在规定的时间内完成采购订单的下达工作。</td></tr>
<tr><td rowspan="2">采购订单执行过程监管</td><td>执行程序</td></tr>
<tr><td>1. 采购订单执行前监管
☆采购部应掌握供应商接收和签订订单回执的情况。
☆若供应商按时签返订单回执，则进入订单状态跟踪环节，采购部要掌握其备货进度。
☆若供应商拒单，采购部应另选其他供应商，或与供应商协商解决拒签事宜。
2. 采购订单执行过程监管
采购部应安排专人跟踪供应商准备物资的详细过程，以保证采购订单正常执行。
3. 物资在途追踪
供应商备完物资后，先向采购部发出交货通知单，采购部接到交货通知单后，安排跟踪物资在途运输情况，并做好接货准备工作。
工作重点
☆在执行采购订单的过程中，采购部应密切关注生产需求，跟踪供应商生产情况，严格控制交货时间，防止因供应商备货期过长，影响整个订单的处理周期。
☆采购部应监督供应商生产、备货过程，必要时派出代表主持，以保证供应商的物资质量。
☆物资在途追踪的过程中，若发生延迟、损坏、丢失等情况，采购部应积极配合供应商及时对突发情况进行处理。</td></tr>
</table>

（续）

任务名称	执行程序、工作标准与考核指标
采购订单执行过程监管	**工作标准** ☆依据标准：采购订单执行过程的监管须以采购订单监督方案为依据。 ☆目标标准：供应商能够按时交货。 **考核指标** 采购订单执行状态跟踪及时率：目标值为____%。
接货验收	**执行程序** **1. 组织接货验收** 物资到达企业之前，采购部组织相关部门做好接货验收准备工作。 **2. 接货验收** ☆物资到达企业后，相关部门对物资数量、外观等进行验收，并做好记录。 ☆采购部全程监督并协助仓储部开展接货验收工作。 **3. 质量检验** 相关部门对到货物资进行质量检验。 **工作重点** 在进行质量验收前，必须明确验收人员的工作职责，避免因职责不清晰导致人员分工不明确。 **工作标准** 物资的接货验收须以采购验收管理制度为依据。 **考核指标** 物资验收的及时性：在规定的时间内完成物资的验收工作。
物资接收后监管	**执行程序** **1. 审批** 相关部门负责将物资验收结果报采购部经理审批。 **2. 办理入库手续** 物资验收结果审批通过后，相关部门及时办理物资入库手续。 **3. 申请办理结算** 采购部按照采购订单规定的支付条款，联系财务部办理结算，并做好跟踪工作。 **4. 物资使用跟踪** 在使用物资的过程中，采购部要安排人员随时予以关注。若发现偶发性小问题，应立即联系供应商解决；若发现重大问题，则必须向采购部经理汇报，及时制定问题解决方案。 **工作重点** ☆结算时须选择恰当的付款方式，以降低付款结算风险和财务运营成本。 ☆结算办理程序须严格按照采购支付管理办法执行。 **工作标准** 物资的入库及结算须以采购管理制度为依据。
执行规范	
“采购订单管理制度”“采购订单监管方案”“订单执行过程监督报告”“物资接收管理制度”“采购验收管理制度”“采购质量管理制度”“货物入库管理制度”“采购订单跟踪方案”。	

8.5 采购订单交期控制管理流程设计与工作执行

8.5.1 采购订单交期控制管理流程设计

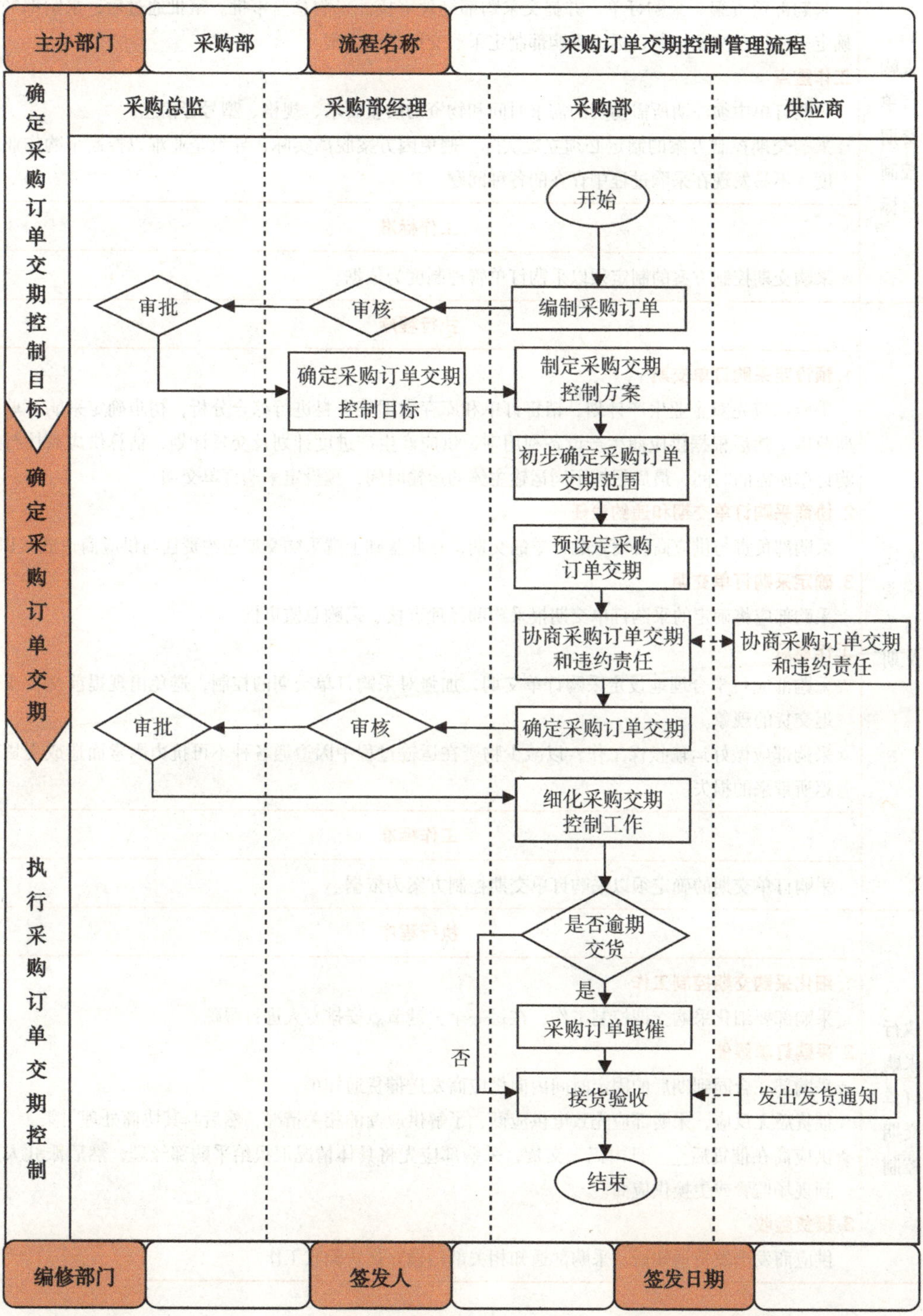

主办部门
采购部
流程名称
采购订单交期控制管理流程
确定采购订单交期控制目标
确定采购订单交期
执行采购订单交期控制
采购总监
采购部经理
采购部
供应商
开始
编制采购订单
审核
审批
确定采购订单交期控制目标
制定采购交期控制方案
初步确定采购订单交期范围
预设定采购订单交期
协商采购订单交期和违约责任
协商采购订单交期和违约责任
确定采购订单交期
审核
审批
细化采购交期控制工作
是否逾期交货
是
否
采购订单跟催
接货验收
发出发货通知
结束
编修部门
签发人
签发日期

8.5.2 采购订单交期控制管理执行程序、工作标准、考核指标、执行规范

任务名称	执行程序、工作标准与考核指标
确定采购订单交期控制目标	**执行程序** 采购部负责编制采购订单，并提交采购部经理审核、采购总监审批。审批通过后，采购部经理确定采购订单交期控制目标，采购部制定采购交期控制方案。 **工作重点** ☆采购订单中须注明所需物资的需求时间和物资的质量要求、规格、型号等信息。 ☆采购交期控制方案的制定必须立足实际，避免因方案脱离实际，导致企业难以控制采购作业进度，不易发现在采购过程中存在的各种问题。 **工作标准** 采购交期控制方案的制定须以采购订单管理制度为依据。
确定采购订单交期	**执行程序** **1. 预设定采购订单交期** 采购部应先对企业生产计划、销售订单和库存数据等资料进行综合分析，初步确定采购订单交期范围，然后根据供应商生产设备利用率、供应商生产进度计划及交货计划，估算供应商执行采购订单所需的时间，最后根据不同运输主体的运输时间，预设定采购订单交期。 **2. 协商采购订单交期和违约责任** 采购部负责与供应商协商采购订单的交期，在此基础上就采购交期违约责任与供应商达成共识。 **3. 确定采购订单交期** 采购部应将确定的采购订单交期报采购部经理审核、采购总监审批。 **工作重点** ☆采购部应科学合理地设定采购订单交期，加强对采购订单交期的控制，避免出现提前交货或延迟交货的现象。 ☆采购部应做好运输投保工作，以减少物资在运输过程中因遭遇各种不可抗力因素而造成交货延迟所带来的损失。 **工作标准** 采购订单交期的确定须以采购订单交期控制方案为依据。
执行采购订单交期控制	**执行程序** **1. 细化采购交期控制工作** 采购部要细化采购交期控制工作，在每一个关键节点安排专人进行跟踪。 **2. 采购订单跟催** ☆采购部在合同到期后的固定时间内向供应商发送催货通知单。 ☆催货后无反应，采购部应先致电供应商，了解供应商的相关情况，然后与其协商处理对策。 ☆供应商在催货后____日内仍未交货，采购部应先将具体情况汇报给采购部经理，然后派驻人员到现场监管或更换供应商。 **3. 接货验收** 供应商发出发货通知后，采购部通知相关部门做好接货验收工作。

（续）

<table>
<tr><th>任务名称</th><th>执行程序、工作标准与考核指标</th></tr>
<tr><td rowspan="6">执行采购订单交期控制</td><td>工作重点
☆在执行采购订单的过程中，采购部应及时跟踪并确认采购进度，确保采购的物资能够按时到位。
☆采购部必须积极地与供应商沟通和协调，加强对订单交期的管理，确保供应商按时交货，以保证企业生产经营活动能够顺利进行，避免供应商延迟交货。
☆对于因不可抗力因素造成的交货延迟，采购部应尽力与供应商协商处理，并积极协助保险企业做好理赔工作，降低双方的损失。</td></tr>
<tr><td>工作标准</td></tr>
<tr><td>☆依据标准：接货验收须以采购订单交期控制方案为依据。
☆验收标准：物资验收标准参照采购验收实施细则。</td></tr>
<tr><td>考核指标</td></tr>
<tr><td>物资验收的及时性：在规定的时间内完成物资的验收工作。</td></tr>
<tr><td></td></tr>
<tr><th colspan="2">执行规范</th></tr>
<tr><td colspan="2">“采购交期控制方案”“采购交期控制目标表”“采购合同”“备货过程跟踪记录”“采购订单管理制度”。</td></tr>
</table>

8.6 订单交期延误处理管理流程设计与工作执行

8.6.1 订单交期延误处理管理流程设计

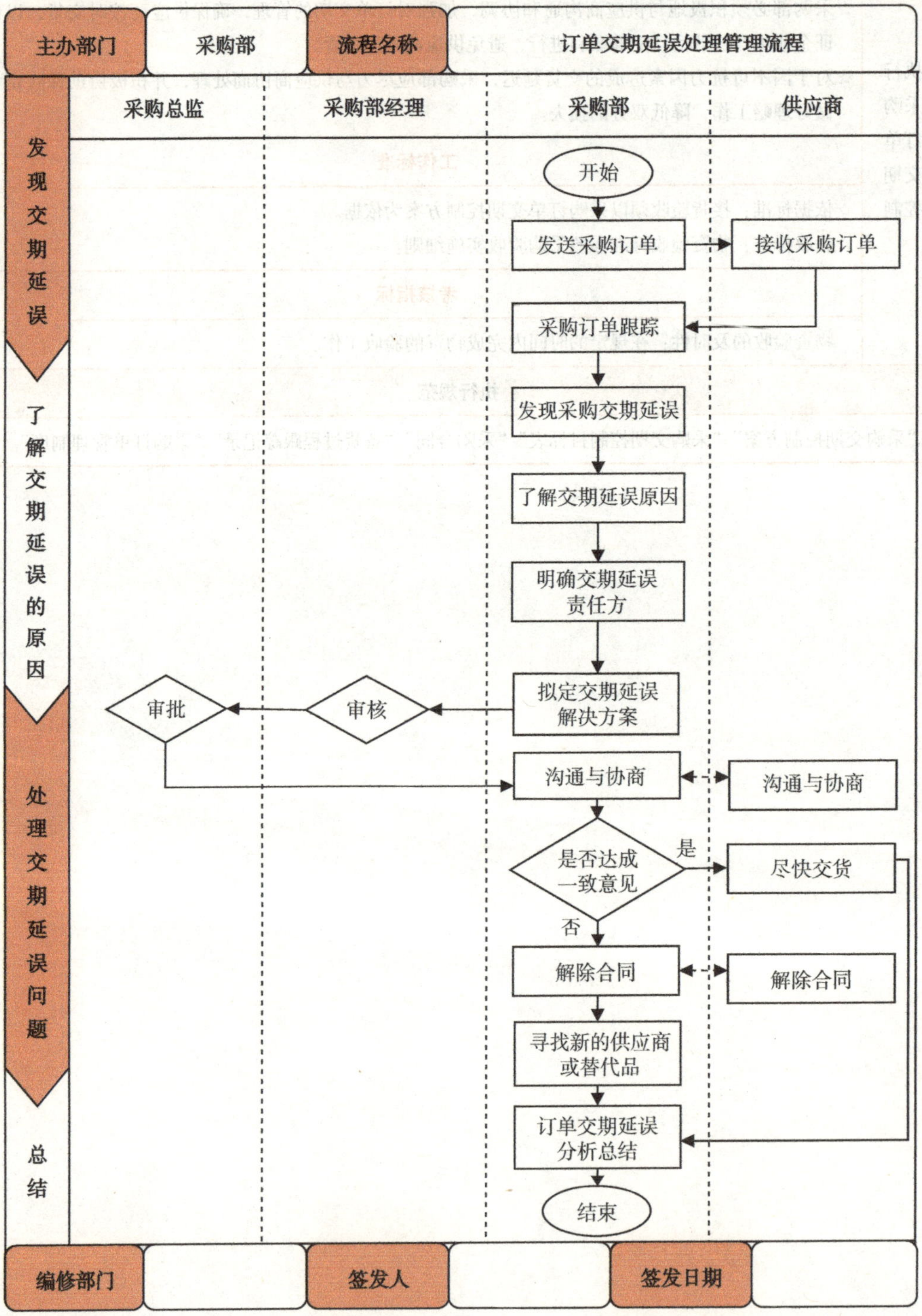
主办部门
采购部
流程名称
订单交期延误处理管理流程
采购总监
采购部经理
采购部
供应商
发现交期延误
了解交期延误的原因
处理交期延误问题
总结
开始
发送采购订单
接收采购订单
采购订单跟踪
发现采购交期延误
了解交期延误原因
明确交期延误责任方
拟定交期延误解决方案
审核
审批
沟通与协商
沟通与协商
是否达成一致意见
是
尽快交货
否
解除合同
解除合同
寻找新的供应商或替代品
订单交期延误分析总结
结束
编修部门
签发人
签发日期

8.6.2 订单交期延误处理管理执行程序、工作标准、考核指标、执行规范

任务名称	执行程序、工作标准与考核指标
发现交期延误	**执行程序** **1. 下达采购订单** ☆采购部负责编制采购订单，并将其发送给供应商。 ☆供应商接到采购订单后，要发送订单回执。 **2. 发现采购交期延误** 采购部要细化采购交期控制工作，掌握采购订单的进度情况，在每一个关键节点安排专人进行跟踪，根据具体情况判断采购交期是否延误。 **工作重点** 采购部在下达采购订单后须跟踪订单情况，及时获取订单交货进度，并与供应商保持联络，确保在第一时间发现交期异常情况。 **工作标准** ☆时间标准：发现采购交期延误应在第一时间向领导反映，以便及时进行补救或调整。 ☆判断标准：采购交期延误包括合同期限外交货、有其他合同约定及因不可抗力因素导致不能按时交货等情况。
了解交期延误的原因	**执行程序** 发现交期延误后，采购部应立即与供应商联系，了解供应商延误交货的原因，明确交期延误责任方，由责任方调查交期延误的原因。 **工作重点** ☆针对供应商延误交货的原因，采购部可以从两个方面进行调查。一是己方原因：预测不准确及技术、工程配置差错而造成紧急交货，库房管理混乱而造成短缺、紧急交货和货款未及时支付等。二是供应商原因：承诺超出其能力范围、管理效率低、生产工艺技术达不到标准等。 ☆采购部必须在规定的时间内确定采购交期延误的原因，以便在第一时间采取有效的处理方法，减少企业的损失。 **工作标准** 发现交期延误后，采购部须在____个工作日内确定交期延误的原因。
处理交期延误问题	**执行程序** **1. 拟定交期延误解决方案** 采购部根据交期延误的原因，拟定交期延误解决方案，并将其报采购部经理审核、采购总监审批。 **2. 沟通与协商** ☆交期延误解决方案审批通过后，采购部负责与供应商进行沟通与协商。 ☆若采购部与供应商达成一致意见，应催促供应商尽快交货；若采购部与供应商未达成一致意见，则解除合同。 **3. 寻找新的供应商或替代品** 与供应商解除合同后，采购部应积极寻找新的供应商或替代品。 **工作重点** 交期延误解决方案不仅要具有可操作性，更要立足实际，便于后期实施和操作。

（续）

任务名称	执行程序、工作标准与考核指标
处理交期延误问题	**工作标准** ☆目标标准：保证物资供应不影响企业的正常生产经营。 ☆时间标准：交期延误问题须在____个工作日内解决。
总结	**执行程序** 订单交期延误问题解决后，采购部要及时总结经验教训。 **工作重点** 订单交期延误分析总结必须在规定的时间内完成，总结经验教训，防止再次出现类似问题。 **工作标准** 订单交期延误分析总结须在____个工作日内完成。
执行规范	
"采购订单管理制度""订单交期管理制度""采购合同管理制度""供应商管理制度""物资采购汇总表""采购进度控制表""订单交期控制规定""采购交货延迟分析表""订单交期延误处理方案"。	

8.7 采购质量控制管理流程设计与工作执行

8.7.1 采购质量控制管理流程设计

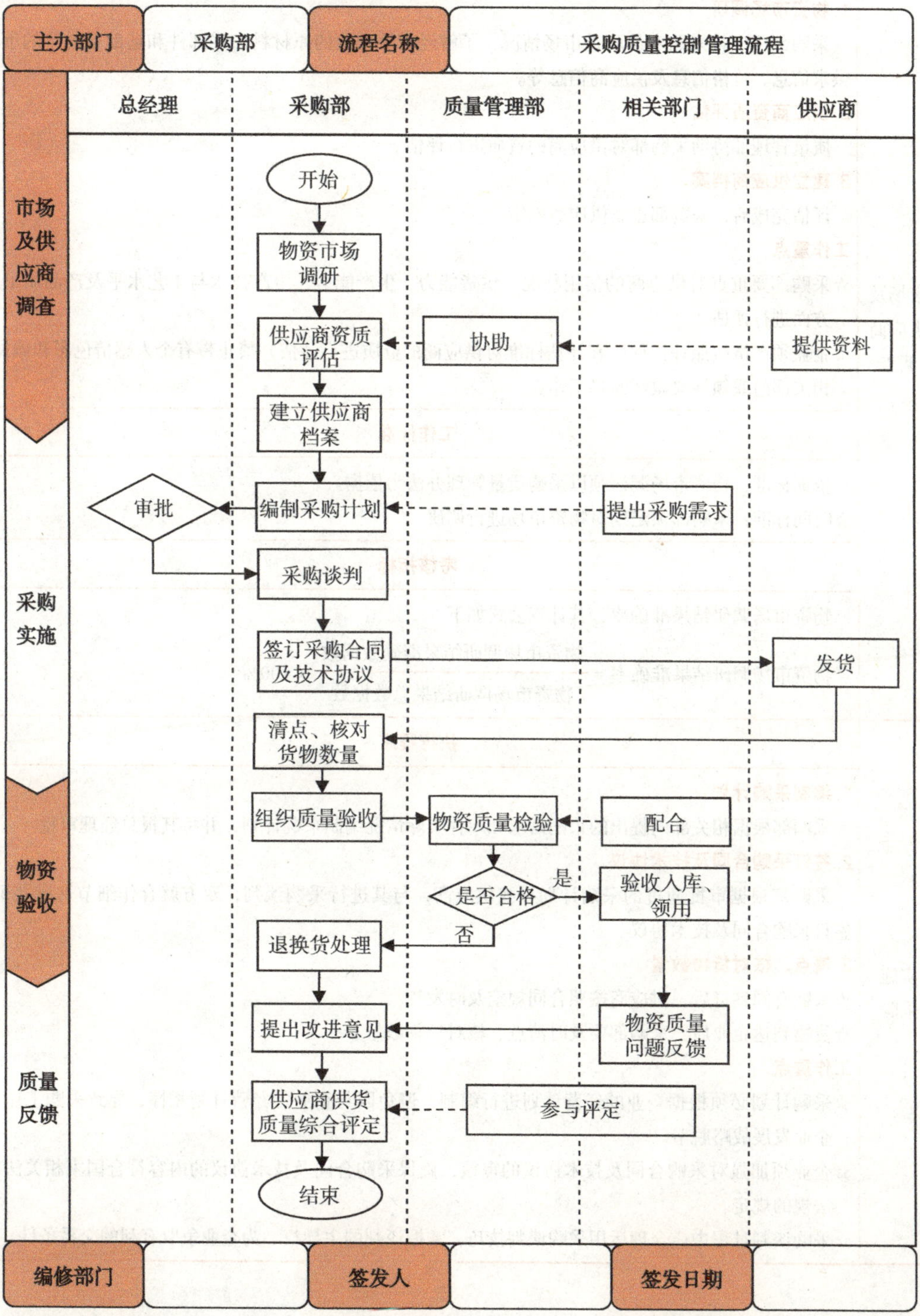
主办部门
采购部
流程名称
采购质量控制管理流程
总经理
采购部
质量管理部
相关部门
供应商
市场及供应商调查
采购实施
物资验收
质量反馈
开始
物资市场调研
供应商资质评估
协助
提供资料
建立供应商档案
审批
编制采购计划
提出采购需求
采购谈判
签订采购合同及技术协议
发货
清点、核对货物数量
组织质量验收
物资质量检验
配合
是否合格
是
验收入库、领用
否
退换货处理
提出改进意见
物资质量问题反馈
供应商供货质量综合评定
参与评定
结束
编修部门
签发人
签发日期

8.7.2 采购质量控制管理执行程序、工作标准、考核指标、执行规范

任务名称	执行程序、工作标准与考核指标
市场及供应商调查	**执行程序** **1. 物资市场调研** 采购部应安排采购专员调查市场情况，了解经常性采购的原材料、零部件和辅助材料等的市场供求信息、价格信息及供应商信息等。 **2. 供应商资质评估** 质量管理部协助采购部对供应商的资质进行评估。 **3. 建立供应商档案** 评估完成后，采购部建立供应商档案。 **工作重点** ☆采购部要重点对供应商的信用状况、供货能力、生产能力、生产技术与工艺水平及产品质量等方面进行评估。 ☆企业须严格按照评估程序和评估标准对供应商的资质进行评估，禁止带有个人感情色彩和偏见。相关部门或领导要做好监督工作。
	工作标准 ☆依据标准：物资市场调研须以采购质量管理办法为依据。 ☆时间标准：采购部须定期对物资市场进行调研。
	考核指标 物资市场调研结果准确率，其计算公式如下。 $\text{物资市场调研结果准确率}=\frac{\text{物资市场调研结果准确数据数}}{\text{物资市场调研结果总数据数}}\times 100\%$
实施采购	**执行程序** **1. 编制采购计划** 采购部根据相关部门提出的采购需求和库存实际情况编制采购计划，并将其报总经理审批。 **2. 签订采购合同及技术协议** 采购部根据审批通过的采购计划寻找供应商，与其进行采购谈判，双方就合作细节达成共识，签订采购合同及技术协议。 **3. 清点、核对货物数量** ☆采购合同签订后，供应商按照合同规定及时发货。 ☆货物到达企业后，采购部要及时清点、核对货物数量。 **工作重点** ☆采购计划必须根据企业的经营计划进行编制，避免因与企业的经营计划相悖，导致采购工作与企业发展战略脱节。 ☆企业须加强对采购合同及技术协议的审核，确保采购合同及技术协议的内容符合国家相关法律法规的规定。 ☆采购谈判过程中应合理运用采购谈判技巧，掌握谈判的主导权，为企业争取有利的交易条件。

（续）

任务名称	执行程序、工作标准与考核指标
实施采购	**工作标准** ☆内容标准：采购计划的内容包括采购货物的类别、数量、规格技术要求、采购实施方案等；采购合同的内容包括采购产品的品名、规格、型号、数量、技术要求、交货时间、交货地点、价格及付款方式、质量保证条款等。 ☆质量标准：采购合同及技术协议的签订须符合国家相关法律法规的规定。 **考核指标** ☆采购计划审批过程的规范性：依据采购质量管理办法执行。 ☆采购合同及技术协议签订过程的规范性：依据企业相关规章制度执行。
物资验收	**执行程序** **1. 组织质量验收** 货物数量清点、核对无误后，采购部组织质量管理部做好物资质量验收工作。 **2. 物资质量检验** 质量管理部应先根据物资的类别，收集相关技术资料，详细了解该批物资的质量标准和使用要求等信息，然后准备检验工具和设备，最后在相关部门的配合下，对物资进行质量检验。若合格，相关部门直接领用；若不合格，采购部联系供应商退换货。 **工作重点** ☆在验收物资前，要明确验收人员的工作职责，避免因职责不清晰导致人员分工不明确。 ☆对于不同数量、不同种类的物资，由于检验复杂程度、工作量不同，采购部应规定不同的验收时限。 **工作标准** ☆依据标准：物资的验收须以采购质量管理办法为依据。 ☆时限标准：对于外观易识别物资的检验，检验人员应在收到物资后____日内检验完成；需用化学或物理手段检验的物资，检验人员应在收到物资后____日内检验完成；对于必须试用才能实施检验的物资，质量管理部主管须在物资验收报告表中注明预计完成日期，一般不超过____日。
质量反馈	**执行程序** **1. 物资质量问题反馈** 相关部门在使用物资的过程中若发现质量问题，要及时向采购部反映。 **2. 提出改进意见** ☆采购部根据相关部门反映的问题，向供应商提出改进意见。 ☆若给企业造成经济损失，采购部要与供应商协商赔偿事宜。 **3. 供应商供货质量综合评定** ☆采购部协同质量管理部和其他相关部门定期对供应商的供货质量进行综合评定。 ☆对于评定为不合格的供应商，取消其供货资格。 **工作重点** 相关部门要及时向采购部反映物资的质量问题。

（续）

任务名称	执行程序、工作标准与考核指标
质量反馈	**工作标准**
	供应商供货质量的综合评定依据供应商管理办法操作。
	考核指标
	物资质量问题反馈的及时性：相关部门发现质量问题后，在规定的时间内向采购部反映，无拖延。
执行规范	
“采购质量管理办法”“供应商评估报告”“供应商资料档案”“采购计划”“采购合同”“技术协议”“物资质量检验管理办法”“供应商评定方案”“供应商管理办法”。	

8.8 物料采购验收管理流程设计与工作执行

8.8.1 物料采购验收管理流程设计

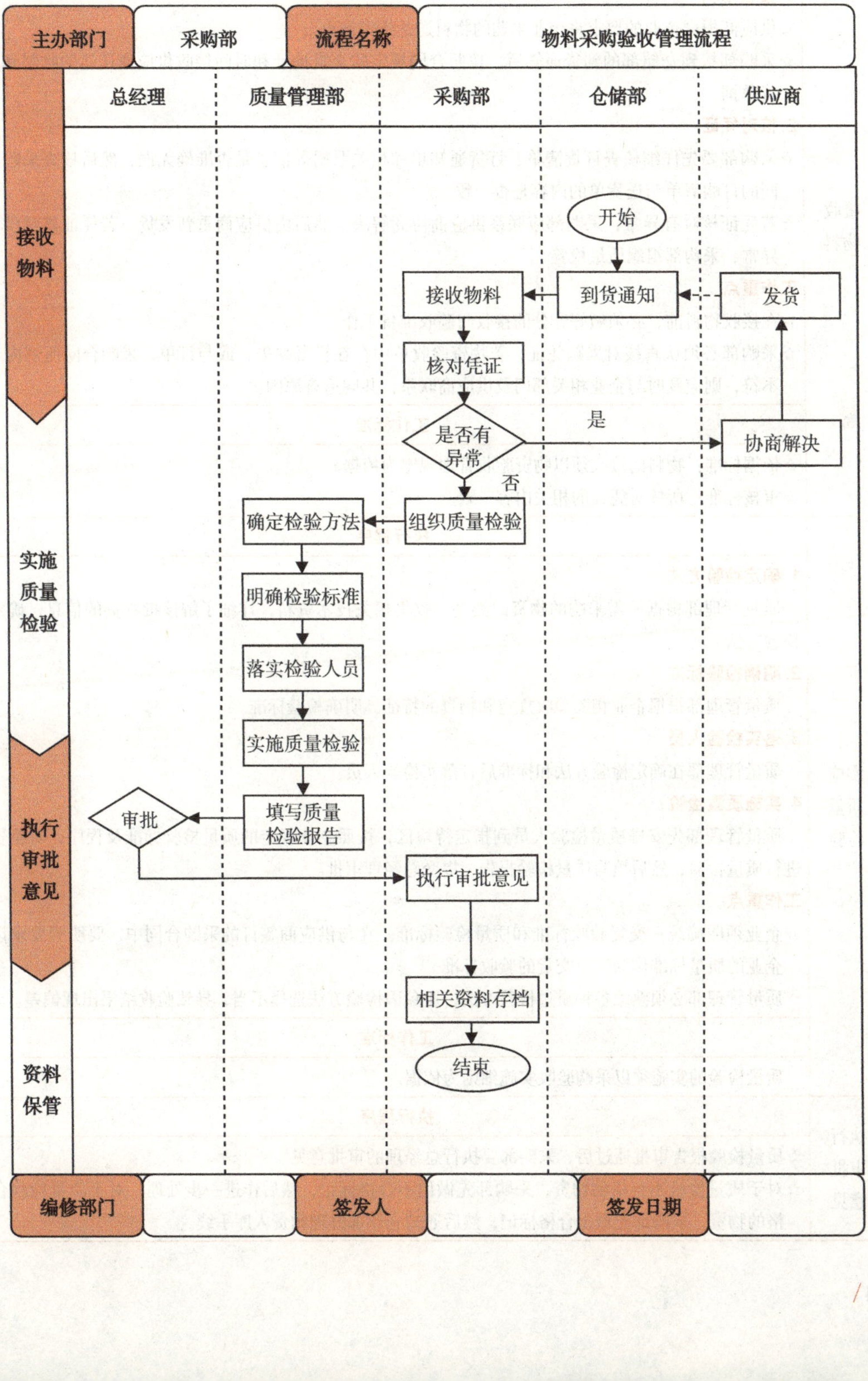

主办部门
采购部
流程名称
物料采购验收管理流程
总经理
质量管理部
采购部
仓储部
供应商
接收物料
实施质量检验
执行审批意见
资料保管
开始
到货通知
发货
接收物料
核对凭证
是否有异常
是
协商解决
否
组织质量检验
确定检验方法
明确检验标准
落实检验人员
实施质量检验
填写质量检验报告
审批
执行审批意见
相关资料存档
结束
编修部门
签发人
签发日期

8.8.2 物料采购验收管理执行程序、工作标准、考核指标、执行规范

<table>
<tr><th>任务名称</th><th>执行程序、工作标准与考核指标</th></tr>
<tr><td rowspan="4">接收物料</td><td>执行程序</td></tr>
<tr><td>1. 接收物料
☆供应商根据企业的要求将企业采购的物料送达指定地点。
☆采购部接到仓储部的到货通知后，按照合同规定的交货地址和时间接收供应商送达的物料和交货单据。
2. 核对凭证
☆采购部要先仔细核查订货清单、订货通知单和相关票据等信息是否准确无误，然后核查采购合同的订购清单与送货单的内容是否一致。
☆若凭证核对有异常，采购部应联系供应商协商解决，然后由供应商重新发货。若凭证核对没有异常，采购部组织质量检验。
工作重点
☆在接收物料前，必须做好充分的接收与验收准备工作。
☆采购部必须认真核对采购凭证，若物资验收单中存在栏目缺失，或与订单、采购合同所列内容不符，则应及时与企业相关部门及供应商联系，共同追查原因。</td></tr>
<tr><td>工作标准</td></tr>
<tr><td>☆依据标准：物料的接收须以物资验收管理规定为依据。
☆审核标准：所核对凭证的相关内容一致。</td></tr>
<tr><td rowspan="4">实施质量检验</td><td>执行程序</td></tr>
<tr><td>1. 确定检验方法
质量管理部根据所需采购的物资的类别，收集相关技术资料，详细了解该批物资的信息，确定检验方法。
2. 明确检验标准
质量管理部根据企业相关验收规定和物资的特征，明确检验标准。
3. 落实检验人员
质量管理部在确定检验方法和标准后，落实检验人员。
4. 实施质量检验
质量管理部先安排质量检验人员到指定待检区，按照企业规定的质量检验标准及程序，对物资进行质量检验，然后填写质量检验报告，提交总经理审批。
工作重点
☆企业须明确统一交货验收标准和质量检验标准。在与供应商签订的采购合同中，要明确要求以企业的质量标准作为双方交货的验收标准。
☆质量管理部必须熟悉各种质量检验方法，避免因检验方法选择不当，导致验收结果出现偏差。</td></tr>
<tr><td>工作标准</td></tr>
<tr><td>质量检验的实施须以采购验收实施细则为依据。</td></tr>
<tr><td rowspan="2">执行审批意见</td><td>执行程序</td></tr>
<tr><td>☆质量检验报告审批通过后，采购部要执行总经理的审批意见。
☆对于质量检验不合格的物资，采购部先做出不合格标记，然后作进一步处理；对于质量检验合格的物资，采购部先做出合格标记，然后通知仓储部办理物资入库手续。</td></tr>
</table>

（续）

任务名称	执行程序、工作标准与考核指标
执行审批意见	**工作重点** 采购部必须严格执行总经理的审批意见。
	工作标准
	审批意见在质量检验报告审批通过后____个工作日内执行完成。
资料保管	**执行程序**
	物资质量验收结束后，采购部应及时对物资验收过程中的相关资料进行存档。 **工作重点** 物资验收资料存档。
	工作标准
	资料的保管要求参照企业档案管理制度。
执行规范	
“采购验收实施细则”“企业档案管理制度”“验货管理规定”“物料验收单”“检验报告”。	

8.9 采购退换货处理管理流程设计与工作执行

8.9.1 采购退换货处理管理流程设计

主办部门	采购部	流程名称	采购退换货处理管理流程

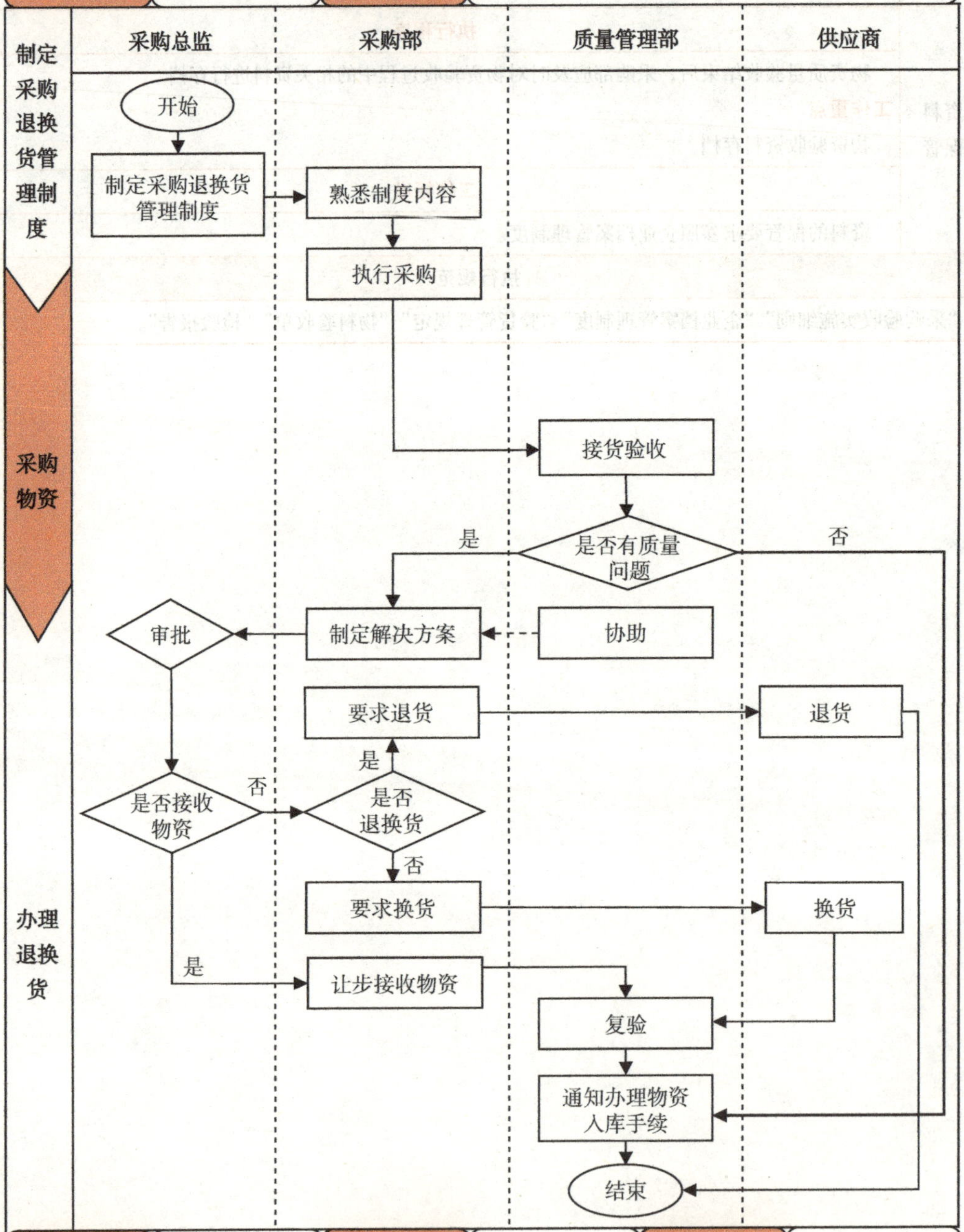
制定采购退换货管理制度
采购物资
办理退换货
采购总监
采购部
质量管理部
供应商
开始
制定采购退换货管理制度
熟悉制度内容
执行采购
接货验收
是否有质量问题
是
否
制定解决方案
协助
审批
要求退货
退货
是
是否接收物资
否
是否退换货
否
要求换货
换货
是
让步接收物资
复验
通知办理物资入库手续
结束

编修部门		签发人		签发日期	

8.9.2 采购退换货处理管理执行程序、工作标准、考核指标、执行规范

<table>
<tr><th>任务名称</th><th>执行程序、工作标准与考核指标</th></tr>
<tr><td rowspan="4">制定采购退换货管理制度</td><td>执行程序</td></tr>
<tr><td>采购总监安排采购人员收集本部门在采购退换货运作过程中出现的、需要解决的问题，然后针对这些问题，制定采购退换货管理制度。
工作重点
☆采购退换货管理制度的内容必须符合国家相关法律法规的规定。
☆采购退换货管理制度不仅要具有可操作性，更要立足实际，便于后期实施和操作。</td></tr>
<tr><td>工作标准</td></tr>
<tr><td>☆依据标准：采购退换货管理制度的制定须以国家相关法律法规为依据。
☆时间标准：采购人员根据采购部的实际情况定期更新采购退换货管理制度。</td></tr>
<tr><td rowspan="6">采购物资</td><td>执行程序</td></tr>
<tr><td>1. 执行采购
采购部要熟悉采购退换货管理制度的内容，这样才能更好地执行采购。
2. 接货验收
质量管理部根据物资的特征，选择合适的检验方法对到货物资进行质量验收。
3. 制定解决方案
采购部获知物资有质量问题后，在质量管理部检验人员的协助下，先分析物资质量问题产生的原因，然后根据分析结果制定解决方案，最后将方案报采购总监审批。
工作重点
☆在接收物资前，必须做好充分的准备工作，并且明确验收人员的工作职责，避免因职责不清晰导致人员分工不明确。
☆检验人员必须熟悉各种验收方法，避免因验收方法选择不当，导致验收结果出现偏差。
☆解决方案不仅要具有可操作性，更要立足实际，便于后期实施和操作。</td></tr>
<tr><td>工作标准</td></tr>
<tr><td>☆依据标准：物资的验收须以物资验收管理办法为依据。
☆时间标准：解决方案须在发现质量问题后____个工作日内制定完成。</td></tr>
<tr><td>考核指标</td></tr>
<tr><td>☆物资验收的及时性：在规定的时间内完成物资的验收工作。
☆质量问题处理及时率，其计算公式如下。
$$质量问题处理及时率=\frac{及时处理的质量问题数}{发生的质量问题总数}\times 100\%$$</td></tr>
<tr><td rowspan="2">办理退换货</td><td>执行程序</td></tr>
<tr><td>1. 是否退换货
采购部根据企业的生产经营需求和物资实际质量情况，做出退货或换货的决定。
2. 让步接收物资
若物资使用部门急需使用物资，采购部可根据采购总监的意见做出让步接收物资的决定。</td></tr>
</table>

（续）

任务名称	执行程序、工作标准与考核指标
办理退换货	**3. 通知办理物资入库手续** 质量管理部通知仓储部为已接收的物资办理入库手续。 **工作重点** ☆企业须加强对退换货的管理，避免出现随意、频繁退换货的现象。 ☆让步接收只接收质量合格或稍经修复可使用的物资。
	工作标准
	物资的退换货须以退换货管理规定为依据。
	考核指标
	物资退货及时率，其计算公式如下。 $$物资退货及时率=\frac{物资及时退货数}{物资总数}\times 100\%$$
执行规范	
“采购退换货管理制度”“退换货管理规定”“物资验收单”“退货换货清单”“采购检验报告”。	

8.10 采购质量改善管理流程设计与工作执行

8.10.1 采购质量改善管理流程设计

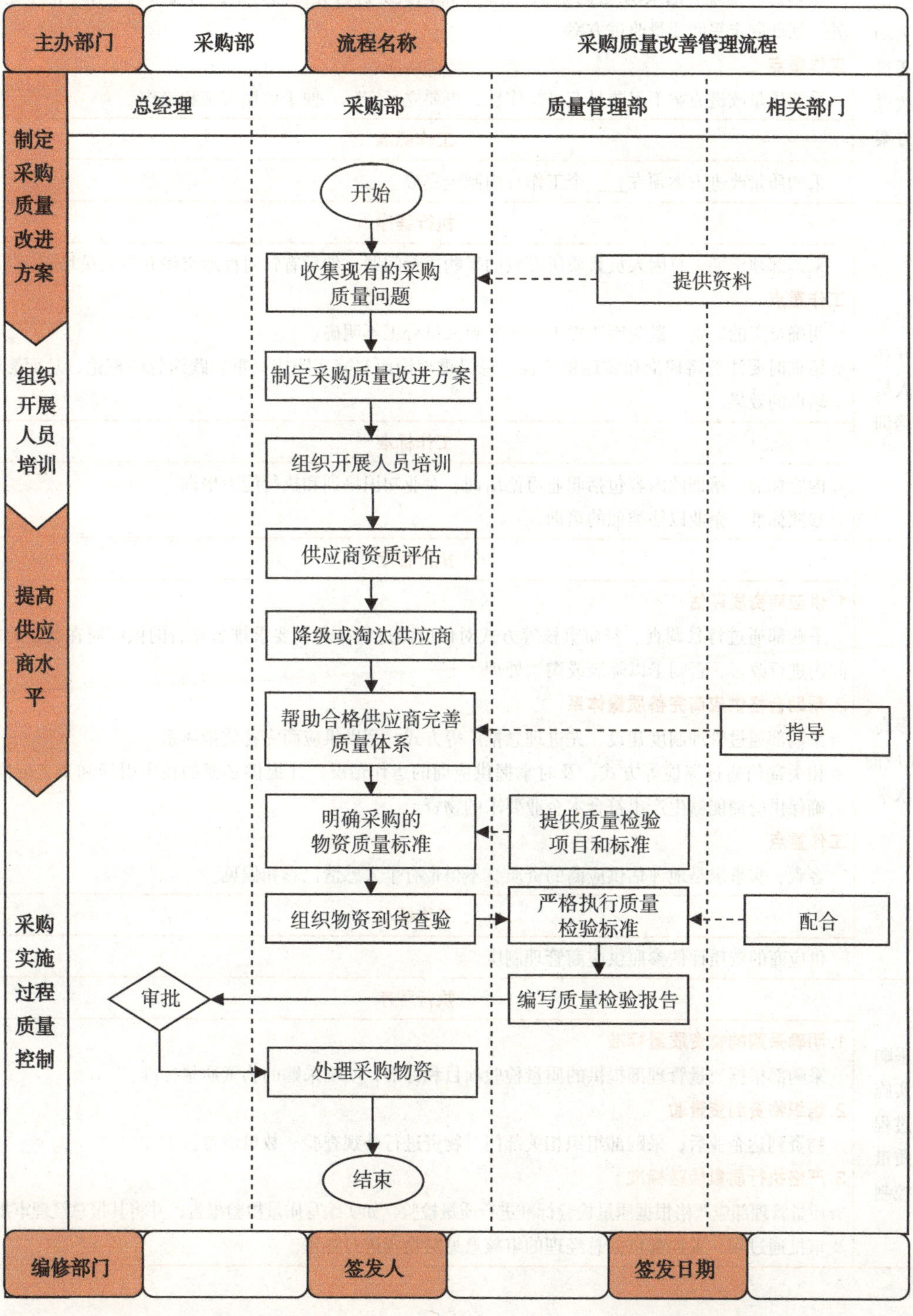

主办部门
采购部
流程名称
采购质量改善管理流程
总经理
采购部
质量管理部
相关部门
制定采购质量改进方案
组织开展人员培训
提高供应商水平
采购实施过程质量控制
开始
收集现有的采购质量问题
提供资料
制定采购质量改进方案
组织开展人员培训
供应商资质评估
降级或淘汰供应商
帮助合格供应商完善质量体系
指导
明确采购的物资质量标准
提供质量检验项目和标准
组织物资到货查验
严格执行质量检验标准
配合
审批
编写质量检验报告
处理采购物资
结束
编修部门
签发人
签发日期

8.10.2 采购质量改善管理执行程序、工作标准、考核指标、执行规范

任务名称	执行程序、工作标准与考核指标
制定采购质量改进方案	**执行程序** 采购部收集现有的采购质量问题，组织本部门人员进行分析和讨论，明确采购工作中的不足之处，据此制定采购质量改进方案。 **工作重点** 采购质量改进方案不仅要具有可操作性，更要立足实际，便于后期实施和操作。 **工作标准** 采购质量改进方案须在____个工作日内制定完成。
组织开展人员培训	**执行程序** 采购部须定期汇总因人员素质所导致的采购质量问题，然后有针对性地组织开展人员培训。 **工作重点** ☆明确员工的职责，避免因职责不清晰导致人员分工不明确。 ☆培训时要注意将理论和实践相结合，忌只重理论而忽略实践或只重实践而忽略理论，从而影响培训的效果。 **工作标准** ☆内容标准：培训的内容包括职业道德培训、专业知识培训和执行能力培训。 ☆参照标准：企业以往类似的培训。
提高供应商水平	**执行程序** **1. 供应商资质评估** 采购部通过背景调查、资质审核等方式对供应商进行排名，要求排名靠后的供应商在规定的时间内进行改善，否则予以降级或淘汰处理。 **2. 帮助合格供应商完善质量体系** ☆采购部通过管理制度建设、先进理念推广等方式，帮助供应商完善质量体系。 ☆相关部门通过巡检等方式，及时掌握供应商的运作情况，并提供必要的技术引导和工艺标准，确保供应商能够生产出符合本企业要求的物资。 **工作重点** 客观、实事求是地评估供应商的资质，不得带有个人感情色彩和偏见。 **工作标准** 供应商的资质评估参照供应商管理制度。
采购实施过程质量控制	**执行程序** **1. 明确采购的物资质量标准** 采购部根据质量管理部提供的质量检验项目和标准，明确采购的物资质量标准。 **2. 组织物资到货查验** 物资到达企业后，采购部组织相关部门对物资进行外观查验、数量清点。 **3. 严格执行质量检验标准** ☆质量管理部应严格根据质量检验标准进行质量检验，如实编写质量检验报告，并将其报总经理审批。 ☆审批通过后，采购部依据总经理的审核意见对物资进行处理。

（续）

任务名称	执行程序、工作标准与考核指标
采购实施过程质量控制	**工作重点** ☆企业须加强对物资质量的检验，避免因物资质量标准不全面、不统一，导致物资质量标准在实际操作中失去作用。 ☆质量管理部要根据当批物资的情况和特点，选择适宜的检验方式和方法，提前制订质量检验计划。 ☆企业须加强对质量的控制，从最初的供应商选择到物资的到货检验，每一步都要做好质量把控工作，保证所采购的物资的质量符合企业标准。
	工作标准
	物资质量的检验须以采购质量改进实施方案为依据。
执行规范	
“采购质量改进方案”“采购质量管理办法”“供应商评估报告”“供应商档案”。	

第9章 采购结算过程管控

9.1 采购结算过程管控流程

9.1.1 流程设计的目的

企业设计采购结算过程管控流程的目的如下。

（1）规范企业的采购结算工作，确保物资到货的及时性与采购结算的准确性。

（2）提高采购结算的工作效率，减少供应商对企业资金的占压，使企业资金能够得到合理利用。

（3）加强对采购结算各个支付环节的管理，保证企业资产的安全性和完整性。

9.1.2 流程结构设计

采购结算过程管控细分为三个事项，即付款申请审批管理、采购预付款管控和现金采购付款管控，就每个事项设计流程，具体如图 9-1 所示。

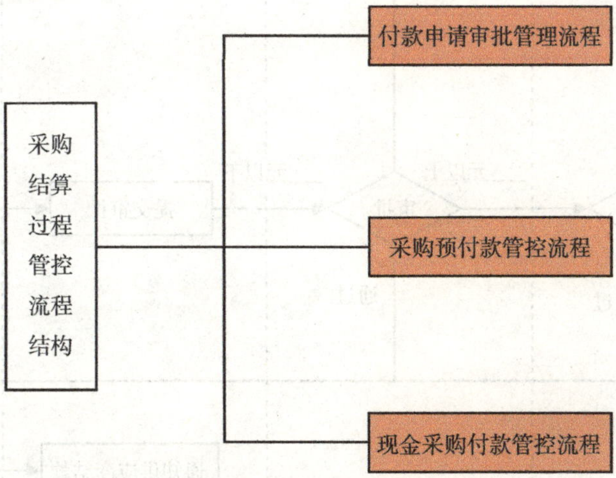

采购结算过程管控流程结构
付款申请审批管理流程
采购预付款管控流程
现金采购付款管控流程

图 9-1 采购结算过程管控流程结构设计

9.2 付款申请审批管理流程设计与工作执行

9.2.1 付款申请审批管理流程设计

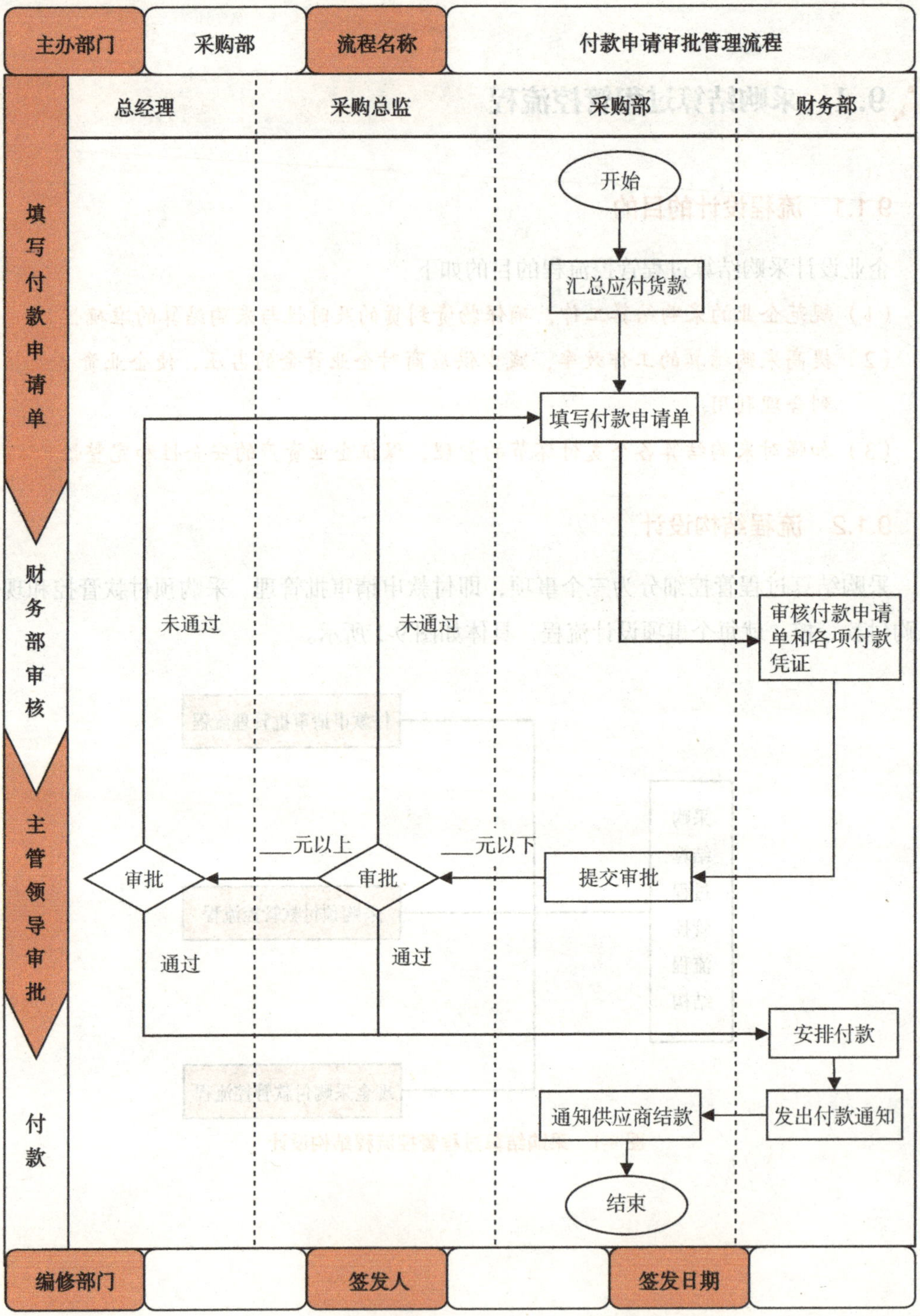

主办部门
采购部
流程名称
付款申请审批管理流程
总经理
采购总监
采购部
财务部
填写付款申请单
财务部审核
主管领导审批
付款
开始
汇总应付货款
填写付款申请单
审核付款申请单和各项付款凭证
提交审批
___元以下
审批
___元以上
审批
未通过
未通过
通过
通过
安排付款
发出付款通知
通知供应商结款
结束
编修部门
签发人
签发日期

9.2.2 付款申请审批管理执行程序、工作标准、考核指标、执行规范

任务名称	执行程序、工作标准与考核指标
填写付款申请单	**执行程序** **1. 汇总应付货款** 采购部根据采购合同的付款约定，收集采购订单、物资验收单等相关单据及记录，然后核对合同的执行情况，汇总应付的货款。 **2. 填写付款申请单** 采购部根据汇总的单据，填写付款申请单，连同各项付款凭证一并提交财务部审核。 **工作重点** ☆在汇总相关单据时，采购人员须记录缺失和不符的内容，以作为后期考核的依据。 ☆付款申请单的填写要规范，财务部应制定填写说明书，避免出现填写不完整或填写错误的现象。 **工作标准** 付款申请单填写完整、准确。 **考核指标** ☆单据填写准确率，具体计算公式如下。 $单据填写准确率=\frac{单据填写准确数}{单据填写总数}\times 100\%$ ☆单据填写的及时性：在规定的时间内完成单据的填写工作。
财务部审核	**执行程序** 财务部在接到采购部提交的付款申请单后，应安排会计人员核对付款申请单中的内容与采购订单及物资验收单等单据中的内容是否一致。审核无误后签字。 **工作重点** 财务部须重点审核采购付款申请单中的内容与付款凭证中的内容是否一致。 **工作标准** 应付货款的数额、项目与实际发生的采购订单中的内容相符。
主管领导审批	**执行程序** 采购部根据审批权限，将经过财务部审核的付款申请单报主管领导审批。____元以下的付款申请单报采购总监审批，____元以上的付款申请单报总经理审批。 **工作重点** 采购部要注意审批权限，严禁越权审批。 **工作标准** 主管领导的审批权限须以企业的审批制度为依据。
付款	**执行程序** **1. 安排付款** 财务部根据企业的财务制度安排付款事宜，并将付款通知发送至采购部。

（续）

任务名称	执行程序、工作标准与考核指标
付款	**2. 通知供应商结款** 采购部接到财务部的付款通知后，通知供应商取款结账或自行查收款项是否到账。 **工作重点** 在付款时，财务人员要注意不合格物资的扣款等是否已扣除，避免因未扣除该款项，导致付款金额不正确。
	工作标准
	付款事宜须以企业的相关财务制度为依据。
执行规范	
“采购付款结算管理制度”“企业审批制度”“付款申请单”“应付账款单”“付款通知书”。	

9.3 采购预付款管控流程设计与工作执行

9.3.1 采购预付款管控流程设计

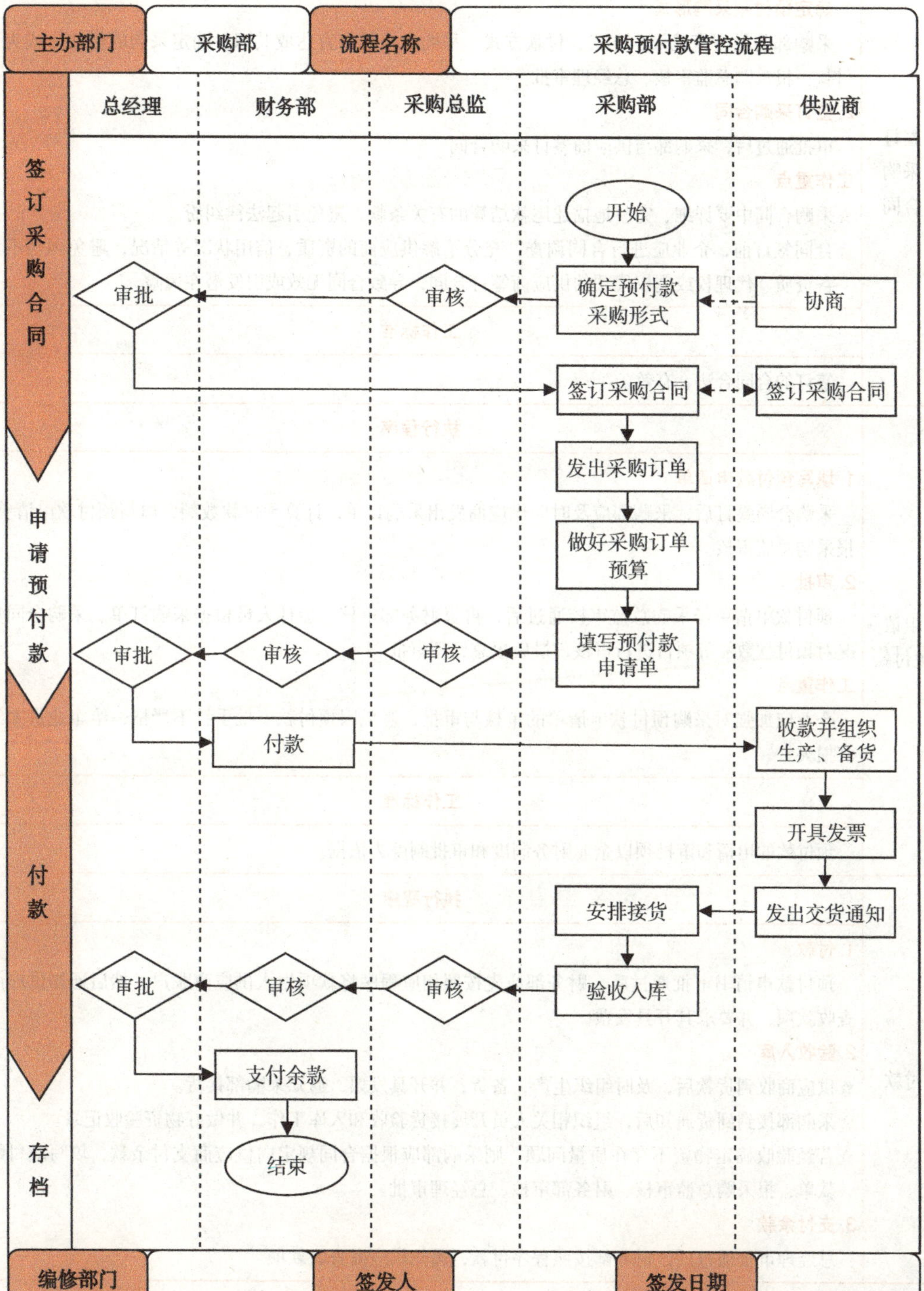

主办部门
采购部
流程名称
采购预付款管控流程
总经理
财务部
采购总监
采购部
供应商
签订采购合同
申请预付款
付款
存档
开始
确定预付款采购形式
协商
审核
审批
签订采购合同
签订采购合同
发出采购订单
做好采购订单预算
填写预付款申请单
审核
审核
审批
付款
收款并组织生产、备货
开具发票
发出交货通知
安排接货
验收入库
审核
审核
审批
支付余款
结束
编修部门
签发人
签发日期

9.3.2 采购预付款管控执行程序、工作标准、考核指标、执行规范

<table>
<tr><th>任务名称</th><th>执行程序、工作标准与考核指标</th></tr>
<tr><td rowspan="4">签订采购合同</td><td>执行程序</td></tr>
<tr><td>1. 确定预付款采购形式
采购部与供应商就采购方式、付款方式、采购价格等事宜达成共识，确定采购的付款方式为预付款，报采购总监审核、总经理审批。
2. 签订采购合同
审批通过后，采购部与供应商签订采购合同。
工作重点
☆采购合同中要详细、完整地描述尾款结算的有关条款，避免引起法律纠纷。
☆合同签订前，企业应进行合同调查，充分了解供应商的资质、信用状况等情况，避免因与不具备资质、代理权或越权代理的供应商签订合同，导致合同无效或引发潜在风险。</td></tr>
<tr><td>工作标准</td></tr>
<tr><td>签订的合同合法、有效。</td></tr>
<tr><td rowspan="4">申请预付款</td><td>执行程序</td></tr>
<tr><td>1. 填写预付款申请单
采购合同签订后，采购部应及时向供应商发出采购订单，计算预付款数额，填写预付款申请单，报采购总监审核。
2. 审批
预付款申请单经采购总监审核通过后，再报财务部审核。会计人员根据采购订单、采购合同情况对预付款数额等项目进行审核，最后报总经理审批。
工作重点
企业应加强对采购预付款申请单的审核与审批，避免因预付款审批手续不严格，给企业带来经济损失。</td></tr>
<tr><td>工作标准</td></tr>
<tr><td>预付款的申请和审批须以企业财务制度和审批制度为依据。</td></tr>
<tr><td rowspan="2">付款</td><td>执行程序</td></tr>
<tr><td>1. 付款
预付款申请书审批通过后，财务部应先按照相应程序将款项划入供应商账户，然后通知供应商查收款项，并要求其开具发票。
2. 验收入库
☆供应商收到货款后，及时组织生产、备货，并开具发票，通知采购部接货。
☆采购部接到到货通知后，组织相关人员开展接货验收和入库工作，并做好物资验收记录。
☆若经验收确定物资不存在质量问题，则采购部应根据合同规定向供应商支付余款，填写应付账款单，报采购总监审核、财务部审核、总经理审批。
3. 支付余款
总经理审批通过后，财务部按照程序付款，通知供应商查收款项。</td></tr>
</table>

（续）

<table>
<tr><th>任务名称</th><th>执行程序、工作标准与考核指标</th></tr>
<tr><td rowspan="4">付款</td><td>工作重点
☆预付款的支付必须严格按照财务部规定的借款授权权限进行审批。
☆明确验收人员的工作职责，避免因职责不清晰导致人员分工不明确。
☆财务部付款后必须要保管好汇款或付款凭证。</td></tr>
<tr><td>工作标准</td></tr>
<tr><td>☆质量标准：预付款的支付金额准确无误。
☆参照标准：物资验收标准可参照采购验收实施细则。</td></tr>
<tr><td></td></tr>
<tr><th colspan="2">执行规范</th></tr>
<tr><td colspan="2">“采购合同管理制度”“采购订单管理制度”“采购预付款管理制度”“预付款审核制度”“采购跟催管理制度”“物资验收制度”“财务付款制度”“档案管理制度”。</td></tr>
</table>

9.4 现金采购付款管控流程设计与工作执行

9.4.1 现金采购付款管控流程设计

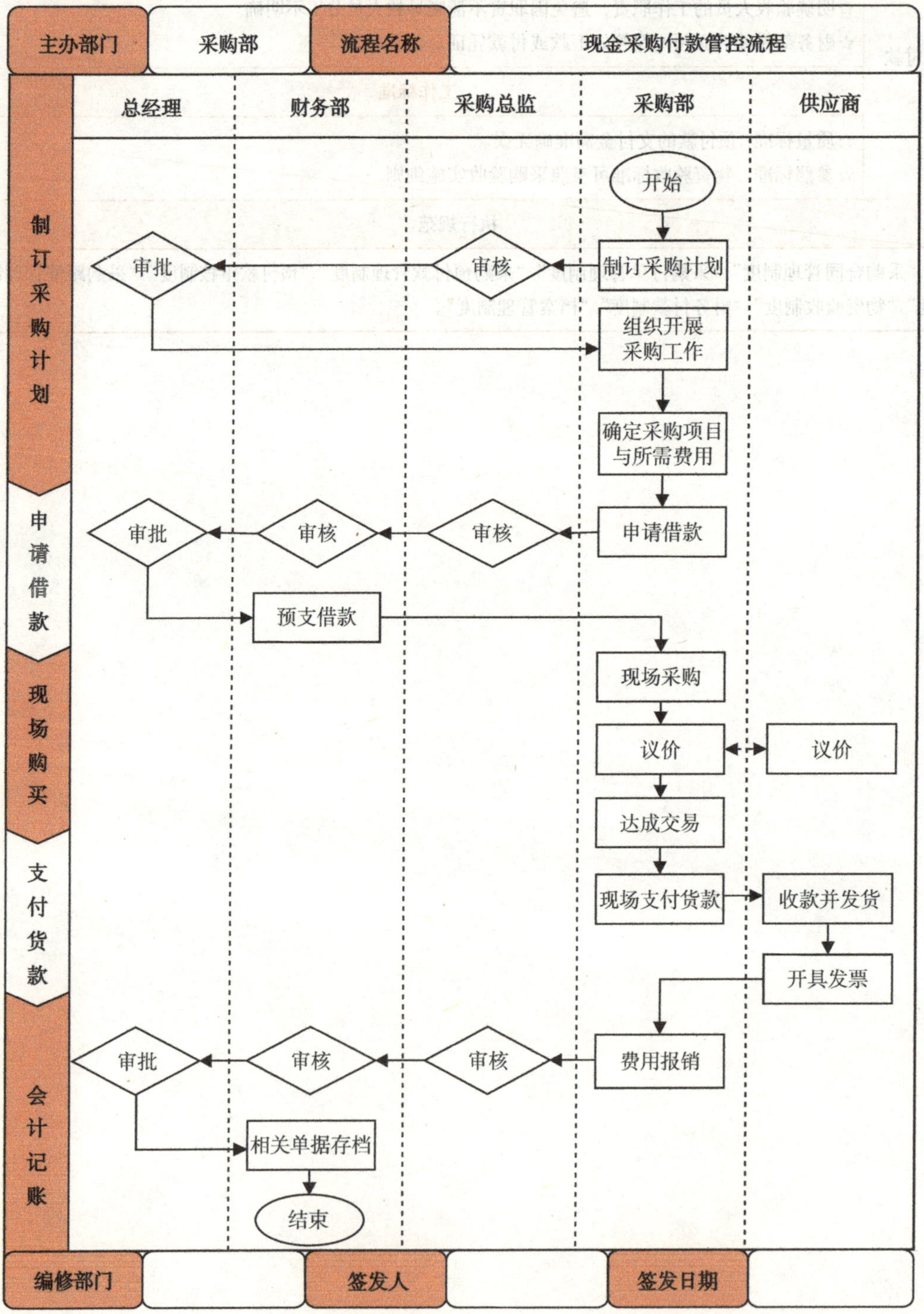

主办部门
采购部
流程名称
现金采购付款管控流程
总经理
财务部
采购总监
采购部
供应商
制订采购计划
申请借款
现场购买
支付货款
会计记账
开始
制订采购计划
审核
审批
组织开展采购工作
确定采购项目与所需费用
申请借款
审核
审核
审批
预支借款
现场采购
议价
议价
达成交易
现场支付货款
收款并发货
开具发票
费用报销
审核
审核
审批
相关单据存档
结束
编修部门
签发人
签发日期

9.4.2 现金采购付款管控执行程序、工作标准、考核指标、执行规范

任务名称	执行程序、工作标准与考核指标
制订采购计划	**执行程序** **1. 制订采购计划** 采购部根据企业各部门的采购需求制订采购计划，并将其报采购总监审核、总经理审批。 **2. 组织开展采购工作** 采购计划审批通过后，采购部组织开展采购工作。 **3. 确定采购项目与所需费用** 采购部根据企业实际生产经营需求及库存状况，确定采购项目，然后根据采购项目的当期市场情况，确定采购项目所需的费用。 **工作重点** 采购部在制订采购计划时，要避免过于乐观或者过于保守，充分考虑保障生产与降低库存间的平衡，分析销售计划、生产计划的可行性和预见性。 **工作标准** 采购计划的制订须与企业各部门采购需求相匹配，要客观、合理、可行。 **考核指标** ☆采购计划制订的及时性：在规定的时间内完成采购计划的制订工作。 ☆采购计划完成率，其计算公式如下。 $采购计划完成率=\frac{实际完成采购项目数}{应采购项目数}\times 100\%$
申请借款	**执行程序** **1. 申请借款** ☆采购部根据采购项目所需费用填写借款单，并将其报采购总监审核。 ☆采购总监审核签字后，再报财务部审核。会计人员根据年度采购计划与预算情况对借款单进行审核，并签署意见。 ☆财务部审核通过后，再报总经理审批。 **2. 预支借款** 总经理审批通过后，财务部按照相应程序预支借款。 **工作重点** 规范借款单的填写要规范，企业要加强对借款单的审核与审批。 **工作标准** 采购借款申请的审核与审批须以企业财务制度和审批制度为依据。
现场购买	**执行程序** 采购部领取借款后，根据预先确定的采购地点进行现场采购，在采购的过程中，再根据企业的实际需求对所购物资进行比较、选择，同时与供应商议价，双方在协商一致后达成交易。 **工作重点** 采购部要注意现场采购的选货、议价，避免遭到“暗算”。

（续）

任务名称	执行程序、工作标准与考核指标
现场购买	**工作标准**
	☆目标标准：采购成本最小化。 ☆依据标准：物资的采购须以企业的实际需求为依据。
	考核指标
	采购成本降低率，其计算公式如下。 $$采购成本降低率=\frac{上期采购成本-本期采购成本}{上期采购成本}\times 100\%$$
支付货款	**执行程序**
	交易达成后，供应商负责备货，采购部现场支付货款。供应商收到货款后，开具发票，采购部收好发票，以备报销。 **工作重点** 采购部相关人员在现场支付货款时，须核对物资清单上的金额与实际支付的金额是否一致。
	工作标准
	各种票据齐全，支付金额准确无误。
会计记账	**执行程序**
	1. 费用报销 ☆采购人员返回企业后，应先整理各种单据，详细列出各项费用明细，填写报销单，然后将其报采购总监审核并签署意见。 ☆采购总监审核通过后，再报财务部审核，会计人员对照借款单据进行审核并签署意见。 ☆财务部审核通过后，再报总经理审批。 **2. 相关单据存档** 总经理审批通过后，由财务部会计人员做好账务处理，并将相关单据存档备查。 **工作重点** ☆采购费用的报销必须要及时，以避免不必要的麻烦。 ☆会计做账时，会计科目要分清，金额要看清，凭证要装清。
	工作标准
	☆依据标准：采购费用的报销和会计做账须以企业财务制度为依据。 ☆时间标准：采购费用的报销时间不得超过____个工作日。
执行规范	
“采购计划书”“采购工作总结报告”“单项采购项目预算单”“借款单”“财务管理制度”“发票”“报销单”。	

第10章 采购稽核与绩效管控

10.1 采购稽核与绩效管控流程

10.1.1 流程设计的目的

企业设计采购稽核与绩效管控流程的目的如下。

（1）规范采购人员行为和各项采购作业事项，确保企业采购工作的顺利进行。

（2）明确稽核和绩效考核的目标，促进采购管理的规范化和科学化。

（3）提高采购人员的工作效率，节约采购成本，提升企业竞争力。

10.1.2 流程结构设计

采购稽核与绩效管控流程结构设计采取并列式结构，即先将采购稽核与绩效管控分为采购稽核管理和采购绩效考核管理两大事项，就每个事项设计流程。具体到每个流程，则按照“执行程序、工作标准、考核指标、执行规范”这一思路展开具体设计。总体架构设计如图 10-1 所示。

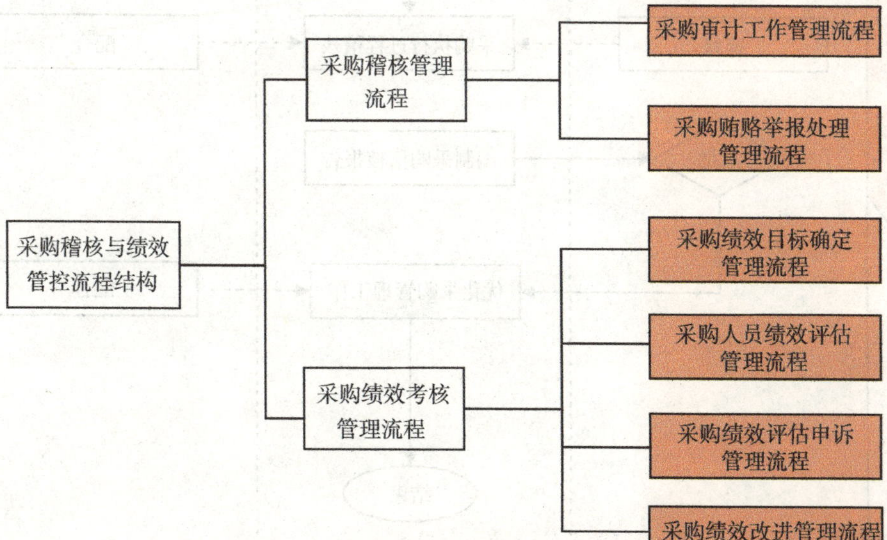

采购稽核与绩效管控流程结构
采购稽核管理流程
采购绩效考核管理流程
采购审计工作管理流程
采购贿赂举报处理管理流程
采购绩效目标确定管理流程
采购人员绩效评估管理流程
采购绩效评估申诉管理流程
采购绩效改进管理流程

图 10-1　采购稽核与绩效管控流程结构设计

10.2 采购稽核管理流程设计与工作执行

10.2.1 采购稽核管理流程设计

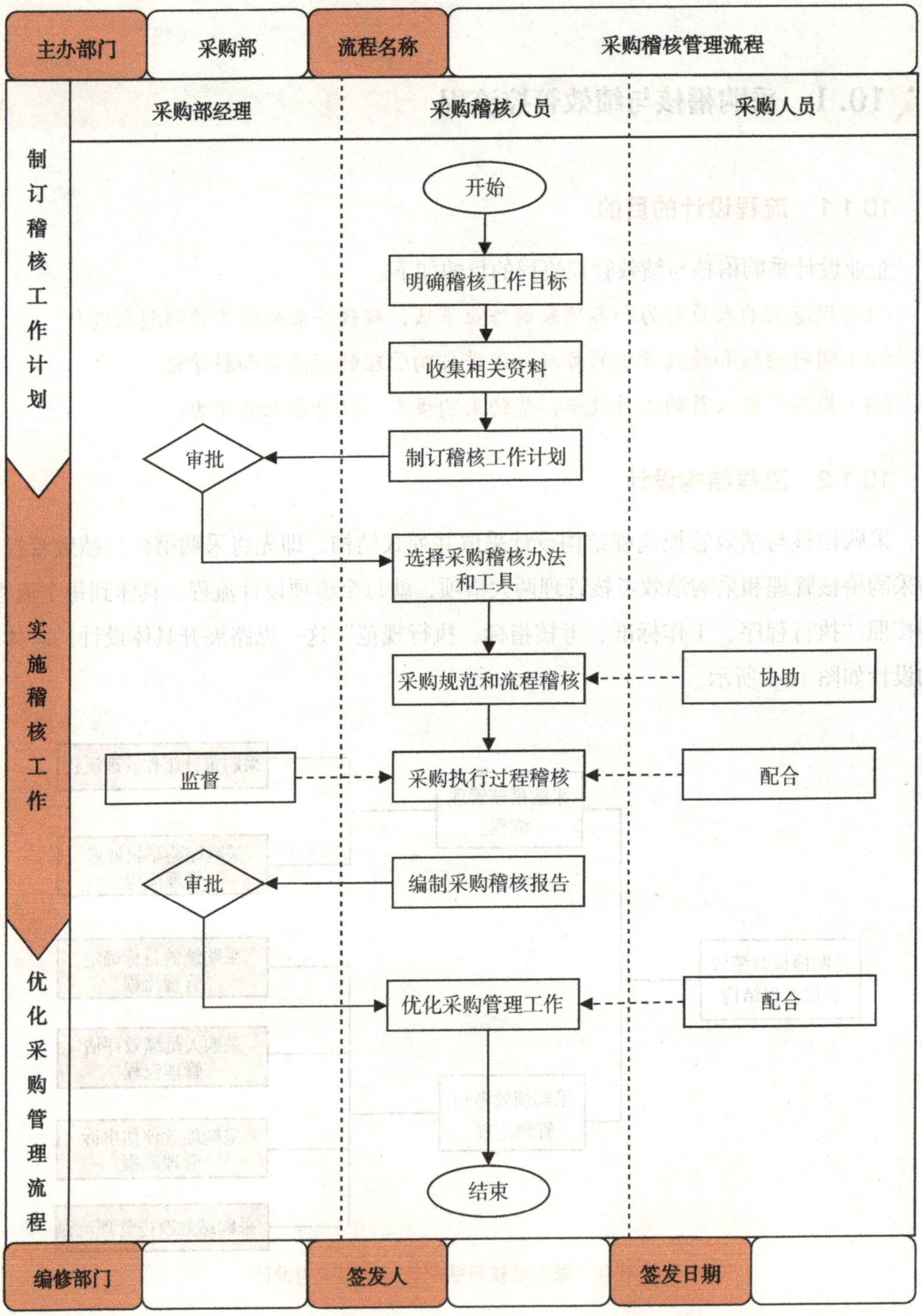
主办部门
采购部
流程名称
采购稽核管理流程
采购部经理
采购稽核人员
采购人员
制订稽核工作计划
实施稽核工作
优化采购管理流程
开始
明确稽核工作目标
收集相关资料
制订稽核工作计划
审批
选择采购稽核办法和工具
采购规范和流程稽核
协助
监督
采购执行过程稽核
配合
编制采购稽核报告
审批
优化采购管理工作
配合
结束
编修部门
签发人
签发日期

10.2.2 采购稽核管理执行程序、工作标准、考核指标、执行规范

任务名称	执行程序、工作标准与考核指标
制订稽核工作计划	**执行程序**
	☆采购稽核人员要明确稽核工作目标，并安排人员收集相关资料。 ☆采购稽核人员要对收集的资料进行分析，制订稽核工作计划，并将其报采购部经理审批。 **工作重点** 稽核工作计划一定要根据当期采购的实际情况及采购稽核目标制订。计划内容必须准确、合理，避免因出现差错导致计划的后续执行受影响。
	工作标准
	稽核工作目标是保证所购材料物美价廉、采购记录真实完整、采购成本核算准确、采购业务合法有效。
	考核指标
	稽核工作计划制订的及时性：在规定的时间内完成稽核工作计划的制订工作。
实施稽核工作	**执行程序**
	1. 选择采购稽核方法和工具 采购稽核人员根据内部流程指引，选择合适的采购稽核方法和工具。 **2. 采购规范和流程稽核** 采购人员协助采购稽核人员对采购规范和流程进行稽核，并找出采购规范和流程中不合理之处。 **3. 采购执行过程稽核** ☆采购人员配合采购稽核人员对采购执行全过程进行全面稽核。 ☆采购部经理要做好监督工作。 **4. 编制采购稽核报告** 采购稽核人员先对在稽核过程中发现的与标准文件存在偏差或者作业不规范等各类问题进行分析，找出原因并制定相应的处理措施，然后编制采购稽核报告，并将其报采购部经理审批。 **工作重点** ☆采购稽核人员对采购执行全过程进行全面稽核，须重点对采购预算、请购作业、采购价格、采购作业、采购验收、采购付款等进行稽核。 ☆采购稽核人员应选择正确的稽核方法，避免因方法选择不当，导致无法找出采购过程中存在的问题，稽核效率下降。
	工作标准
	☆依据标准：采购稽核须以采购稽核管理办法为依据。 ☆时间标准：采购稽核分为定期稽核与不定期稽核两种。
	考核指标
	采购稽核报告编制的及时性：在规定的时间内完成采购稽核报告的编制工作。

（续）

任务名称	执行程序、工作标准与考核指标
优化采购管理流程	**执行程序** 采购部依据审批通过的采购稽核报告对采购管理流程进行优化。 **工作重点** 采购部应加强对采购管理流程的优化，同时要注意采购管理流程优化的及时性和准确性。 **工作标准** 规范采购稽核人员的行为，提高采购活动的规范性。
执行规范	
“采购稽核管理制度”“采购稽核工作计划”“采购稽核报告”“采购管理制度”。	

10.3 采购审计工作管理流程设计与工作执行

10.3.1 采购审计工作管理流程设计

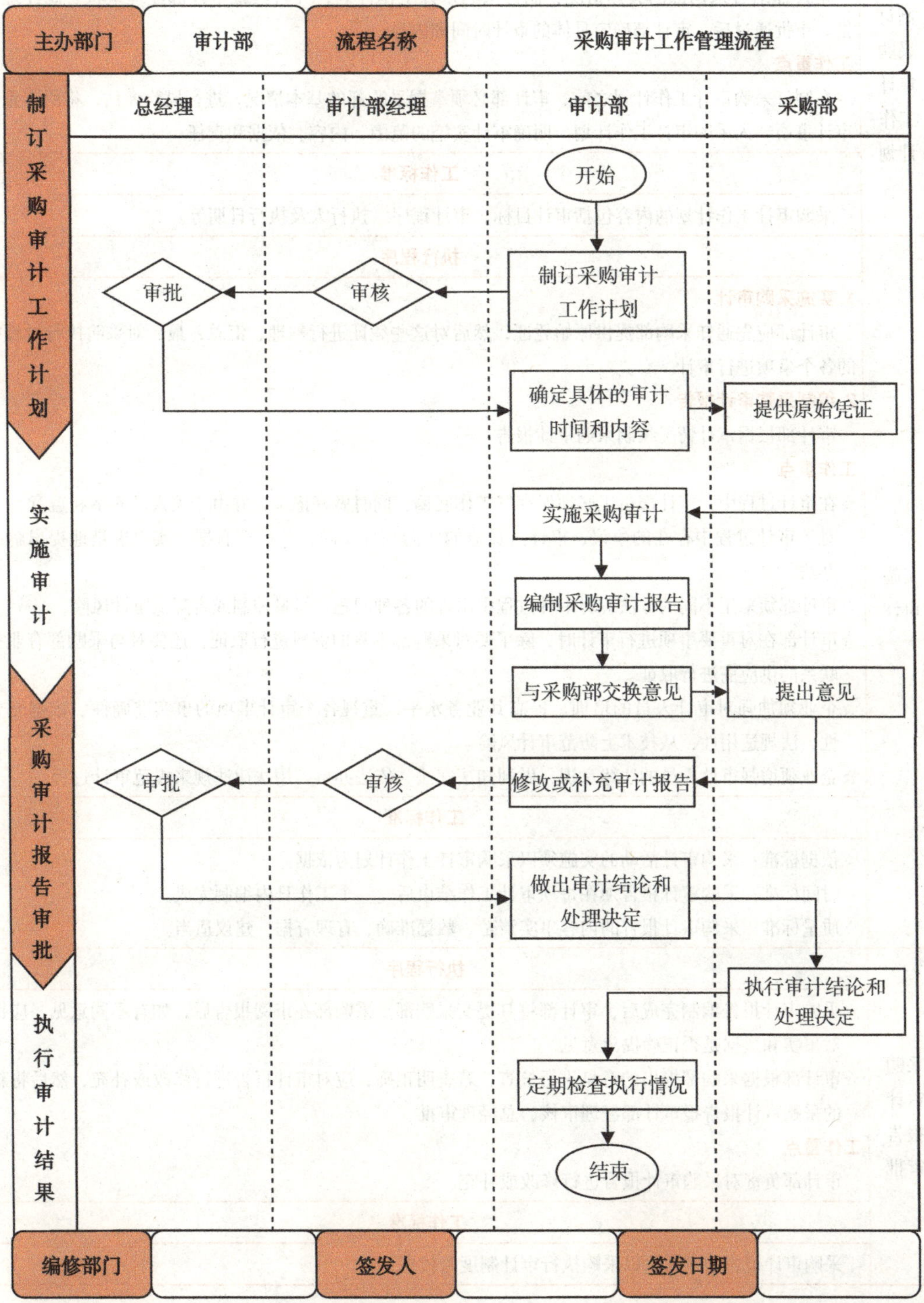

主办部门
审计部
流程名称
采购审计工作管理流程
总经理
审计部经理
审计部
采购部
制订采购审计工作计划
实施审计
采购审计报告审批
执行审计结果
开始
制订采购审计工作计划
审核
审批
确定具体的审计时间和内容
提供原始凭证
实施采购审计
编制采购审计报告
与采购部交换意见
提出意见
修改或补充审计报告
审核
审批
做出审计结论和处理决定
执行审计结论和处理决定
定期检查执行情况
结束
编修部门
签发人
签发日期

10.3.2 采购审计工作管理执行程序、工作标准、考核指标、执行规范

任务名称	执行程序、工作标准与考核指标
制订采购审计工作计划	**执行程序** 审计部结合采购部的具体情况，制订采购审计工作计划，并将其报审计部经理审核、总经理审批。审批通过后，审计部确定具体的审计时间和内容。 **工作重点** 在制订采购审计工作计划之前，审计部必须掌握采购部的基本情况，进行风险评估，将所有重大审计事项纳入采购审计工作计划，明确审计实施的范围、内容、依据和责任。 **工作标准** 采购审计工作计划的内容包括审计目标、审计程序、执行人及执行日期等。
实施审计	**执行程序** **1. 实施采购审计** 审计部应先通知采购部提供原始凭证，然后对这些凭证进行整理、汇总，最后对采购执行过程中的各个事项进行审计。 **2. 编制采购审计报告** 审计部根据审计情况编制采购审计报告。 **工作重点** ☆在审计过程中，审计部员工必须保存好工作底稿，同时做好记录，并由相关人员签字和盖章。 ☆对于审计过程中存在的争议，审计人员应如实向领导反映，并有理有据、实事求是地提出解决办法。 ☆审计部须采用不同的方法应对审计过程中出现的各种问题，尽量控制或者降低审计风险。 ☆审计部在对重要事项进行审计时，除了要对采购部本身的资料进行取证，还要对与采购部有业务联系的供应商进行取证。 ☆企业须加强对审计人员的培训，提高其业务水平，重视各个审计事项的事实准确性、依据充分性、法规适用性，从技术上防范审计风险。 ☆企业须增强审计人员的法律意识，做到知法守法、依法办事，用法律法规来规范审计过程。 **工作标准** ☆依据标准：采购审计活动的实施须以采购审计工作计划为依据。 ☆时间标准：采购审计报告须在每项审计工作结束后____个工作日内编制完成。 ☆质量标准：采购审计报告的内容事实清楚、数据准确、有理有据、建议适当。
采购审计报告审批	**执行程序** ☆采购审计报告编制完成后，审计部将其提交采购部。采购部在审阅报告后，如有不同意见，应针对事实和数据是否正确提出意见。 ☆审计部根据采购部提出的意见进行核查，若查明正确，应对审计报告进行修改或补充，然后将新的采购审计报告报审计部经理审核、总经理审批。 **工作重点** 审计部负责对采购审计报告进行修改或补充。 **工作标准** 采购审计报告的审批须以采购执行审计制度为依据。

（续）

<table>
<tr><th>任务名称</th><th>执行程序、工作标准与考核指标</th></tr>
<tr><td rowspan="4">执行审计结果</td><td>执行程序</td></tr>
<tr><td>审计部对采购部的审计情况做出审计结论和处理决定，并跟踪检查采购审计结果的执行情况。
工作重点
企业应加强对审计结果执行过程的监督，避免因缺乏有效监督，导致执行不力，影响采购审计工作目标的实现。</td></tr>
<tr><td>工作标准</td></tr>
<tr><td>☆依据标准：审计结论和处理决定的执行须以审计报告为依据。
☆目标标准：全面落实审计结论和处理决定。</td></tr>
<tr><td colspan="2">执行规范</td></tr>
<tr><td colspan="2">“采购执行审计制度”“采购审计工作计划”“物资采购审计办法”“合同审计管理办法”“采购审计计划表”“采购审计实施计划表”“采购合同审计方案”“采购审计报告”。</td></tr>
</table>

10.4 采购贿赂举报处理管理流程设计与工作执行

10.4.1 采购贿赂举报处理管理流程设计

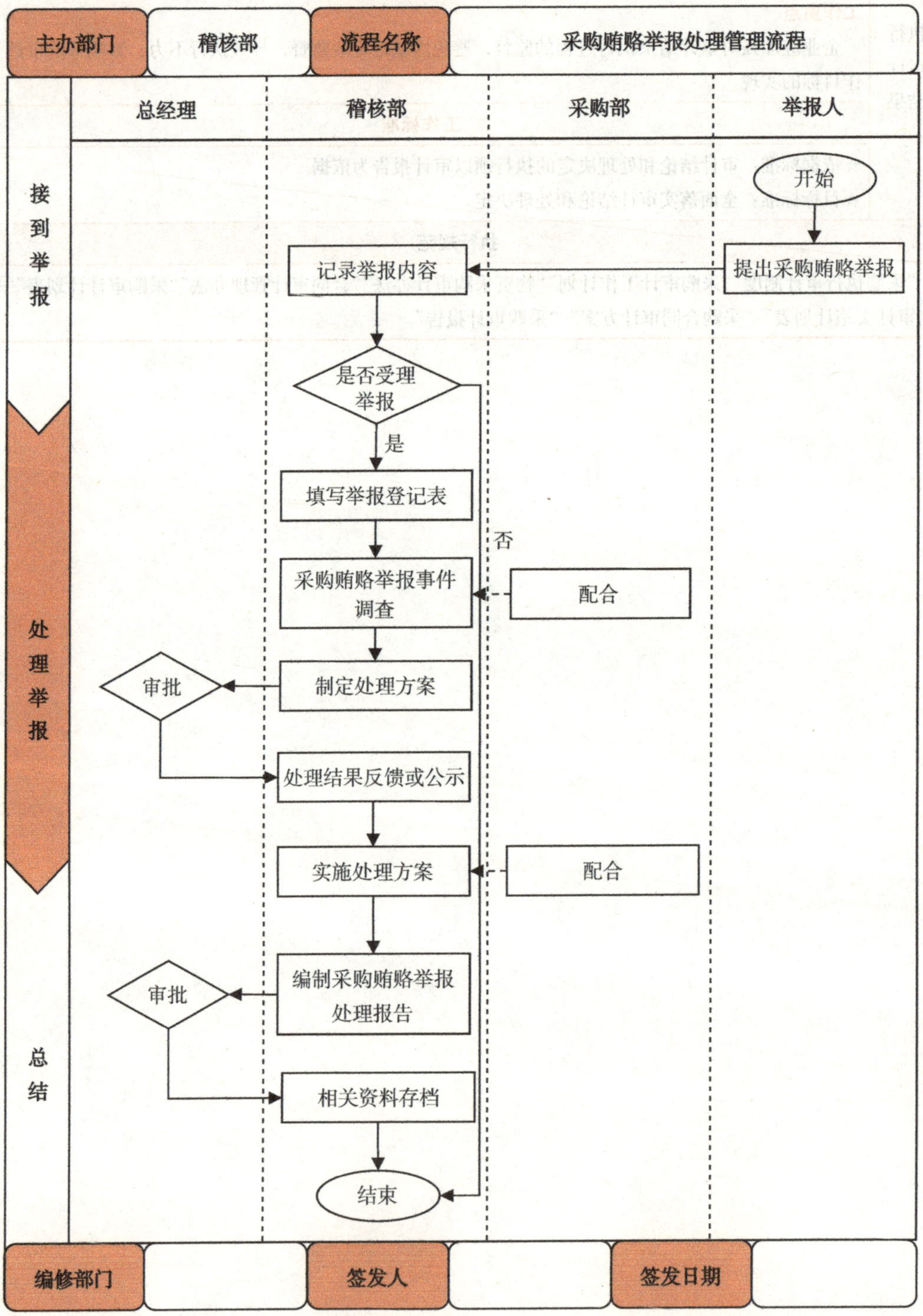

主办部门
稽核部
流程名称
采购贿赂举报处理管理流程
总经理
稽核部
采购部
举报人
接到举报
处理举报
总结
开始
提出采购贿赂举报
记录举报内容
是否受理举报
是
否
填写举报登记表
采购贿赂举报事件调查
配合
制定处理方案
审批
处理结果反馈或公示
实施处理方案
配合
编制采购贿赂举报处理报告
审批
相关资料存档
结束
编修部门
签发人
签发日期

10.4.2 采购贿赂举报处理管理执行程序、工作标准、考核指标、执行规范

<table>
<tr><th>任务名称</th><th>执行程序、工作标准与考核指标</th></tr>
<tr><td rowspan="4">接到举报</td><td>执行程序</td></tr>
<tr><td>1. 提出采购贿赂举报
举报人通过任何渠道以实名或匿名的方式向企业稽查部提出采购贿赂举报。
2. 记录举报内容
稽核部在接到举报人的采购贿赂举报后，要详细记录举报内容。
3. 是否受理举报
☆稽核部根据采购贿赂举报内容分析是否受理举报。
☆对于符合受理条件的举报，应按举报处理程序执行；对于不符合受理条件的举报，应结束举报程序。
工作重点
稽核部在接到采购贿赂举报后，必须及时处理，不得拖延或置之不理。</td></tr>
<tr><td>工作标准</td></tr>
<tr><td>☆依据标准：采购贿赂举报的处理须以企业采购贿赂处理办法和国家相关法律法规为依据。
☆时间标准：须在接到举报后____个工作日内判断是否受理举报。</td></tr>
<tr><td rowspan="6">处理举报</td><td>执行程序</td></tr>
<tr><td>1. 填写举报登记表
稽核部受理举报后，要在举报登记表上详细登记举报内容。
2. 采购贿赂举报事件调查
稽核部根据举报情况对被举报人进行全面、仔细的调查，了解采购贿赂事件的情况。
3. 制定处理方案
稽核部根据被举报人收受贿赂的实际情况，依据企业的相关制度，制定处理方案，并将其报总经理审批。
4. 处理结果反馈或公示
处理方案审批通过后，稽核部将采购贿赂举报处理结果反馈给举报人；如果是匿名举报，那么稽核部要将处理结果进行公示。
5. 实施处理方案
稽核部依据处理方案对被举报人进行相关处罚。
工作重点
稽核部在处理采购贿赂举报时，须严格按处理程序执行，客观地对事件进行调查，立足客观证据，不得主观臆断。</td></tr>
<tr><td>工作标准</td></tr>
<tr><td>☆依据标准：处理方案的制定须以企业采购贿赂处理办法和国家相关法律法规为依据。
☆时间标准：稽核部须在____个工作日内完成采购贿赂举报事件的调查工作。</td></tr>
<tr><td>考核指标</td></tr>
<tr><td>☆采购贿赂举报处理的及时性：在规定的时间内完成采购贿赂举报的处理工作。
☆采购贿赂举报处理过程中徇私舞弊次数为0。</td></tr>
</table>

（续）

任务名称	执行程序、工作标准与考核指标
总结	**执行程序** **1. 编制采购贿赂举报处理报告** 稽核部应对此次采购贿赂举报处理工作进行总结，编制采购贿赂举报处理报告，并将其报总经理审批。 **2. 相关资料存档** 稽核部对采购贿赂举报相关资料进行存档。 **工作重点** ☆采购贿赂举报处理完毕，稽核部要总结经验教训，完善企业各项规章制度，防止再出现类似问题。 ☆稽核部须及时对采购贿赂举报相关资料进行存档。
	工作标准
	☆时间标准：采购贿赂举报处理报告须在____个工作日内编制完成。 ☆参照标准：资料的保管可参照企业档案管理制度。
	考核指标
	采购贿赂举报处理报告编制的及时性：在规定时间内完成采购贿赂举报处理报告的编制工作。
执行规范	
“采购贿赂举报处理办法”“反采购贿赂举报管理办法”“采购贿赂举报处理报告”“企业档案管理制度”。	

10.5 采购绩效考核管理流程设计与工作执行

10.5.1 采购绩效考核管理流程设计

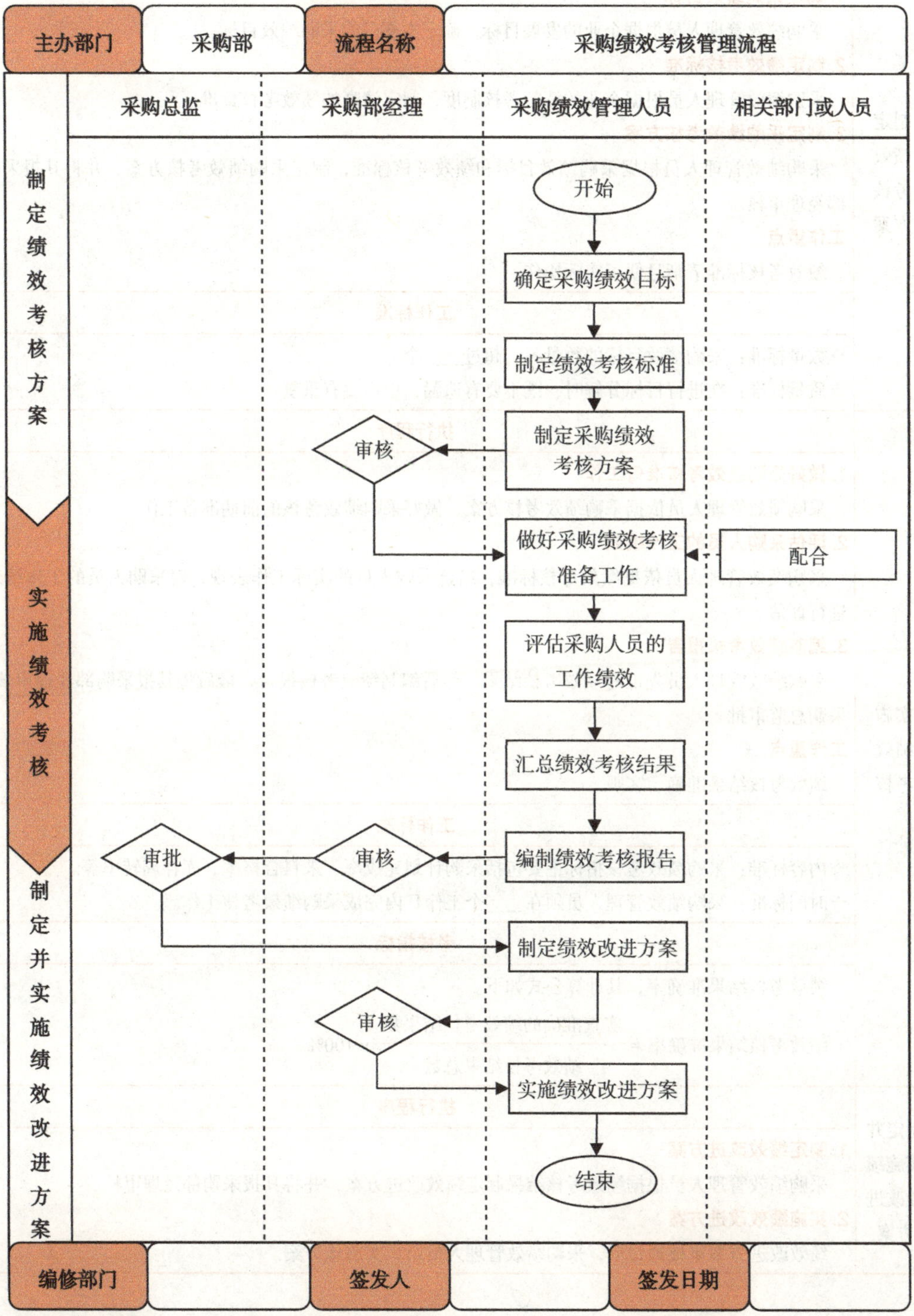
主办部门
采购部
流程名称
采购绩效考核管理流程
采购总监
采购部经理
采购绩效管理人员
相关部门或人员
制定绩效考核方案
实施绩效考核
制定并实施绩效改进方案
开始
确定采购绩效目标
制定绩效考核标准
制定采购绩效考核方案
审核
做好采购绩效考核准备工作
配合
评估采购人员的工作绩效
汇总绩效考核结果
编制绩效考核报告
审核
审批
制定绩效改进方案
审核
实施绩效改进方案
结束
编修部门
签发人
签发日期

10.5.2 采购绩效考核管理执行程序、工作标准、考核指标、执行规范

<table>
<tr><th>任务名称</th><th>执行程序、工作标准与考核指标</th></tr>
<tr><td rowspan="4">制定绩效考核方案</td><td>执行程序</td></tr>
<tr><td>1. 确定采购绩效目标
采购绩效管理人员根据企业的发展目标，确定本部门的采购绩效目标。
2. 制定绩效考核标准
采购绩效管理人员根据企业的绩效考核制度，制定清晰的绩效考核标准。
3. 制定采购绩效考核方案
采购绩效管理人员根据采购绩效目标和绩效考核标准，制定采购绩效考核方案，并将其报采购部经理审核。
工作重点
绩效考核标准清晰且便于实际操作。</td></tr>
<tr><td>工作标准</td></tr>
<tr><td>☆数量标准：采购绩效目标的数量不宜超过____个。
☆质量标准：在进行目标分解时，既不要有遗漏，也不要有重复。</td></tr>
<tr><td rowspan="6">实施绩效考核</td><td>执行程序</td></tr>
<tr><td>1. 做好采购绩效考核准备工作
采购绩效管理人员依据采购绩效考核方案，做好采购绩效考核的前期准备工作。
2. 评估采购人员的工作绩效
采购绩效管理人员依据绩效考核标准，结合采购人员的实际工作表现，对采购人员的工作绩效进行评估。
3. 编制绩效考核报告
采购绩效管理人员先汇总绩效考核结果，然后编制绩效考核报告，最后将其报采购部经理审核、采购总监审批。
工作重点
绩效考核结果准确、客观。</td></tr>
<tr><td>工作标准</td></tr>
<tr><td>☆内容标准：采购绩效考核指标主要包括采购计划完成率、来料合格率、库存周转率等。
☆时间标准：采购绩效管理人员须在____个工作日内完成采购绩效考核工作。</td></tr>
<tr><td>考核指标</td></tr>
<tr><td>绩效考核结果准确率，其计算公式如下。
$$绩效考核结果准确率=\frac{实查准确的绩效考核结果数}{绩效考核结果总数}\times 100\%$$</td></tr>
<tr><td rowspan="2">制定并实施绩效改进方案</td><td>执行程序</td></tr>
<tr><td>1. 制定绩效改进方案
采购绩效管理人员根据绩效考核结果制定绩效改进方案，并将其报采购部经理审核。
2. 实施绩效改进方案
绩效改进方案审核通过后，采购绩效管理人员组织实施该方案。</td></tr>
</table>

（续）

<table>
<tr><th>任务名称</th><th>执行程序、工作标准与考核指标</th></tr>
<tr><td rowspan="6">制定并实施绩效改进方案</td><td>工作重点</td></tr>
<tr><td>绩效改进方案的内容要切实可行。</td></tr>
<tr><td>工作标准</td></tr>
<tr><td>绩效改进方案须在____个工作日内制定完成。</td></tr>
<tr><td>考核指标</td></tr>
<tr><td>绩效改进方案制定的及时性：在规定时间内完成绩效改进方案的制定工作。</td></tr>
<tr><td colspan="2">执行规范</td></tr>
<tr><td colspan="2">“采购绩效考核方案”“采购绩效考核报告”“绩效改进工作实施办法”“绩效改进计划”“绩效改进方案”。</td></tr>
</table>

10.6 采购绩效目标确定管理流程设计与工作执行

10.6.1 采购绩效目标确定管理流程设计

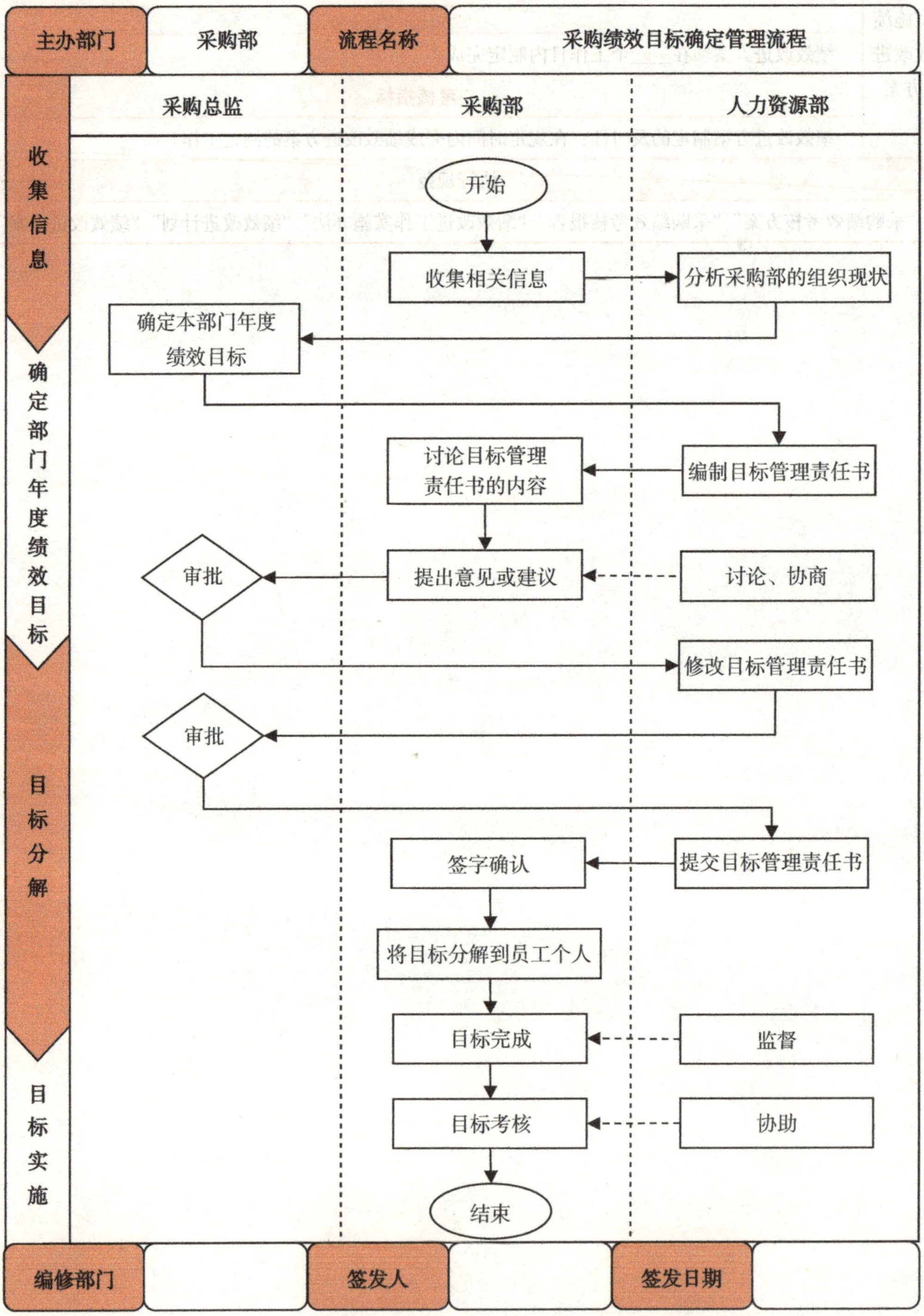
主办部门
采购部
流程名称
采购绩效目标确定管理流程
采购总监
采购部
人力资源部
收集信息
确定部门年度绩效目标
目标分解
目标实施
开始
收集相关信息
分析采购部的组织现状
确定本部门年度绩效目标
编制目标管理责任书
讨论目标管理责任书的内容
提出意见或建议
讨论、协商
审批
修改目标管理责任书
审批
提交目标管理责任书
签字确认
将目标分解到员工个人
目标完成
监督
目标考核
协助
结束
编修部门
签发人
签发日期

10.6.2 采购绩效目标确定管理执行程序、工作标准、考核指标、执行规范

任务名称	执行程序、工作标准与考核指标
收集信息	**执行程序**
	1. 收集相关信息 采购绩效目标确定之前，采购部应在人力资源部的配合下做好各项准备工作，并收集相关信息。 **2. 分析采购部的组织现状** 人力资源部根据采购部收集的信息，对采购部的组织现状进行分析。 **工作重点** 信息的收集必须及时，严禁拖延，避免影响后期采购绩效目标的确定。
	工作标准
	☆时间标准：须在____个工作日内完成信息收集工作。 ☆质量标准：对组织现状的分析全面，无遗漏。
	考核指标
	信息收集的及时性：在规定的时间内完成信息的收集工作。
确定部门年度绩效目标	**执行程序**
	1. 确定本部门年度绩效目标 采购总监根据企业的总体目标及本部门的实际情况，确定本部门年度绩效目标。 **2. 编制目标管理责任书** ☆人力资源部根据采购部年度绩效目标，编制目标管理责任书。 ☆人力资源部就目标管理责任书的内容与采购部进行讨论。 **3. 提出意见或建议** 若工作目标脱离采购工作实际，或有其他影响目标完成的因素存在，采购部应提出意见或建议，并与人力资源部讨论、协商，然后将目标管理责任书及意见或建议报采购总监审批。 **工作重点** ☆采购部年度绩效目标的确定要立足实际，避免目标设定得太高，以致无法实现。 ☆目标管理责任书的内容要科学、合理。
	工作标准
	采购部年度绩效目标的数量不宜超过____个。
目标分解	**执行程序**
	1. 修改目标管理责任书 人力资源部根据采购总监的审批意见及采购部提出的意见或建议，对目标管理责任书进行修改，然后将修改后的目标管理责任书报采购总监审批。 **2. 提交目标管理责任书** 人力资源部负责将审批通过的目标管理责任书提交采购部。 **3. 将目标分解到员工个人** 采购部工作人员应在目标管理责任书上签字确认。采购部领导应根据本部门年度绩效目标，将目标分解到员工个人，确定员工个人年度、季度和月度的绩效目标。

任务名称	执行程序、工作标准与考核指标
目标分解	**工作重点** 如无特殊情况，任何部门和人员均不得对目标管理责任书进行修改。
	工作标准
	采购部在进行目标分解时，既不要有遗漏，也不要有重复。
目标实施	**执行程序**
	1. 目标完成 在人力资源部的监督下，采购部员工完成个人绩效目标。 **2. 目标考核** 考核期内，采购部在人力资源部的协助下，根据员工的个人绩效目标对其实施考核。 **工作重点** 采购部须严格按照考核程序和考核标准对员工实施责任目标考核，不得带有个人感情色彩和偏见。
	工作标准
	采购部须在____个工作日内完成员工个人绩效目标的考核工作。
执行规范	
“采购部战略规划书”“采购绩效目标责任书”“绩效考核管理办法”“目标管理责任书”。	

10.7 采购人员绩效评估管理流程设计与工作执行

10.7.1 采购人员绩效评估管理流程设计

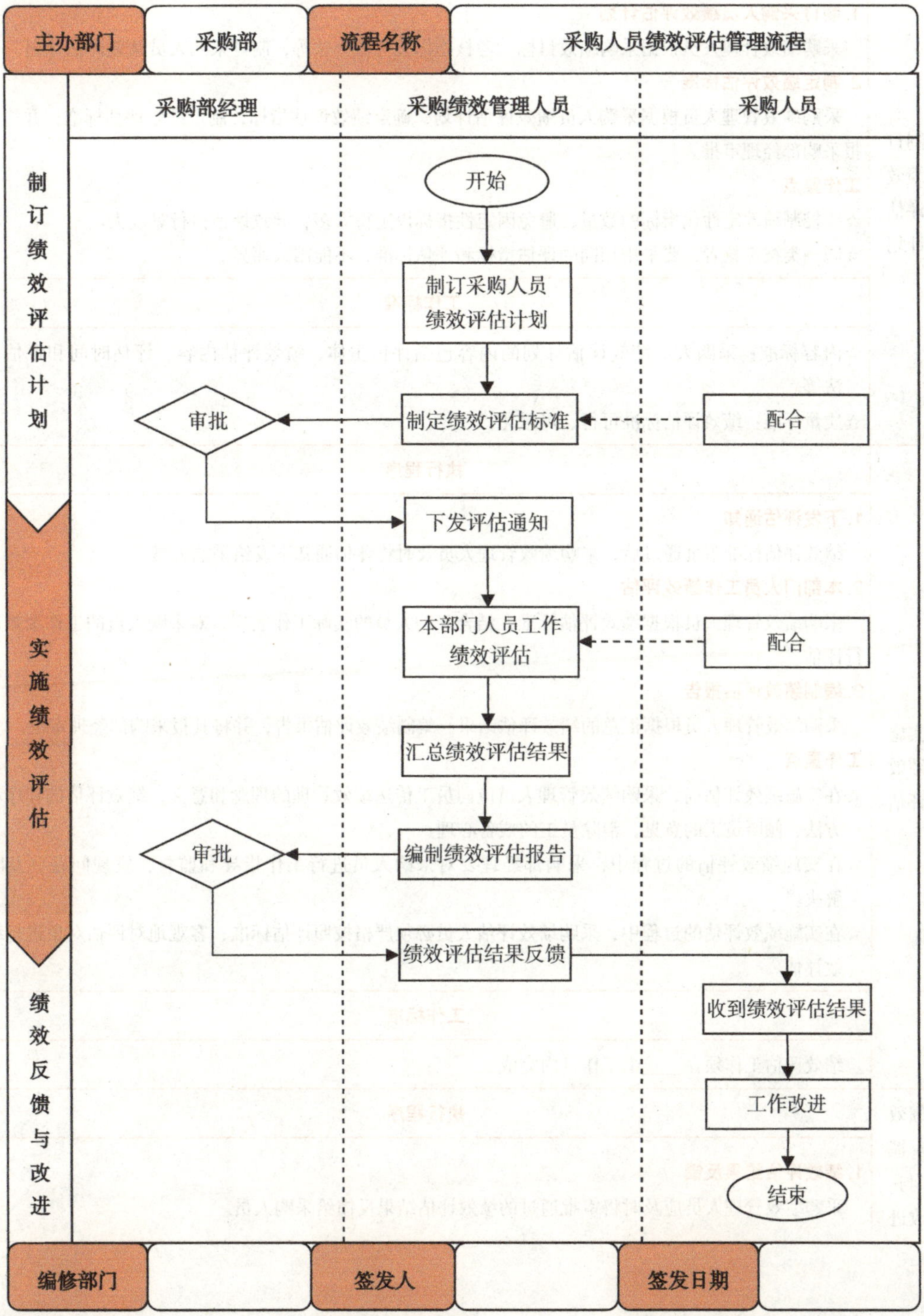

主办部门
采购部
流程名称
采购人员绩效评估管理流程
采购部经理
采购绩效管理人员
采购人员
制订绩效评估计划
实施绩效评估
绩效反馈与改进
开始
制订采购人员绩效评估计划
制定绩效评估标准
审批
配合
下发评估通知
本部门人员工作绩效评估
配合
汇总绩效评估结果
编制绩效评估报告
审批
绩效评估结果反馈
收到绩效评估结果
工作改进
结束
编修部门
签发人
签发日期

10.7.2 采购人员绩效评估管理执行程序、工作标准、考核指标、执行规范

<table>
<tr><th>任务名称</th><th>执行程序、工作标准与考核指标</th></tr>
<tr><td rowspan="4">制订绩效评估计划</td><td>执行程序</td></tr>
<tr><td>1. 制订采购人员绩效评估计划
采购绩效管理人员根据采购绩效目标、考核指标及考核办法等，制订采购人员绩效评估计划。
2. 制定绩效评估标准
采购绩效管理人员根据采购人员绩效评估计划，确定绩效评估指标，制定绩效评估标准，并将其报采购部经理审批。
工作重点
☆要控制绩效定性化指标的数量，避免因定性指标设定得太多，导致评估执行难度大。
☆同一类被考核者，要采用相同的评估指标和评估标准，不能因人而异。</td></tr>
<tr><td>工作标准</td></tr>
<tr><td>☆内容标准：采购人员绩效评估计划的内容包括评估主体、绩效评估内容、评估时间和评估方法等。
☆质量标准：绩效评估标准可行、可量化。</td></tr>
<tr><td rowspan="4">实施绩效评估</td><td>执行程序</td></tr>
<tr><td>1. 下发评估通知
绩效评估标准审批通过后，采购绩效管理人员及时将评估通知下发给采购人员。
2. 本部门人员工作绩效评估
采购绩效管理人员根据绩效评估标准，结合采购人员的实际工作表现，对采购人员的工作绩效进行评估。
3. 编制绩效评估报告
采购绩效管理人员根据汇总的绩效评估结果，编制绩效评估报告，并将其报采购部经理审批。
工作重点
☆在实施绩效评估前，采购绩效管理人员应向员工传达绩效管理的理念和意义，绩效评估的程序和方法，倾听员工的意见，消除员工的戒备心理。
☆在实施绩效评估的过程中，采购部经理要对采购人员进行工作指导和监督，发现问题要及时解决。
☆在实施绩效评估的过程中，采购绩效评估人员必须严格按照评估标准，客观地对评估对象进行绩效评估。</td></tr>
<tr><td>工作标准</td></tr>
<tr><td>绩效评估工作须在____个工作日内完成。</td></tr>
<tr><td rowspan="2">绩效反馈与改进</td><td>执行程序</td></tr>
<tr><td>1. 绩效评估结果反馈
采购绩效管理人员应及时将审批通过的绩效评估结果反馈给采购人员。</td></tr>
</table>

（续）

任务名称	执行程序、工作标准与考核指标
绩效反馈与改进	2. 工作改进 采购绩效管理人员根据绩效考核结果改进自己的工作。 工作重点 采购人员的直属上级就绩效评估结果与其进行绩效面谈，找出绩效差距，提出改进方案。 工作标准 绩效评估结果须在____个工作日内反馈给采购人员。
执行规范	
“采购人员绩效评估计划”“部门评价表”“采购人员绩效评估表”“采购人员工作改进方案”。	

10.8 采购绩效评估申诉管理流程设计与工作执行

10.8.1 采购绩效评估申诉管理流程设计

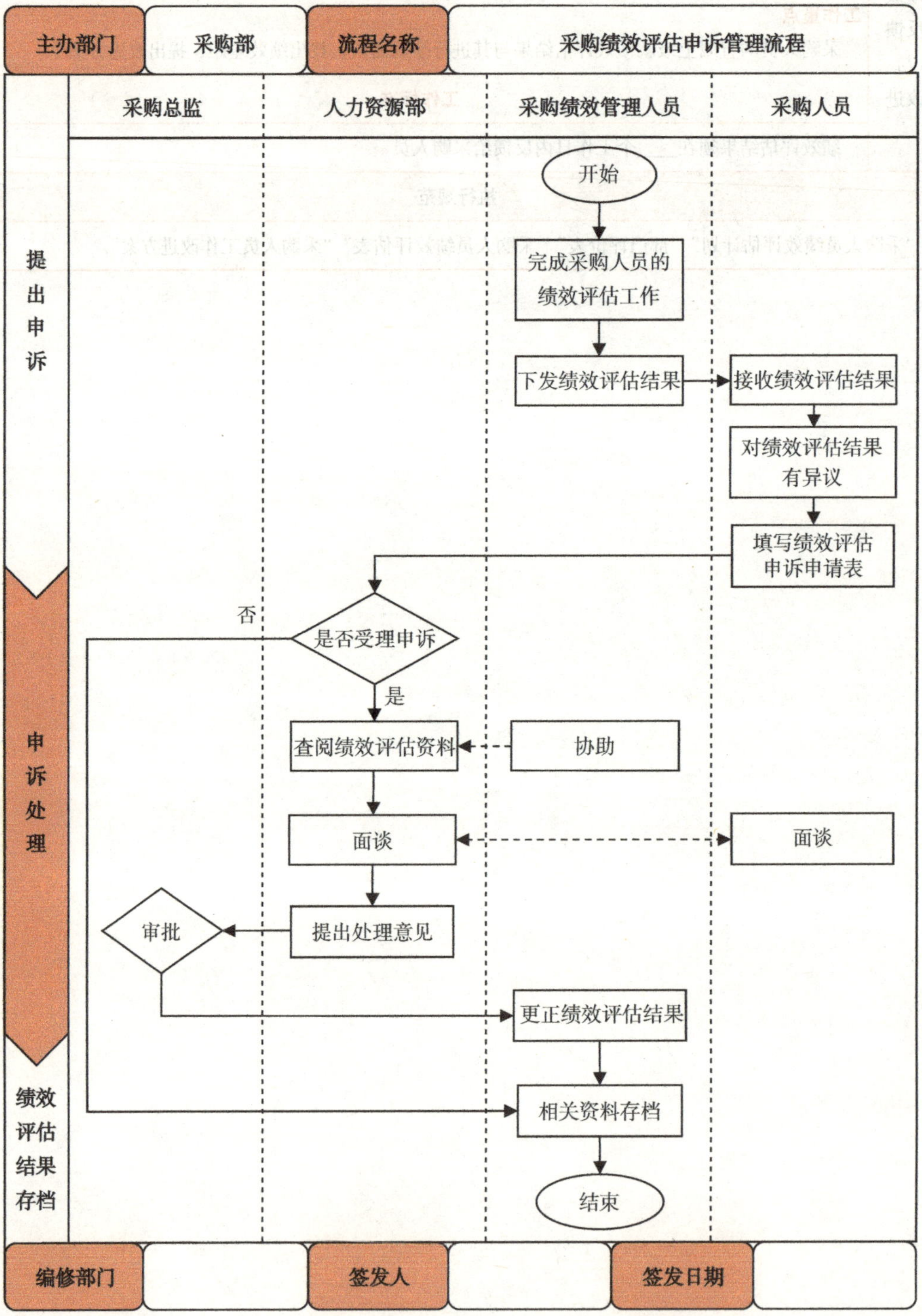

主办部门
采购部
流程名称
采购绩效评估申诉管理流程
采购总监
人力资源部
采购绩效管理人员
采购人员
提出申诉
申诉处理
绩效评估结果存档
开始
完成采购人员的绩效评估工作
下发绩效评估结果
接收绩效评估结果
对绩效评估结果有异议
填写绩效评估申诉申请表
是否受理申诉
否
是
查阅绩效评估资料
协助
面谈
面谈
提出处理意见
审批
更正绩效评估结果
相关资料存档
结束
编修部门
签发人
签发日期

10.8.2 采购绩效评估申诉管理执行程序、工作标准、考核指标、执行规范

<table>
<tr><th>任务名称</th><th>执行程序、工作标准与考核指标</th></tr>
<tr><td rowspan="4">提出申诉</td><td>执行程序</td></tr>
<tr><td>1. 完成采购人员的绩效评估工作
采购绩效管理人员根据既定的绩效考核计划和评估标准完成采购人员的绩效评估工作，然后汇总绩效评估结果，并将其交至采购部。
2. 填写绩效评估申诉申请表
采购人员收到绩效评估结果后，应仔细确认。如有异议，可填写绩效评估申诉申请表，并提交人力资源部。
工作重点
若采购人员对绩效评估结果有异议，可以在企业规定的时间内以书面形式向人力资源部提出申诉。</td></tr>
<tr><td>工作标准</td></tr>
<tr><td>☆内容标准：绩效评估申诉申请表的内容应包括申诉人姓名、职位、申诉事件和申诉理由等。
☆时间标准：绩效评估申诉有效期为绩效面谈结束后____个工作日内。
☆依据标准：绩效评估申诉申请表的填写须以绩效考核申诉管理办法为依据。</td></tr>
<tr><td rowspan="2">申诉处理</td><td>执行程序</td></tr>
<tr><td>1. 是否受理申诉
人力资源部接到采购人员提交的绩效评估申诉申请表后，先应对表中的内容进行审核，决定是否受理申诉，然后在规定的时间内给予申述人书面答复。
2. 查阅绩效评估资料
若人力资源部受理采购人员的申诉，应在采购绩效管理人员的协助下，查阅绩效评估过程的原始资料及考评过程资料，查看其中是否存在错误或遗漏的情况。
3. 面谈
人力资源部在查阅完绩效评估资料后，与申诉人进行面谈。
4. 提出处理意见
☆人力资源部根据面谈结果，提出处理意见，并将其报采购总监审批。
☆若原评估结果存在遗漏、错误、失真等问题，采购绩效管理人员应先对申述人重新进行绩效评估，然后调整绩效评估结果。
☆若原评估结果没有问题，人力资源部应先向申述人进行简单的解释，然后提出维持原绩效评估结果的意见。
5. 更正绩效评估结果
采购绩效管理人员根据采购总监的审批意见和人力资源部的处理意见，更正申诉人的绩效评估结果。
工作重点
☆申诉期间，原绩效评估结果及处理决定依然有效，采购部和申诉人必须按规定执行。
☆采购人员在申诉的过程中出现以下行为时，人力资源部可驳回申诉：无适当理由，超出申诉期限的；申诉事项无客观事实依据，仅凭主观臆断的；故意捏造事实，诬告、陷害他人的；其他有违背申诉公平的行为的。</td></tr>
</table>

（续）

任务名称	执行程序、工作标准与考核指标
申诉处理	工作标准
	人力资源部在接到采购人员的绩效评估申诉申请表后，须在____个工作日内做出是否受理的书面答复。
	考核指标
	绩效评估申诉处理的及时性：在规定的时间内完成绩效评估申诉的处理工作。
绩效评估结果存档	执行程序
	采购绩效管理人员根据绩效评估申诉结果及时更新采购人员的档案，并将相关资料存档。
	工作重点
	采购绩效管理人员须及时对绩效申诉的相关资料进行存档。
	工作标准
	资料的保管可参照企业档案管理制度。
执行规范	
“绩效考核申诉管理办法”“绩效评估结果汇总表”“绩效评估申诉申请表”“企业档案管理制度”。	

10.9 采购绩效改进管理流程设计与工作执行

10.9.1 采购绩效改进管理流程设计

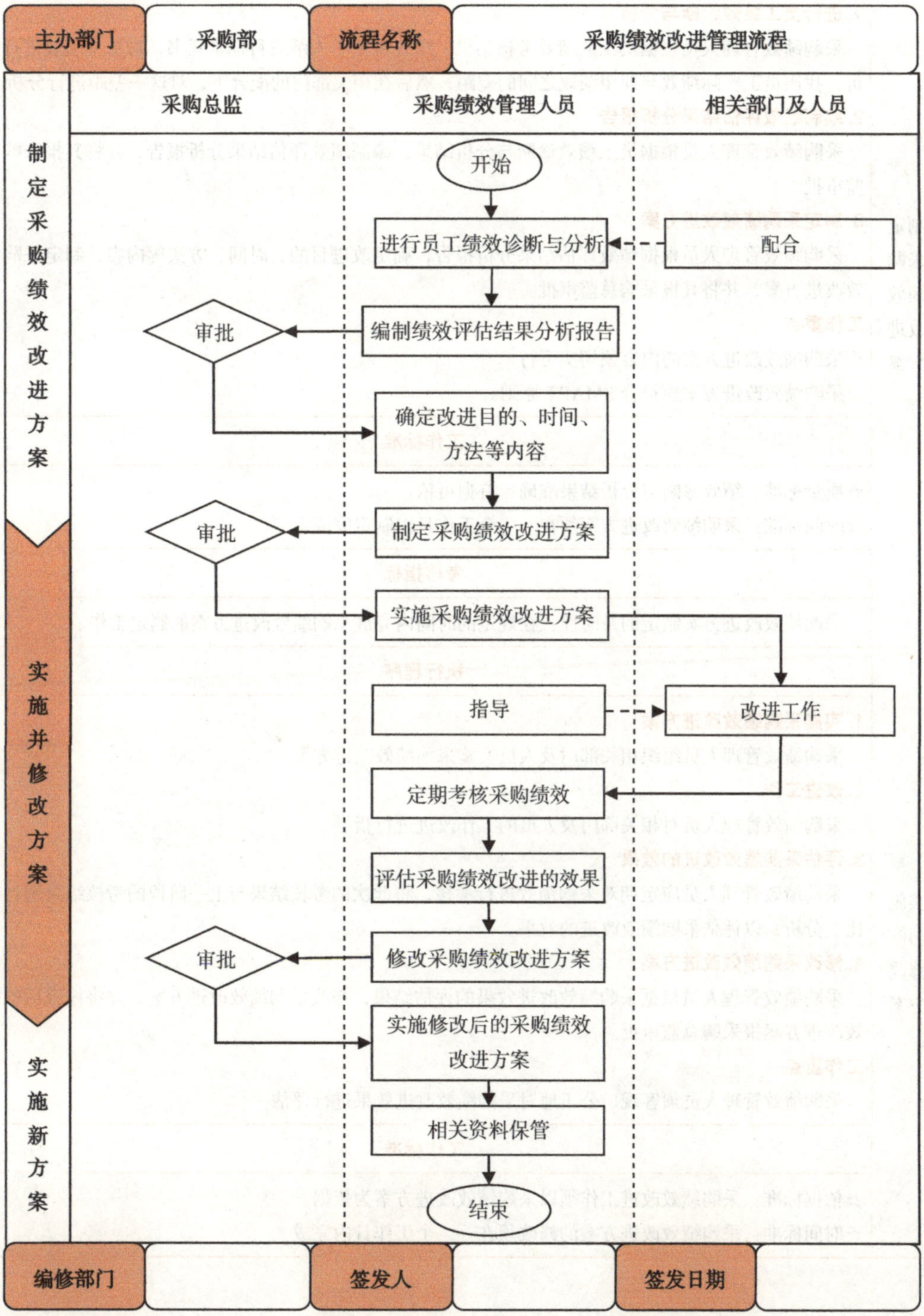

主办部门
采购部
流程名称
采购绩效改进管理流程
采购总监
采购绩效管理人员
相关部门及人员
制定采购绩效改进方案
实施并修改方案
实施新方案
开始
进行员工绩效诊断与分析
配合
编制绩效评估结果分析报告
审批
确定改进目的、时间、方法等内容
制定采购绩效改进方案
审批
实施采购绩效改进方案
指导
改进工作
定期考核采购绩效
评估采购绩效改进的效果
修改采购绩效改进方案
审批
实施修改后的采购绩效改进方案
相关资料保管
结束
编修部门
签发人
签发日期

10.9.2 采购绩效改进管理执行程序、工作标准、考核指标、执行规范

任务名称	执行程序、工作标准与考核指标
制定采购绩效改进方案	**执行程序**
	1. 进行员工绩效诊断与分析 采购绩效管理人员根据员工的绩效考核结果，结合员工个人绩效目标责任书，对员工绩效进行分析，找出员工实际绩效与期望绩效之间的差距，然后在相关部门的配合下，对这一差距进行分析。 **2. 编制绩效评估结果分析报告** 采购绩效管理人员根据员工绩效诊断与分析结果，编制绩效评估结果分析报告，并将其报采购总监审批。 **3. 制定采购绩效改进方案** 采购绩效管理人员根据绩效评估结果分析报告，确定改进目的、时间、方法等内容，制定采购绩效改进方案，并将其报采购总监审批。 **工作重点** ☆采购绩效改进方案的内容须切实可行。 ☆采购绩效改进方案须符合 SMART 原则。
	工作标准
	☆质量标准：绩效诊断与分析结果准确、有据可依。 ☆时间标准：采购绩效改进方案须在____个工作日内制定完成。
	考核指标
	采购绩效改进方案制定的及时性：在规定的时间内完成采购绩效改进方案的制定工作。
实施并修改方案	**执行程序**
	1. 实施采购绩效改进方案 采购绩效管理人员组织相关部门及人员实施采购绩效改进方案。 **2. 改进工作** 采购绩效管理人员对相关部门及人员的工作改进进行指导。 **3. 评估采购绩效改进的效果** 采购绩效管理人员应定期对采购绩效进行考核，将此次的考核结果与上一阶段的考核结果进行对比、分析，以评估采购绩效改进的效果。 **4. 修改采购绩效改进方案** 采购绩效管理人员根据采购绩效改进效果的评估结果，修改采购绩效改进方案，并将修改后的绩效改进方案报采购总监审批。 **工作重点** 采购绩效管理人员须客观、公正地对采购绩效改进效果进行评估。
	工作标准
	☆依据标准：采购绩效改进工作须以采购绩效改进方案为依据。 ☆时间标准：采购绩效改进方案的修改须在____个工作日内完成。

（续）

<table>
<tr><th>任务名称</th><th>执行程序、工作标准与考核指标</th></tr>
<tr><td rowspan="2">实施并修改方案</td><td>考核指标</td></tr>
<tr><td>采购绩效改进方案完成率，其计算公式如下。
$$\text{采购绩效改进方案完成率}=\frac{\text{采购绩效改进方案实际完成数}}{\text{采购绩效改进方案计划完成数}}\times 100\%$$</td></tr>
<tr><td rowspan="4">实施新方案</td><td>执行程序</td></tr>
<tr><td>1. 实施修改后的采购绩效改进方案
修改后的采购绩效改进方案审批通过后，采购绩效管理人员组织实施该方案。
2. 相关资料保管
采购绩效管理人员要保管好相关资料。
工作重点
☆采购绩效管理人员须做好绩效改进的跟进工作。
☆采购绩效管理人员要保管好绩效改进资料。</td></tr>
<tr><td>工作标准</td></tr>
<tr><td>☆目标标准：全面落实采购绩效改进方案。
☆参照标准：资料的保管可参照企业档案管理制度。</td></tr>
<tr><td colspan="2">执行规范</td></tr>
<tr><td colspan="2">“绩效考核申诉管理办法”“绩效评估结果汇总表”“绩效评估申诉申请表”“企业档案管理制度”。</td></tr>
</table>

第11章 现代采购方式管控

11.1 现代采购方式管控流程

11.1.1 流程设计的目的

企业对现代采购方式管控进行流程设计的目的如下。

（1）为采购部提供各种方式的采购流程，保证采购工作的顺利开展。

（2）促使采购方式多样化，有利于提高采购效率，降低采购成本，提升企业利润。

（3）通过电子商务采购、JIT采购和采购外包等采购的开展，降低企业物资供应成本，减少采购中间环节，有效规范采购工作。

11.1.2 流程结构设计

现代采购方式管控可细分为六个事项，即电子商务采购管理、JIT采购管理、采购外包管理、集中采购管理、联合采购管理和间接采购管理。现代采购方式管控流程结构如图11-1所示。

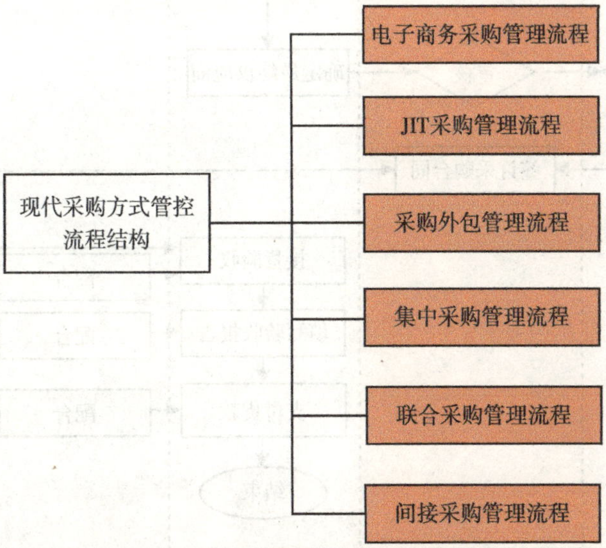

现代采购方式管控流程结构
电子商务采购管理流程
JIT采购管理流程
采购外包管理流程
集中采购管理流程
联合采购管理流程
间接采购管理流程

图11-1 现代采购方式管控流程结构设计

11.2 电子商务采购管理流程设计与工作执行

11.2.1 电子商务采购管理流程设计

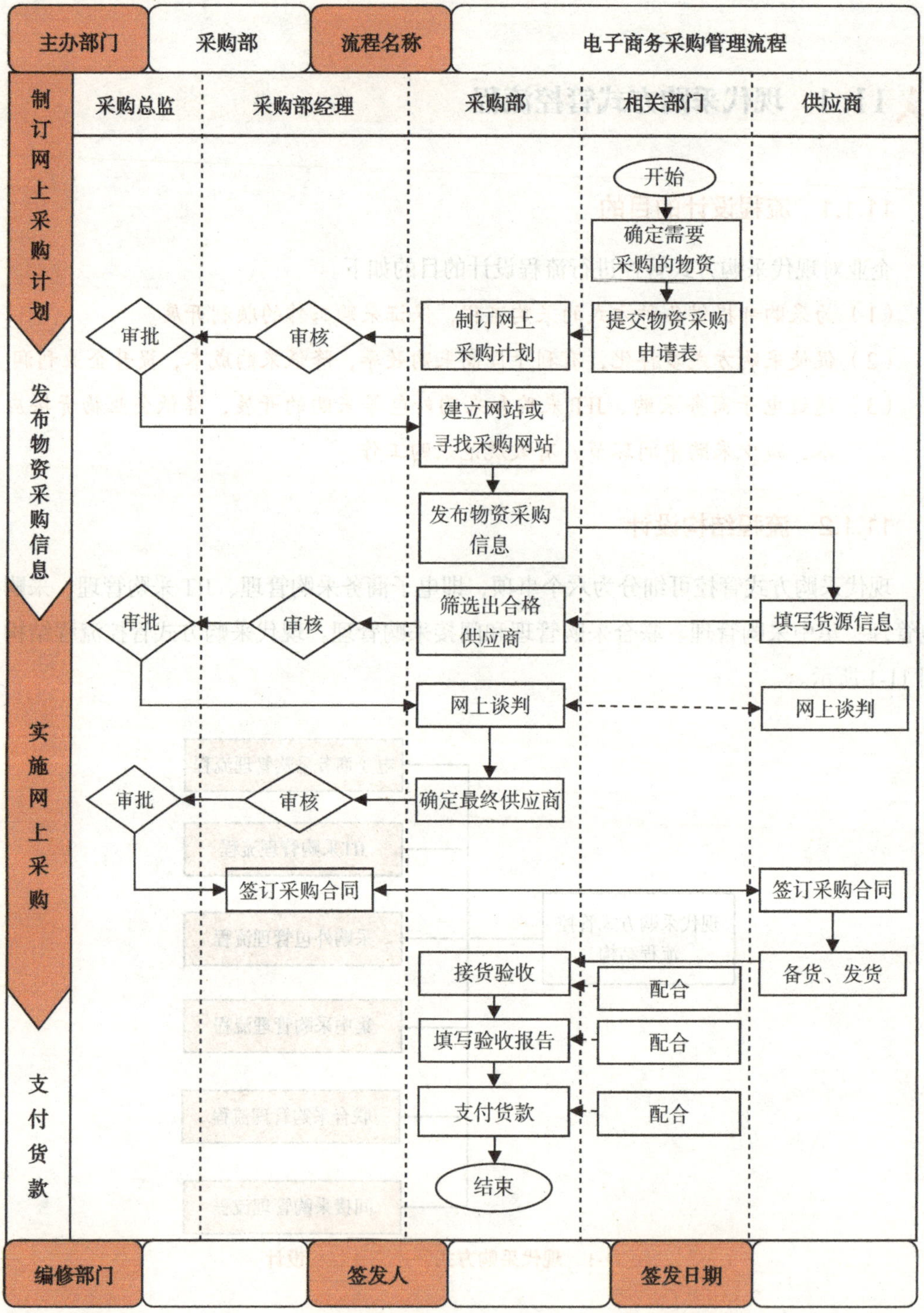

主办部门
采购部
流程名称
电子商务采购管理流程
制订网上采购计划
发布物资采购信息
实施网上采购
支付货款
采购总监
采购部经理
采购部
相关部门
供应商
开始
确定需要采购的物资
提交物资采购申请表
制订网上采购计划
审核
审批
建立网站或寻找采购网站
发布物资采购信息
填写货源信息
筛选出合格供应商
审核
审批
网上谈判
网上谈判
确定最终供应商
审核
审批
签订采购合同
签订采购合同
备货、发货
接货验收
配合
填写验收报告
配合
支付货款
配合
结束
编修部门
签发人
签发日期

11.2.2 电子商务采购管理执行程序、工作标准、考核指标、执行规范

任务名称	执行程序、工作标准与考核指标
制订网上采购计划	**执行程序**
	☆相关部门根据生产实际情况确定需要采购的物资，填写物资采购申请表，并将其提交采购部。 ☆采购部对相关部门提交的物资采购申请表进行整理、汇总，制订网上采购计划，并将其报采购部经理审核、采购总监审批。 **工作重点** ☆采购部必须审查相关部门提交的物资采购申请能否由现有库存满足或有无可替代的物资。只有现有库存不能满足的物资采购申请，才能列入采购计划。 ☆网上采购计划一定要根据采购需求和库存状况制订，并且要结合上一期生产销售状况和本年度的经营目标。计划的内容必须准确、合理，避免因出现差错导致计划的后续执行受影响。
	工作标准
	☆依据标准：相关部门须以物资消耗定额和库存数量为依据，提出物资采购申请。 ☆质量标准：网上采购计划的制订须与企业相关部门的物资采购需求相符，要客观、合理、可行。
	考核指标
	☆物资采购申请表提交的及时性：相关部门在规定的时间内向采购部提交物资采购申请表。 ☆网上采购计划制订的及时性：在规定的时间内完成网上采购计划的制订工作。
发布物资采购信息	**执行程序**
	网上采购计划审批通过后，采购部通过虚拟主机、主机托管等方式建立网站或寻找一些有实力的采购网站，然后通过电子商务采购网站发布物资采购信息。 **工作重点** ☆物资采购信息必须详细、全面地说明对物资的要求，包括质量、数量、时间、地点及对供应商的资质要求。 ☆采购部也可以通过搜索引擎寻找供应商，主动给他们发送电子邮件，对所要采购的物资进行询价，广泛收集供应商的报价信息。
	工作标准
	物资采购信息的发布须以物资采购管理办法为依据。
	考核指标
	物资采购信息发布的及时性：在规定的时间内完成物资采购信息的发布工作。
实施网上采购	**执行程序**
	1. 筛选出合格供应商 ☆供应商收到物资采购信息后，登录企业的电子商务网站，填写货源信息。 ☆采购部应先整理、汇总供应商的货源信息，然后筛选出合格供应商，并将其报采购部经理审核、采购总监审批。 **2. 确定最终供应商** 采购部在筛选出合格供应商后，先与其进行网上谈判，然后按照程序和设定的标准确定最终供应商，最后将其报采购部经理审核、采购总监审批。

（续）

任务名称	执行程序、工作标准与考核指标
实施网上采购	**3. 签订采购合同** 采购部与供应商就合作事宜达成一致意见，双方签订采购合同。采购合同签订后，供应商及时备货、发货。 **4. 接货验收** 采购部通知相关部门做好接货验收准备工作。 **工作重点** ☆在确定最终供应商的过程中，企业必须做好内控工作，避免供应商选择过程中出现徇私舞弊等违规行为。 ☆企业须加强对采购合同的审核，避免因采购合同条款模糊不清或未对物资的采购质量的相关条款进行约束，导致供应商推卸责任。 ☆在接货验收之前，企业必须明确接货验收人员的工作职责，避免因职责不清晰导致人员分工不明确。
	工作标准
	☆依据标准：供应商的确定须以供应商选择标准为依据，采购合同的签订须以供应商合同管理办法为依据。 ☆数量标准：原则上一种物资应有两家或两家以上的合格供应商，以供采购时选择。
	考核指标
	合格供应商确定过程中徇私舞弊次数为0。
支付货款	**执行程序**
	☆货物验收合格后，相关部门要填写验收报告。 ☆采购部通知财务部采用电子支付的方式支付货款。 **工作重点** 财务部员工要熟悉各种电子支付方式的特征，并与供应商协商选择合适的电子支付方式，不得私自做决定。
	工作标准
	☆依据标准：网上支付的执行须以网上付款安全管理办法为依据。 ☆质量标准：常见的电子支付方式包括网上银行支付、电子钱包支付、电子支票支付、支付宝支付、微信支付、网上信用证支付、第三方担保支付和电子现金支付。
	考核指标
	☆付款的及时性：在规定的时间内完成网上付款。 ☆付款准确率，其计算公式如下。 $\text{付款准确率}=\frac{\text{付款准确的次数}}{\text{付款总次数}}\times 100\%$
执行规范	
“电子商务采购管理制度”“采购电子支付制度”“电子商务采购网站管理制度”“电子商务采购监督管理办法”“电子商务采购平台规划书”“电子商务采购订单跟踪表”“电子支付账单汇总表”“网上付款安全管理办法”。	

11.3 JIT 采购管理流程设计与工作执行

11.3.1 JIT 采购管理流程设计

主办部门	采购联盟	流程名称	JIT 采购管理流程

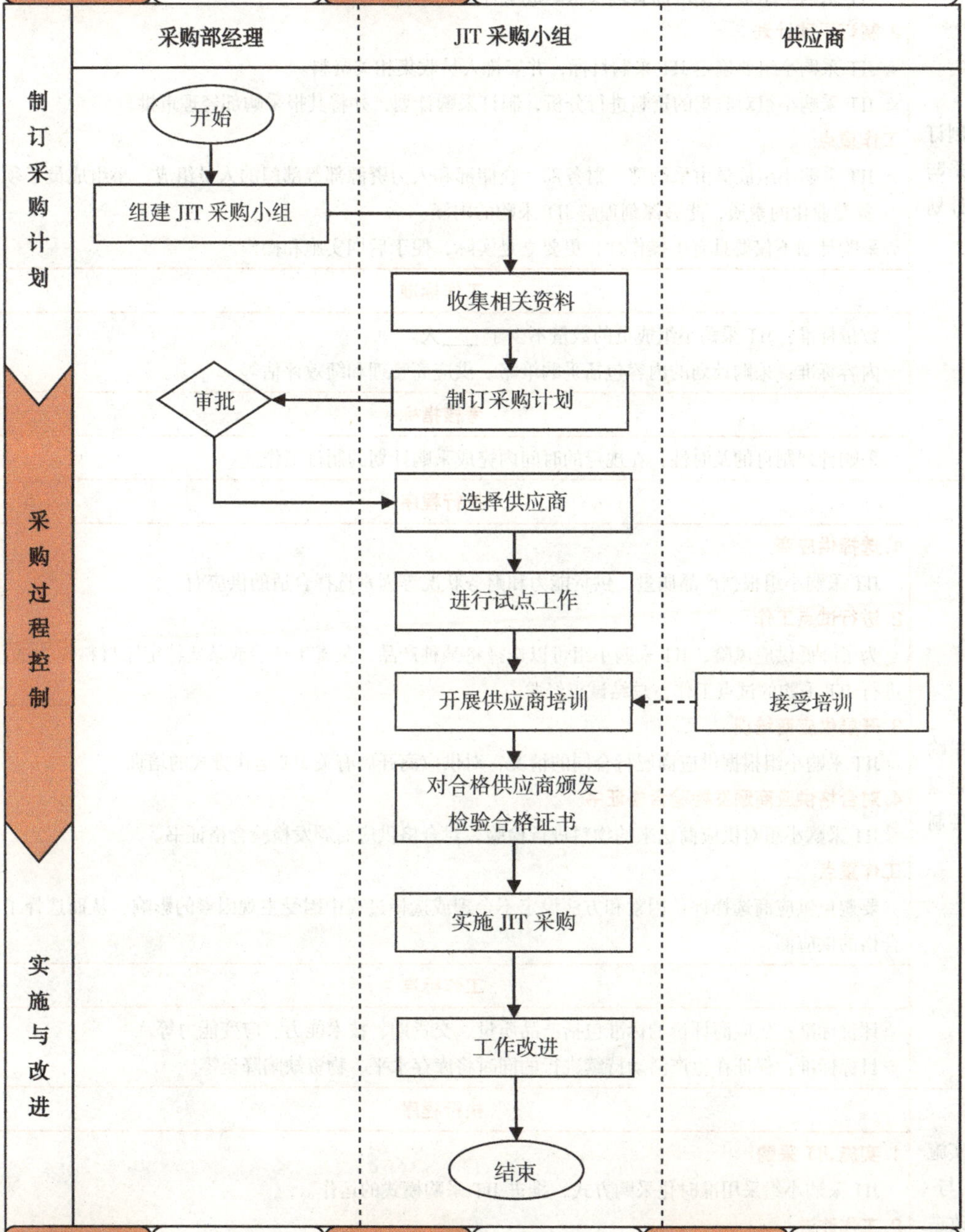

采购部经理
JIT 采购小组
供应商
制订采购计划
采购过程控制
实施与改进
开始
组建 JIT 采购小组
收集相关资料
审批
制订采购计划
选择供应商
进行试点工作
开展供应商培训
接受培训
对合格供应商颁发检验合格证书
实施 JIT 采购
工作改进
结束

编修部门		签发人		签发日期	

11.3.2 JIT 采购管理执行程序、工作标准、考核指标、执行规范

<table>
<tr><th>任务名称</th><th>执行程序、工作标准与考核指标</th></tr>
<tr><td rowspan="6">制订采购计划</td><td>执行程序</td></tr>
<tr><td>1. 组建 JIT 采购小组
☆采购部经理负责 JIT 采购小组的组建工作。
☆ JIT 采购小组负责供应商管理及采购成本控制的工作。
2. 制订采购计划
☆ JIT 采购小组要确定 JIT 采购目标，并安排人员收集相关资料。
☆ JIT 采购小组对收集的资料进行分析，制订采购计划，并将其报采购部经理审批。
工作重点
☆ JIT 采购小组成员由采购部、财务部、仓储部和人力资源部等部门的人员组成。小组成员必须具备专业化的素质，能够深刻理解 JIT 采购的内涵。
☆采购计划不仅要具有可操作性，更要立足实际，便于后期实施和操作。</td></tr>
<tr><td>工作标准</td></tr>
<tr><td>☆数量标准：JIT 采购小组成员的数量不少于____人。
☆内容标准：采购计划的内容包括采购策略、供应商管理和绩效评估等。</td></tr>
<tr><td>考核指标</td></tr>
<tr><td>采购计划制订的及时性：在规定的时间内完成采购计划的制订工作。</td></tr>
<tr><td rowspan="4">采购过程控制</td><td>执行程序</td></tr>
<tr><td>1. 选择供应商
JIT 采购小组根据产品质量、供货能力和财务状况等因素选择合适的供应商。
2. 进行试点工作
为了降低供应风险，JIT 采购小组可以选择将某种产品、某条生产线或某些特定原材料作为试点，进行 JIT 采购的试点工作，总结试点经验。
3. 开展供应商培训
JIT 采购小组根据供应商履行合同的情况，对供应商开展有关 JIT 运作方式的培训。
4. 对合格供应商颁发检验合格证书
JIT 采购小组对供应商送来的物料进行检验，对合格供应商颁发检验合格证书。
工作重点
要避免供应商选择评价因素和方法设定不合理或选择过程中因受主观因素的影响，从而选择了不合格的供应商。</td></tr>
<tr><td>工作标准</td></tr>
<tr><td>☆评价标准：供应商评价的标准包括产品质量、交货期、技术能力、应变能力等。
☆目标标准：保证在生产活动持续进行的同时将库存水平、物资缺陷降至零。</td></tr>
<tr><td rowspan="2">实施与改进</td><td>执行程序</td></tr>
<tr><td>1. 实施 JIT 采购
JIT 采购小组采用准时化采购方式，推进 JIT 采购模式的运作。
2. 工作改进
JIT 采购小组应从采购成本、物料质量和交货期等方面改进 JIT 采购工作。</td></tr>
</table>

（续）

任务名称	执行程序、工作标准与考核指标
实施与改进	**工作重点** JIT 采购小组须严格按照采购计划执行采购，不得随意更改计划内容。禁止不按照计划执行或任意地超计划采购，使采购计划形同虚设。 **工作标准** ☆时间标准：JIT 采购的实施须在____个工作日内完成。 ☆质量标准：全面落实采购计划。 **考核指标** JIT 采购工作完成的及时性：在规定的时间内完成 JIT 采购工作。
执行规范	
“采购管理制度”“JIT 采购实施细则”“供应商选择管理制度”“JIT 采购培训办法”。	

11.4 采购外包管理流程设计与工作执行

11.4.1 采购外包管理流程设计

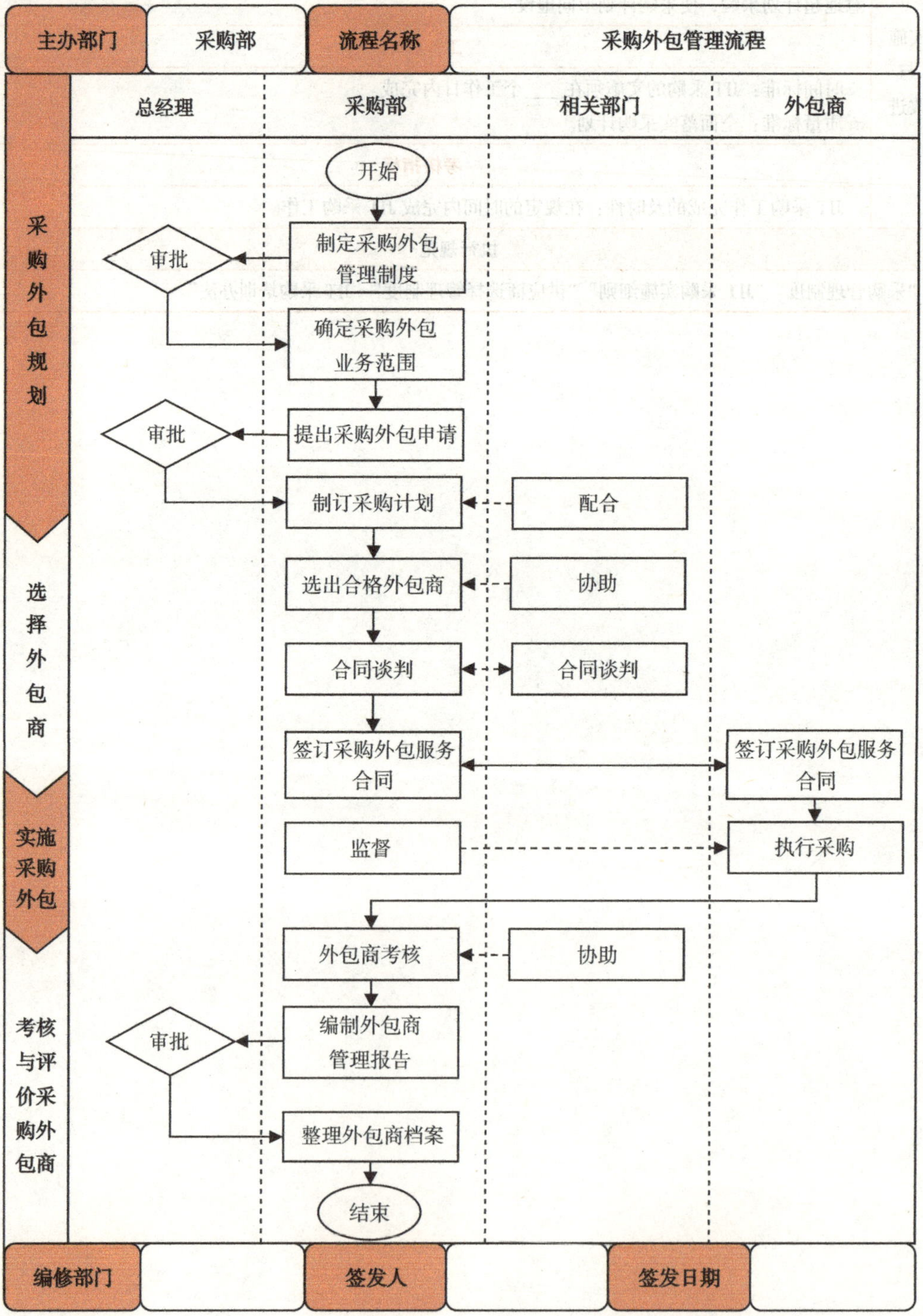

主办部门
采购部
流程名称
采购外包管理流程
总经理
采购部
相关部门
外包商
采购外包规划
选择外包商
实施采购外包
考核与评价采购外包商
开始
制定采购外包管理制度
审批
确定采购外包业务范围
提出采购外包申请
审批
制订采购计划
配合
选出合格外包商
协助
合同谈判
合同谈判
签订采购外包服务合同
签订采购外包服务合同
监督
执行采购
外包商考核
协助
编制外包商管理报告
审批
整理外包商档案
结束
编修部门
签发人
签发日期

11.4.2 采购外包管理执行程序、工作标准、考核指标、执行规范

任务名称	执行程序、工作标准与考核指标
采购外包规划	**执行程序** **1. 制定采购外包管理制度** 采购部应制定采购外包管理制度，并将其报总经理审批。 **2. 确定采购外包业务范围** 采购部应先分析企业采购业务的内容，然后将不涉及企业核心竞争力的业务内容作为采购外包业务的初选范围，再根据其技术含量确定采购外包业务范围。 **3. 制订采购计划** 采购部向总经理提出采购外包申请。审批通过后，采购部在相关部门的配合下，根据采购外包业务的内容制订采购计划。 **工作重点** ☆采购外包管理制度应能对采购外包工作起到规范作用，确定采购外包需要满足的条件，禁止将企业核心业务外包。 ☆企业在确定采购外包业务范围时，要完善企业商业机密管理制度，规范企业外包业务中商业机密的保护工作，严防企业员工在与采购外包商往来中泄露企业的商业机密。
	工作标准 ☆目标标准：采购外包管理制度应易于执行。 ☆质量标准：采购外包业务范围的确定须遵循采购外包的基本原则，并符合采购外包管理制度的规定。 ☆内容标准：采购计划的内容包括采购外包的背景、内容、具体实施程序、主要风险和预期收益等。
	考核指标 ☆采购外包管理制度制定的及时性：在规定的时间内完成采购外包管理制度的制定工作。 ☆采购计划制订的及时性：在规定的时间内完成采购计划的制订工作。
选择外包商	**执行程序** **1. 选出合格外包商** 采购部应先对外包商进行分类，然后对外包商进行书面评审和实地考察，最后根据具体的评估标准和评估方法评估外包商，选出合格外包商。 **2. 合同谈判** ☆外包商确定后，采购部根据所要采购的物资情况、外包商情况、企业的采购要求等，与外包商进行合同谈判。 ☆采购部根据合同谈判结果拟定采购外包服务合同，并指派人员与外包商签订合同。 **工作重点** ☆企业应建立采购外包服务竞争机制，选择多家外包商开展采购外包业务，以降低因一家外包商采购业务中断而给企业造成的损失。 ☆企业应制定严格的外包商选择标准，防止不符合企业需求的外包商为企业服务。

（续）

任务名称	执行程序、工作标准与考核指标
选择外包商	**工作标准** ☆选择标准：外包商的选择标准包括是否具备丰富的采购外包服务经验、适宜的采购成本和服务费用、较高的技术和质量管理水平、成熟的采购渠道和丰富的供应商人脉、已签约外包服务合同数量。 ☆参照标准：外包商的选择标准可参照供应商选择标准。
实行采购外包	**执行程序** 采购部应对外包商采购任务的完成情况进行监督，并做好记录。 **工作重点** 采购部必须定期对外包商进行监督，及时就其在采购过程中出现的问题进行沟通，确保其所采购的物资能按时交货，以免影响企业的生产进度。 **工作标准** 采购的执行须以采购外包管理制度为依据。 **考核指标** ☆采购效率提高率：目标值为____%。 ☆物资按时交货率：目标值为____%。
考核与评价采购外包商	**执行程序** **1. 外包商考核** 采购部应按照企业的外包商评估标准对外包商进行考核。 **2. 编制外包商管理报告** ☆采购部根据外包商的考核结果，编制外包商管理报告，并将其报总经理审批。 ☆外包商管理报告审批通过后，采购部安排相关人员整理外包商档案，将外包商的最新信息录入外包商信息管理系统。 **工作重点** ☆相关人员须严格按照考核程序和考核标准对外包商进行考核，禁止带有个人感情色彩和偏见。相关部门或领导要做好监督工作。 ☆在考核前，要明确考核人员的工作职责，避免因职责不清晰导致人员分工不明确。 **工作标准** ☆依据标准：外包商的考核须以采购外包管理制度和外包商评估标准为依据。 ☆内容标准：外包商考核的内容包括履约情况、质量、价格、服务、交期、生产技术和人员操作等方面。 **考核指标** 外包商考核评分数据准确，无差错。
执行规范	
“外包商评估标准”“采购外包管理制度”“外包商选择标准”“外包商管理报告”“外包商考核评分表”。	

11.5 集中采购管理流程设计与工作执行

11.5.1 集中采购管理流程设计

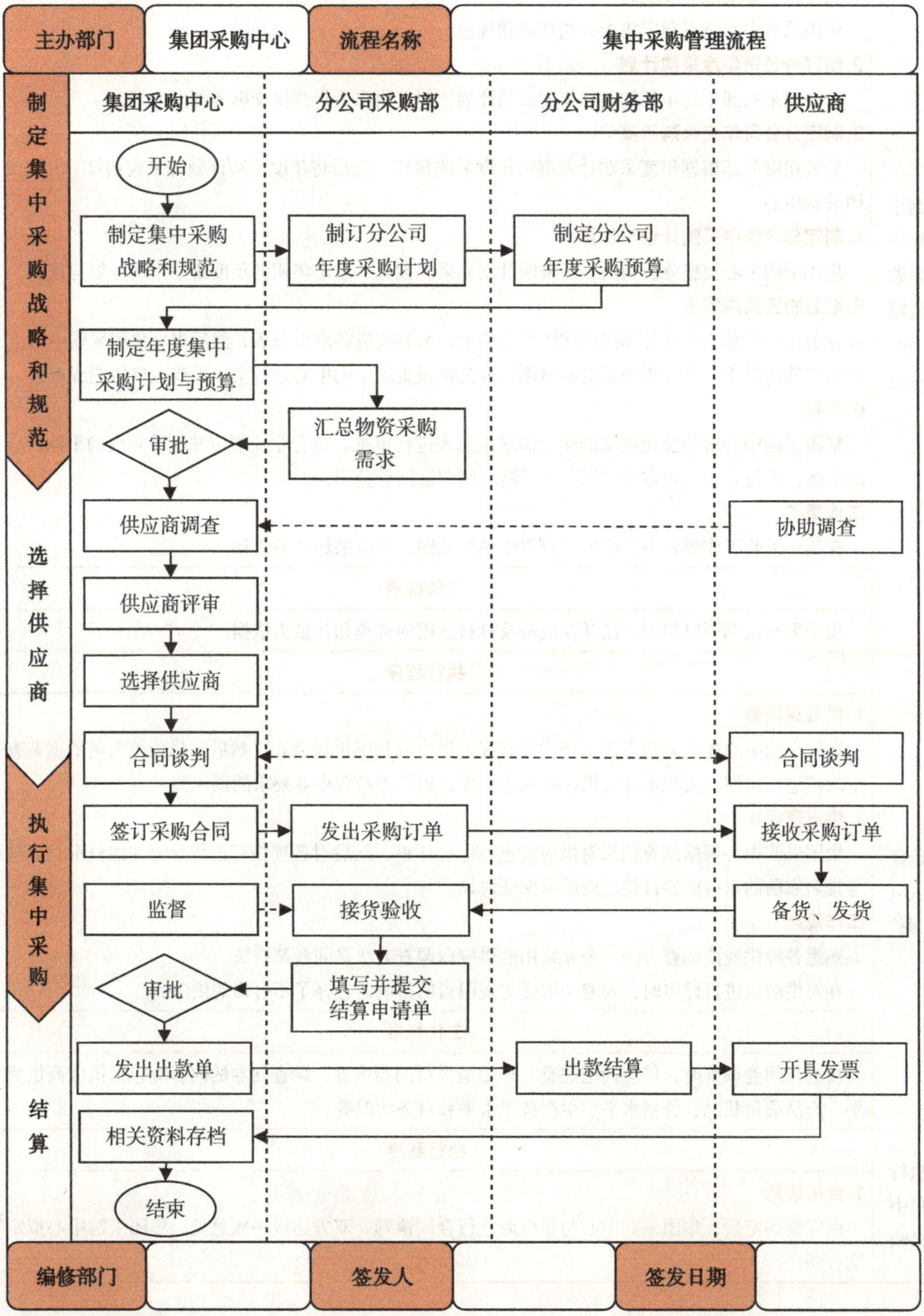

主办部门
集团采购中心
流程名称
集中采购管理流程
制定集中采购战略和规范
选择供应商
执行集中采购
结算
集团采购中心
分公司采购部
分公司财务部
供应商
开始
制定集中采购战略和规范
制订分公司年度采购计划
制定分公司年度采购预算
制定年度集中采购计划与预算
汇总物资采购需求
审批
供应商调查
协助调查
供应商评审
选择供应商
合同谈判
合同谈判
签订采购合同
发出采购订单
接收采购订单
监督
接货验收
备货、发货
填写并提交结算申请单
审批
发出出款单
出款结算
开具发票
相关资料存档
结束
编修部门
签发人
签发日期

11.5.2 集中采购管理执行程序、工作标准、考核指标、执行规范

任务名称	执行程序、工作标准与考核指标
制定集中采购战略和规范	**执行程序** **1. 制定集中采购战略和规范** 集团采购中心负责制定集中采购战略和规范。 **2. 制订分公司年度采购计划** 分公司采购部于每年年初制订年度采购计划，制订出来后将其提交财务部。 **3. 制定分公司年度采购预算** 分公司财务部根据年度采购计划制定年度采购预算，然后将年度采购计划与采购预算一并提交集团采购中心。 **4. 制定年度集中采购计划与预算** 集团采购中心根据分公司的年度采购计划和采购预算，制定集团的年度集中采购计划与预算。 **5. 汇总物资采购需求** ☆分公司要汇总本企业各部门的物资采购需求，编制物资需求汇总表，然后提交集团采购中心。 ☆因特殊情况不能进行集中采购的事项，分公司报集团采购中心进行集中采购端口协调或审批。 **6. 审批** 集团采购中心对分公司提交的物资需求汇总表进行审批。符合企业规定并在计划内的采购，应及时安排；不符合企业规定或计划外的采购，则应退回分公司。 **工作重点** 在集中采购工作规划中，必须明确集中采购范围，规范采购业务流程。
	工作标准 集中采购范围须以集团产品开发战略及材料选用的种类和数量为依据。
选择供应商	**执行程序** **1. 供应商调查** 集团采购中心先派人对资源市场供应状况、供应商状况进行调查，然后安排相关人员依据调查表中的信息，按照相关规定开展供应商初审工作，剔除不符合企业要求的供应商。 **2. 供应商评审** 集团采购中心根据调查结果对供应商进行综合评审，然后对各项指标进行评分并加权汇总，最后与排名靠前的供应商签订供应商质量保证协议。 **工作重点** ☆熟悉各种供应商调查方法。企业常用的供应商调查方法是问卷调查法。 ☆在对供应商进行评审时，要避免因受主观因素的影响而选择了不合格的供应商。
	工作标准 在进行问卷调查时，供应商应完整、详细地填写问卷内容。调查问卷的内容应包括供应商供货水平、产品质量状况、价格水平、生产技术水平和财务状况等。
执行集中采购	**执行程序** **1. 合同谈判** 供应商确定后，集团采购中心与供应商进行合同谈判。双方达成一致意见，集团采购中心拟定采购合同。

（续）

<table>
<tr><th>任务名称</th><th>执行程序、工作标准与考核指标</th></tr>
<tr><td rowspan="3">执行集中采购</td><td>2. 签订采购合同
集团采购中心派代表与供应商代表签订采购合同。
3. 发出采购订单
分公司采购部向供应商发出采购订单。供应商接到采购订单后，要及时备货、发货。
4. 接货验收
供应商发货后，分公司采购部要做好接货验收准备工作。
工作重点
☆采购合同签订后，企业必须严格遵守诚实信用原则，全面履行合同。
☆在接货验收之前，企业必须明确接货验收人员的工作职责，避免因职责不清晰导致人员分工不明确。</td></tr>
<tr><td>工作标准</td></tr>
<tr><td>☆依据标准：采购合同的拟定须以国家相关法律法规的规定为依据。
☆参照标准：物资的验收可参照采购验收实施细则。
☆时间标准：集中采购须在____个工作日内完成。</td></tr>
<tr><td rowspan="4">结算</td><td>执行程序</td></tr>
<tr><td>1. 填写并提交结算申请单
☆货物验收无误后，分公司采购部应填写结算申请单，然后提交集团采购中心。
☆集团采购中心接到结算申请单后，先对其进行审批，审批通过后向分公司财务部发出出款单。
2. 出款结算
☆分公司财务部接到出款单后，按照集团采购中心的批示，为供应商结算货款。
☆分公司财务部应要求供应商提供发票。
3. 相关资料存档
集中采购结束后，集团采购中心工作人员要及时将相关资料存档。
工作重点
☆如果因物资质量、交期等问题需要扣款的，分公司采购部应与供应商达成一致意见，在结算申请单中注明扣款事项。
☆集团采购中心在审批结算申请单的过程中，要核查结算申请单与合同内容是否一致、与分公司采购部提交的接货记录内容是否一致。
☆企业应选择恰当的付款方式，以降低付款结算风险和财务运营成本。</td></tr>
<tr><td>工作标准</td></tr>
<tr><td>集团采购的结算程序可参照企业财务管理制度。</td></tr>
<tr><td colspan="2">执行规范</td></tr>
<tr><td colspan="2">“集中采购战略规划”“分公司采购计划书”“分公司采购预算”“集中采购计划”“集中采购预算”“分公司物资需求汇总”“供应商调查表”“供应商选择管理制度”“供应商质量保证协议”“采购谈判协议”“采购合同”“采购订单”“交货通知单”“集中采购结算申请单”“集中采购结算单”。</td></tr>
</table>

11.6 联合采购管理流程设计与工作执行

11.6.1 联合采购管理流程设计

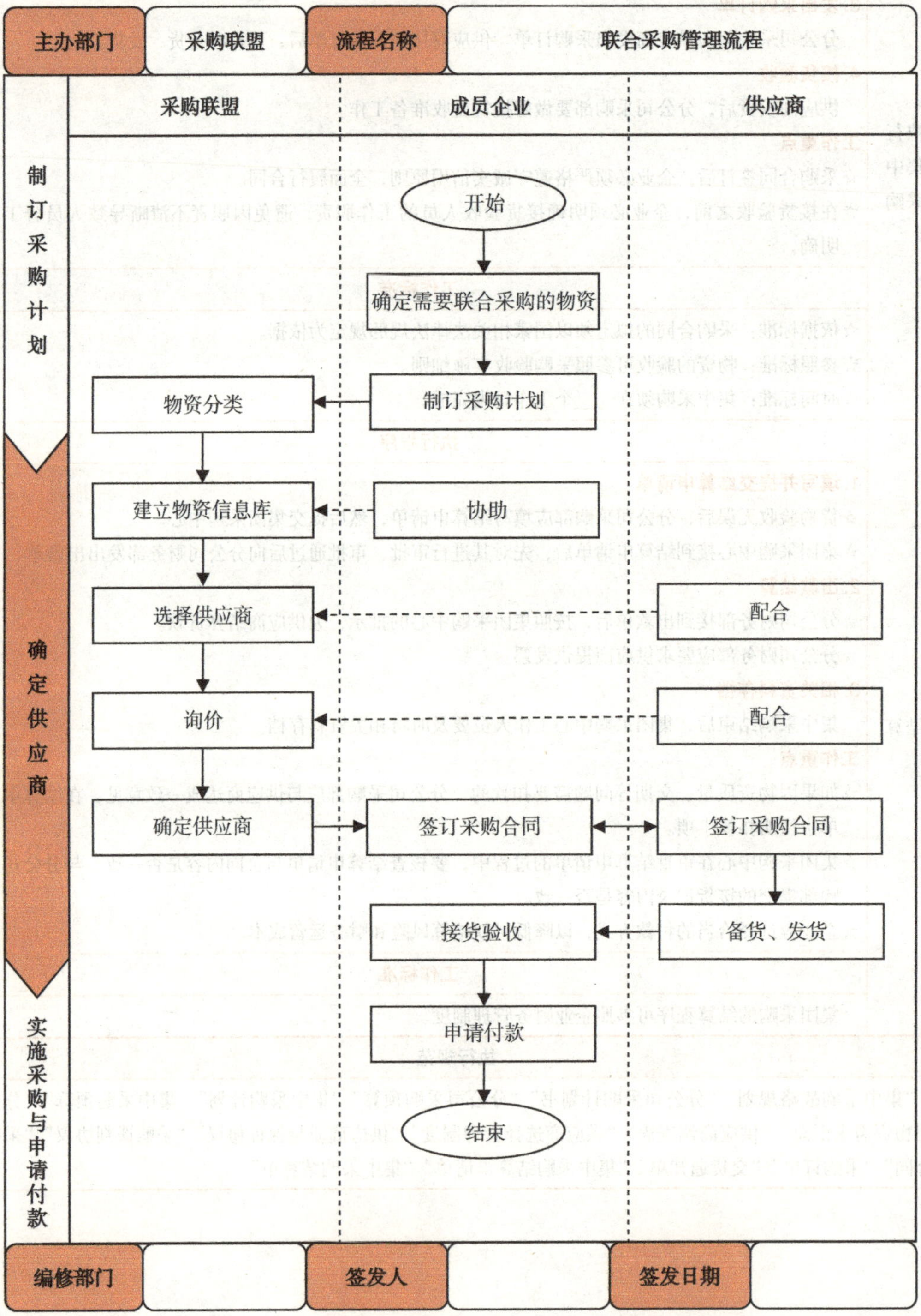

主办部门
采购联盟
流程名称
联合采购管理流程
采购联盟
成员企业
供应商
制订采购计划
确定供应商
实施采购与申请付款
开始
确定需要联合采购的物资
制订采购计划
物资分类
建立物资信息库
协助
选择供应商
配合
询价
配合
确定供应商
签订采购合同
签订采购合同
备货、发货
接货验收
申请付款
结束
编修部门
签发人
签发日期

11.6.2 联合采购管理执行程序、工作标准、考核指标、执行规范

任务名称	执行程序、工作标准与考核指标
制订采购计划	**执行程序** 成员企业根据自己的实际需求，确定需要联合采购的物资，制订采购计划，然后将其提交采购联盟。 **工作重点** 成员企业要根据自己的实际需求，结合上一期生产销售状况和本年度的经营目标来制订采购计划。计划的内容要准确、合理，避免因出现差错导致计划的后续执行受影响。 **工作标准** ☆依据标准：联合采购的执行须以联合采购管理办法为依据。 ☆目标标准：扩大采购规模，实现批量采购，减少交易次数，降低采购成本。
确定供应商	**执行程序** **1. 物资分类** 采购联盟根据物资的品种、规格和型号等对物资进行分类，然后在成员企业的协助下，建立物资信息库。 **2. 选择供应商** 采购联盟根据所要采购的物资种类选择相应的供应商，并要求供应商提供相关资料，然后通过对供应商价格、资质等方面的审查，剔除不合格的供应商。 **3. 询价** 采购联盟向选择的供应商进行询价，比较供应商之间的价格差异，然后与价格合适的供应商进一步洽谈价格，最后双方达成一致意见。 **4. 确定供应商** 采购联盟根据洽谈结果，选择价格最优、资质最好的供应商，确定供应价格、产品质量和付款方式。 **5. 签订采购合同** 成员企业派代表与供应商代表签订采购合同。 **工作重点** ☆企业必须做好内控工作，避免在选择供应商的过程中出现徇私舞弊等违规行为。 ☆成员企业与供应商不得私自调价，如果发现有私自调价的，成员企业或供应商应立即通知采购联盟，由采购联盟处理。 **工作标准** 供应商的选择须以联合采购管理办法为依据。
实施采购与申请付款	**执行程序** **1. 备货、发货** 采购合同签订后，成员企业向供应商发出采购订单。供应商接到采购订单后，要及时备货、发货。 **2. 接货验收** 供应商发货后，成员企业要做好接货验收准备工作。

（续）

<table>
<tr><th>任务名称</th><th>执行程序、工作标准与考核指标</th></tr>
<tr><td rowspan="3">实施采购与申请付款</td><td>3. 申请付款
物资验收无误后，成员企业向财务部申请付款。
工作重点
☆在接货验收之前，必须明确接货验收人员的工作职责，避免因职责不清晰导致人员分工不明确。
☆企业须选择恰当的货款支付方式，以降低付款结算风险和财务运营成本。</td></tr>
<tr><td>工作标准</td></tr>
<tr><td>物资的验收须以采购验收实施细则为依据。</td></tr>
<tr><td colspan="2">执行规范</td></tr>
<tr><td colspan="2">“联合采购管理办法”“采购计划”“采购合同”“供应商名单”“物资验收标准”。</td></tr>
</table>

11.7 间接采购管理流程设计与工作执行

11.7.1 间接采购管理流程设计

主办部门	采购部	流程名称	间接采购管理流程

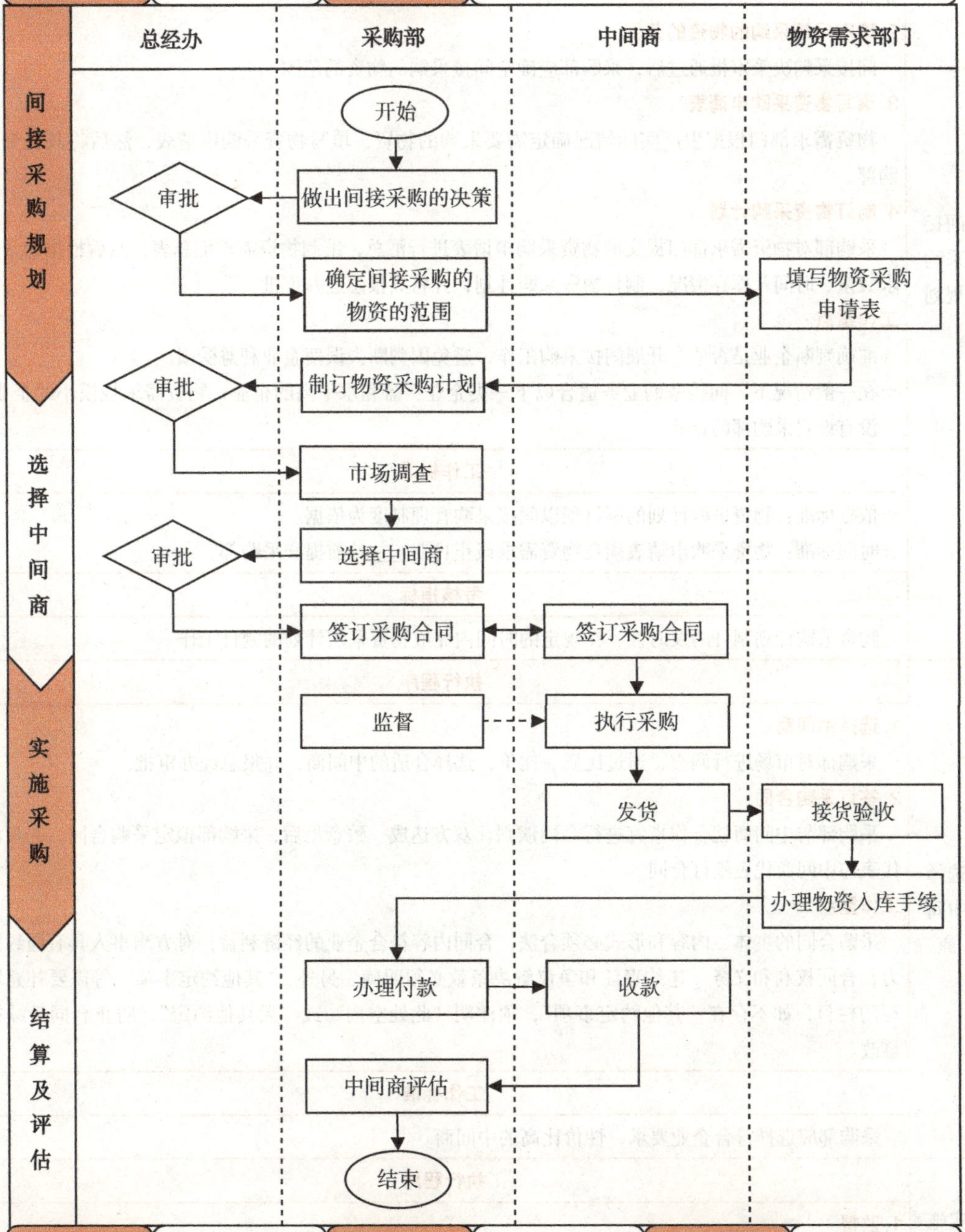
总经办
采购部
中间商
物资需求部门
间接采购规划
选择中间商
实施采购
结算及评估
开始
做出间接采购的决策
审批
确定间接采购的物资的范围
填写物资采购申请表
制订物资采购计划
审批
市场调查
选择中间商
审批
签订采购合同
签订采购合同
监督
执行采购
发货
接货验收
办理物资入库手续
办理付款
收款
中间商评估
结束

编修部门		签发人		签发日期	

11.7.2 间接采购管理执行程序、工作标准、考核指标、执行规范

<table>
<tr><th>任务名称</th><th>执行程序、工作标准与考核指标</th></tr>
<tr><td rowspan="6">间接采购规划</td><td>执行程序</td></tr>
<tr><td>1. 做出间接采购的决策
采购部根据企业的年度采购计划和本部门的物资需求，做出间接采购的决策，并将其报总经办审批。
2. 确定间接采购的物资的范围
间接采购决策审批通过后，采购部应确定间接采购的物资的范围。
3. 填写物资采购申请表
物资需求部门根据生产实际情况确定需要采购的物资，填写物资采购申请表，然后将其提交采购部。
4. 制订物资采购计划
采购部对物资需求部门提交的物资采购申请表进行汇总，编制物资需求汇总表，然后根据物资需求数量、时间及库存情况，制订物资采购计划，并将其报总经办审批。
工作重点
☆准确判断企业是否适合开展间接采购工作，避免因判断失误使企业利益受损。
☆在一般情况下，间接采购业务适合以下三类企业：盈利水平高的企业；物资需求规模小的企业；没有设立采购部的企业。</td></tr>
<tr><td>工作标准</td></tr>
<tr><td>☆依据标准：物资采购计划的制订须以间接采购管理制度为依据。
☆时间标准：物资采购申请表须在物资需求截止日期____日前提交采购部。</td></tr>
<tr><td>考核指标</td></tr>
<tr><td>物资采购计划制订的及时性：在规定的时间内完成物资采购计划的制订工作。</td></tr>
<tr><td rowspan="4">选择中间商</td><td>执行程序</td></tr>
<tr><td>1. 选择中间商
采购部对市场进行调查，通过比质、比价，选择合适的中间商，并报总经办审批。
2. 签订采购合同
采购部与中间商就合作事宜进行合同谈判。双方达成一致意见后，采购部拟定采购合同，并指派代表与中间商代表签订合同。
工作重点
采购合同的主体、内容和形式必须合法，合同内容符合企业的经济利益，对方当事人具有履约能力，合同权利和义务、违约责任和争议解决条款必须明确。另外，“其他约定事项”等需要补充填写的栏目，如不存在“其他约定事项”，须注明“此处空白”或“无其他约定”，防止合同后续被篡改。</td></tr>
<tr><td>工作标准</td></tr>
<tr><td>采购部应选择符合企业要求、性价比高的中间商。</td></tr>
<tr><td rowspan="2">实施采购</td><td>执行程序</td></tr>
<tr><td>1. 监督
☆中间商根据合同约定执行采购。
☆采购部对中间商的采购情况进行监督，并掌握采购进度。</td></tr>
</table>

（续）

任务名称	执行程序、工作标准与考核指标
实施采购	**2. 接货验收** ☆中间商按照合同约定，采购企业所需的物资。 ☆中间商发货后，物资需求部门要做好接货验收准备工作。 **3. 办理物资入库手续** 物资验收无误后，物资需求部门办理物资入库手续，并将物资存放到指定地点。 **工作重点** ☆在对中间商进行监督期间，若其出现有可能影响采购质量或交期的行为，采购部应及时采取应对措施，以免影响企业的生产进度。 ☆在验收前，必须明确验收人员的工作职责，避免因职责不清晰导致人员分工不明确。
	工作标准
	间接采购的实施须以间接采购管理制度为依据。
	考核指标
	☆接货验收工作的及时性：在规定的时间内完成物资接货验收工作。 ☆物资验收差错率，其计算公式如下。 $\text{物资验收差错率}=\frac{\text{物资验收错误数}}{\text{物资验收总数}}\times 100\%$
结算及评估	**执行程序**
	1. 办理付款 ☆物资入库后，采购部先整理收货清单、结算单与订货合同，然后通知财务部向中间商支付货款。 ☆财务部先对采购部提交的付款凭证进行核对，然后按照相关规定办理付款手续，同时保管好相关单证。 **2. 中间商评估** 采购部先对中间商提供的物资数量、检验结果、交货日期和合同执行情况等进行记录，然后通过对比，对中间商进行评估。 **工作重点** ☆若有需要扣款的情况，采购部在向财务部提交付款申请时须在结算申请单中予以注明，以免遗漏。 ☆当所采购的物资为设备等特殊物资时，须在合同中规定验收后保留一定的尾款。设备经试运行确定没有质量问题后，方可付清尾款。
	工作标准
	货款的支付须以企业财务管理制度为依据。
	考核指标
	货款支付的及时性：在规定的时间内向中间商支付货款。
执行规范	
“间接采购管理制度”“物资需求汇总表”“物资采购计划”“中间商信息调查表”“采购过程跟踪表”“交货通知单”“物资验收报告单”“入库记录单”“采购结算申请单”“中间商评估方案”。	

第12章 招标采购过程管控

12.1 招标采购过程管控流程

12.1.1 流程设计的目的

企业对招标采购过程管控进行流程设计的目的如下。

（1）指导招标采购工作的开展，使招标采购工作有章可循。

（2）规范开标工作、评标工作和定标工作等流程，明确相关部门及人员的职责，以利于招标采购各项工作的推行与开展。

12.1.2 流程结构设计

招标采购过程管控流程结构设计采取总分式结构，即先设计招标采购管理流程，再将其细分为三个事项，就每个事项即开标工作管理、评标工作管理和定标工作管理设计流程。具体到每个流程，则按照“执行程序、工作标准、考核指标、执行规范”这一思路展开设计，具体如图 12-1 所示。

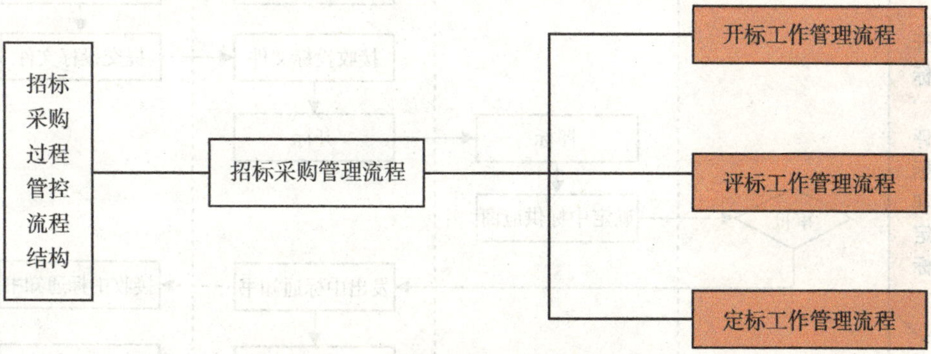

招标采购过程管控流程结构
招标采购管理流程
开标工作管理流程
评标工作管理流程
定标工作管理流程

图 12-1 招标采购过程管控流程结构设计

12.2 招标采购管理流程设计与工作执行

12.2.1 招标采购管理流程设计

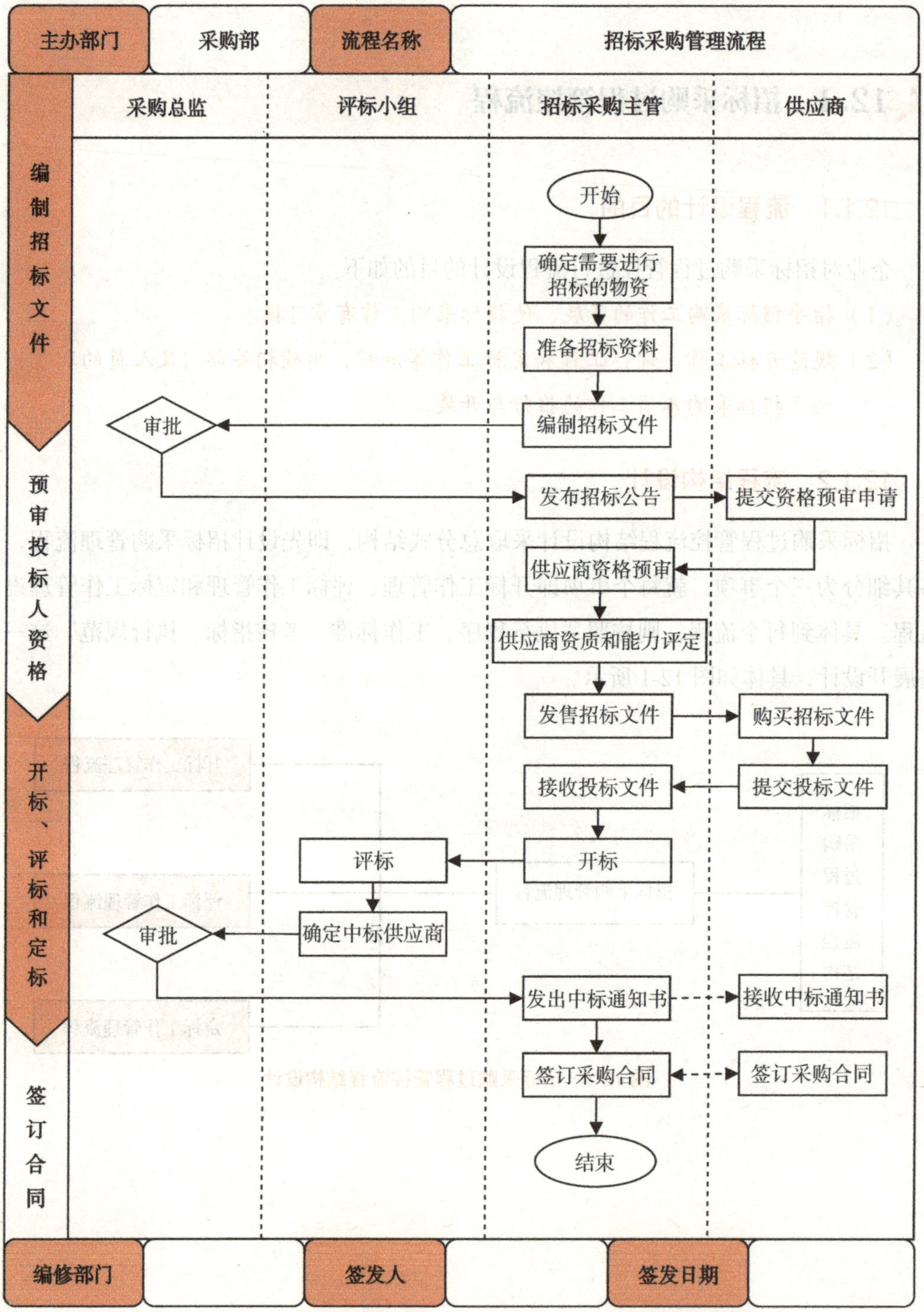
主办部门
采购部
流程名称
招标采购管理流程
采购总监
评标小组
招标采购主管
供应商
编制招标文件
预审投标人资格
开标、评标和定标
签订合同
开始
确定需要进行招标的物资
准备招标资料
编制招标文件
审批
发布招标公告
提交资格预审申请
供应商资格预审
供应商资质和能力评定
发售招标文件
购买招标文件
接收投标文件
提交投标文件
开标
评标
确定中标供应商
审批
发出中标通知书
接收中标通知书
签订采购合同
签订采购合同
结束
编修部门
签发人
签发日期

12.2.2 招标采购管理执行程序、工作标准、考核指标、执行规范

<table>
<tr><th>任务名称</th><th>执行程序、工作标准与考核指标</th></tr>
<tr><td rowspan="6">编制招标文件</td><td>执行程序</td></tr>
<tr><td>☆招标采购主管确定需要进行招标的物资，准备招标资料，编制招标文件。
☆招标采购主管将编制好的招标文件报采购总监审批。
工作重点
☆招标文件中的技术参数不应造成对有资格投标的任何供应商的歧视。
☆企业要严格按照项目特点确定投标人的资格要求，不得依据“意向中标人”的实际情况确定投标人的资格要求。
☆采购总监应加强对招标文件的审批，避免因审批失误而影响后续招标工作。</td></tr>
<tr><td>工作标准</td></tr>
<tr><td>☆内容标准：招标文件的内容包括投标邀请、投标须知、合同条款、技术规格、标书编制要求、投标保证金、供货表与报价表、履约保证金和合同协议书。
☆审批标准：招标文件的审批标准是招标文件中的内容是否符合国家相关法律法规的规定、是否使用标准文本。
☆时间标准：招标采购主管须在____个工作日内完成采购总监审批意见的处理工作。</td></tr>
<tr><td>考核指标</td></tr>
<tr><td>☆招标文件编制的及时性：在规定的时间内完成招标文件的编制工作。
☆招标文件中无内容错误。</td></tr>
<tr><td rowspan="6">预审投标人资格</td><td>执行程序</td></tr>
<tr><td>1. 发布招标公告
招标采购主管根据招标文件编写招标公告，并通过指定媒体进行发布。
2. 供应商资格预审
招标采购主管应先编制资格预审文件，邀请潜在的供应商参加资格预审会议，然后向供应商发售资格预审文件，并要求供应商提交资格预审申请，最后对供应商进行资质和能力评定。
工作重点
☆在发布招标公告时，应注意不同媒体发布的招标公告的内容应当一致。
☆资格预审文件中不得出现有违公平原则的限制性条款。
☆企业须加强对预审过程的监督力度，对资格预审中的违法违规行为，要做出严肃处理。
☆企业应对资格预审人员进行专业培训，避免出现因资格预审人员专业知识和能力不足而未能发现投标人不符合竞标资格的现象。</td></tr>
<tr><td>工作标准</td></tr>
<tr><td>☆内容标准：招标公告的内容包括招标人的名称和地址、招标项目的性质和数量、招标项目的地点和时间要求等。
☆时间标准：供应商资格预审须在____个工作日内完成。</td></tr>
<tr><td>考核指标</td></tr>
<tr><td>☆招标公告发布的及时性：在规定的时间内完成招标公告的发布工作。
☆供应商资格预审的及时性：在规定的时间内完成对供应商的资格预审工作。</td></tr>
</table>

（续）

任务名称	执行程序、工作标准与考核指标
开标、评标和定标	**执行程序** **1. 发售招标文件** 招标采购主管根据招标公告规定的时间、地点，向供应商发售招标文件。供应商购买招标文件后，及时向招标采购主管提交报标文件。 **2. 开标** ☆招标采购主管根据招标文件中确定的开标时间和地点，邀请投标商或其委派的代表参加开标会议。 ☆在开标时，先由招标负责人宣布开标纪律和参加开标会议的招标人代表及有关人员名单，并确认参加开标会议的投标人代表身份，同时公布在投标截止时间前接收的投标文件的情况，然后以公开的方式检查投标文件的密封情况，再根据招标文件约定宣读投标文件开标顺序，唱标，最后双方代表在开标记录上签字确认。 **3. 评标** ☆评标小组先从价格、技术和服务等方面对投标文件进行鉴定、分析、比价、议价，然后推举合适的供应商。 ☆评标小组将确定的中标供应商报采购总监审批。 **4. 发出中标通知书** 中标供应商确定后，招标采购主管向其发出中标通知书，并通知所有未中标供应商。 **工作重点** ☆在评标的过程中，要重视评选专家的选择，如果选择不当，那么可能会造成采购评审结果不权威、不合理。 ☆招标文件中规定使用密封投标方式的，在宣读投标文件时，不得透露投标商的价格信息。确定中标者后，严禁透露竞标失败的供应商与竞标成功供应商之间的价格差距。 **工作标准** ☆时间标准：招标文件的发售时间不少于五日。 ☆评审标准：评审过程客观、公正，并严格依据招标的评选条件进行评审。
签订合同	**执行程序** 招标采购主管与供应商代表签订采购合同。 **工作重点** ☆采购合同的内容须符合国家相关法律法规的规定。 ☆企业应严格规定采购合同的签署权限，以免因权限不明晰发生越权等行为。 **工作标准** ☆依据标准：采购合同的拟定须以国家相关法律法规为依据。 ☆时间标准：企业应当自中标通知书发出之日起三十日内，按照招标文件和中标人的投标文件订立书面合同。

执行规范

“采购招标文件”“招标公告”“供应商相关资质文件”“资格预审表”“评标评价表”“采购合同”“招标采购管理制度”“招投标文件管理方案”“评标方案”“招标文件评审制度”“评标工作报告”“投标文件评审制度”“招标比价表”“招标邀请书”“中标通知书”。

12.3 开标工作管理流程设计与工作执行

12.3.1 开标工作管理流程设计

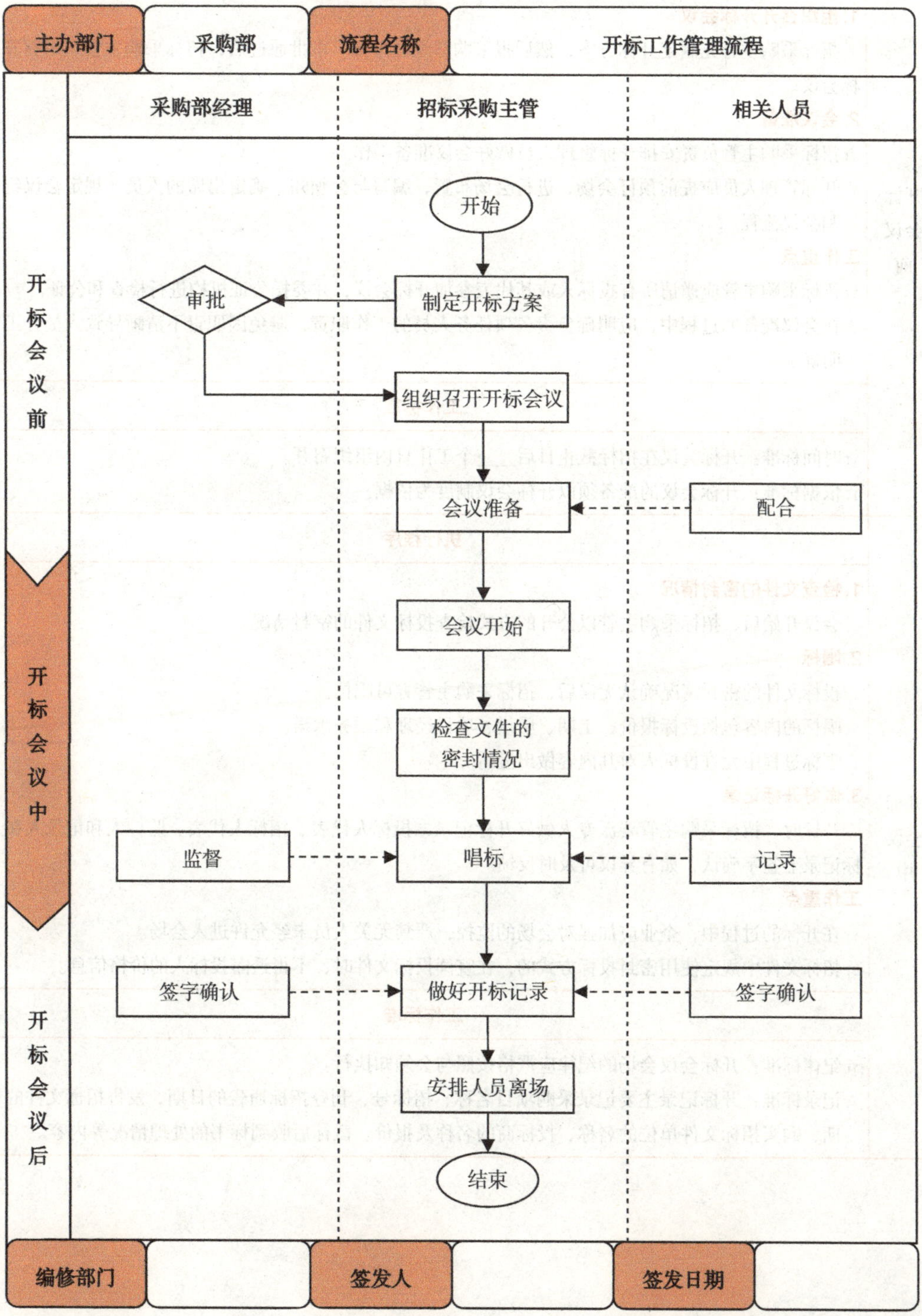

主办部门
采购部
流程名称
开标工作管理流程
采购部经理
招标采购主管
相关人员
开标会议前
开标会议中
开标会议后
开始
制定开标方案
审批
组织召开开标会议
会议准备
配合
会议开始
检查文件的密封情况
监督
唱标
记录
签字确认
做好开标记录
签字确认
安排人员离场
结束
编修部门
签发人
签发日期

12.3.2 开标工作管理执行程序、工作标准、考核指标、执行规范

<table>
<tr><th>任务名称</th><th>执行程序、工作标准与考核指标</th></tr>
<tr><td rowspan="4">开标会议前</td><td>执行程序</td></tr>
<tr><td>1. 组织召开开标会议
招标采购主管先制定开标方案，然后报采购部经理审批。审批通过后，招标采购主管组织召开开标会议。
2. 会议准备
☆招标采购主管负责安排开标管理人员做好会议准备工作。
☆开标管理人员应提前预订会场，进行会场布置，编写与会须知，确定出席的人员，规定会议纪律和会议流程。
工作重点
☆招标采购主管应邀请所有投标人或其代表参加开标会议，并委托公证机构进行检查和公证。
☆在会议准备的过程中，应明确负责各项任务人员的工作职责，避免因职责不清晰导致人员分工不明确。</td></tr>
<tr><td>工作标准</td></tr>
<tr><td>☆时间标准：开标会议在招标截止日后____个工作日内组织召开。
☆依据标准：开标会议的准备须以开标会议制度为依据。</td></tr>
<tr><td rowspan="4">开标会议中</td><td>执行程序</td></tr>
<tr><td>1. 检查文件的密封情况
会议开始后，招标采购主管以公开的方式检查投标文件的密封情况。
2. 唱标
☆投标文件的密封情况确认无误后，招标采购主管方可唱标。
☆唱标的内容包括投标报价、工期、质量、项目经理和服务承诺。
☆唱标过程中允许投标人对其内容做出澄清。
3. 做好开标记录
开标时，招标采购主管要派专人做好开标记录，投标人代表、招标人代表、监标人和记录人在开标记录上签字确认，如有异议可及时反馈。
工作重点
☆在开标的过程中，企业应加强对会场的监控，严禁无关人员未经允许进入会场。
☆招标文件中规定使用密封投标方式的，在宣读投标文件时，不得透露投标人的价格信息。</td></tr>
<tr><td>工作标准</td></tr>
<tr><td>☆纪律标准：开标会议会场的纪律应严格按照与会须知执行。
☆记录标准：开标记录主要记录采购项目名称、招标号、刊登招标通告的日期、发售招标文件的日期、购买招标文件单位的名称、投标商的名称及报价、截标后收到标书的处理情况等内容。</td></tr>
</table>

（续）

<table>
<tr><th>任务名称</th><th colspan="2">执行程序、工作标准与考核指标</th></tr>
<tr><td rowspan="5">开标会议后</td><td>执行程序</td></tr>
<tr><td>开标会议结束后，招标采购主管负责安排人员离场。
工作重点
☆注意维持现场秩序，保证现场人员井然有序地撤离。
☆人员全部离场后，招标采购主管要协助保洁人员做好现场清洁工作。</td></tr>
<tr><td>工作标准</td></tr>
<tr><td>人员离场安排须以与会须知为依据。</td></tr>
<tr><td colspan="2">执行规范</td></tr>
<tr><td colspan="2">“招标采购管理制度”“招投标文件管理方案”“开标方案”“供应商相关资质文件”“签到表”“开标记录表”“与会须知”。</td></tr>
</table>

12.4 评标工作管理流程设计与工作执行

12.4.1 评标工作管理流程设计

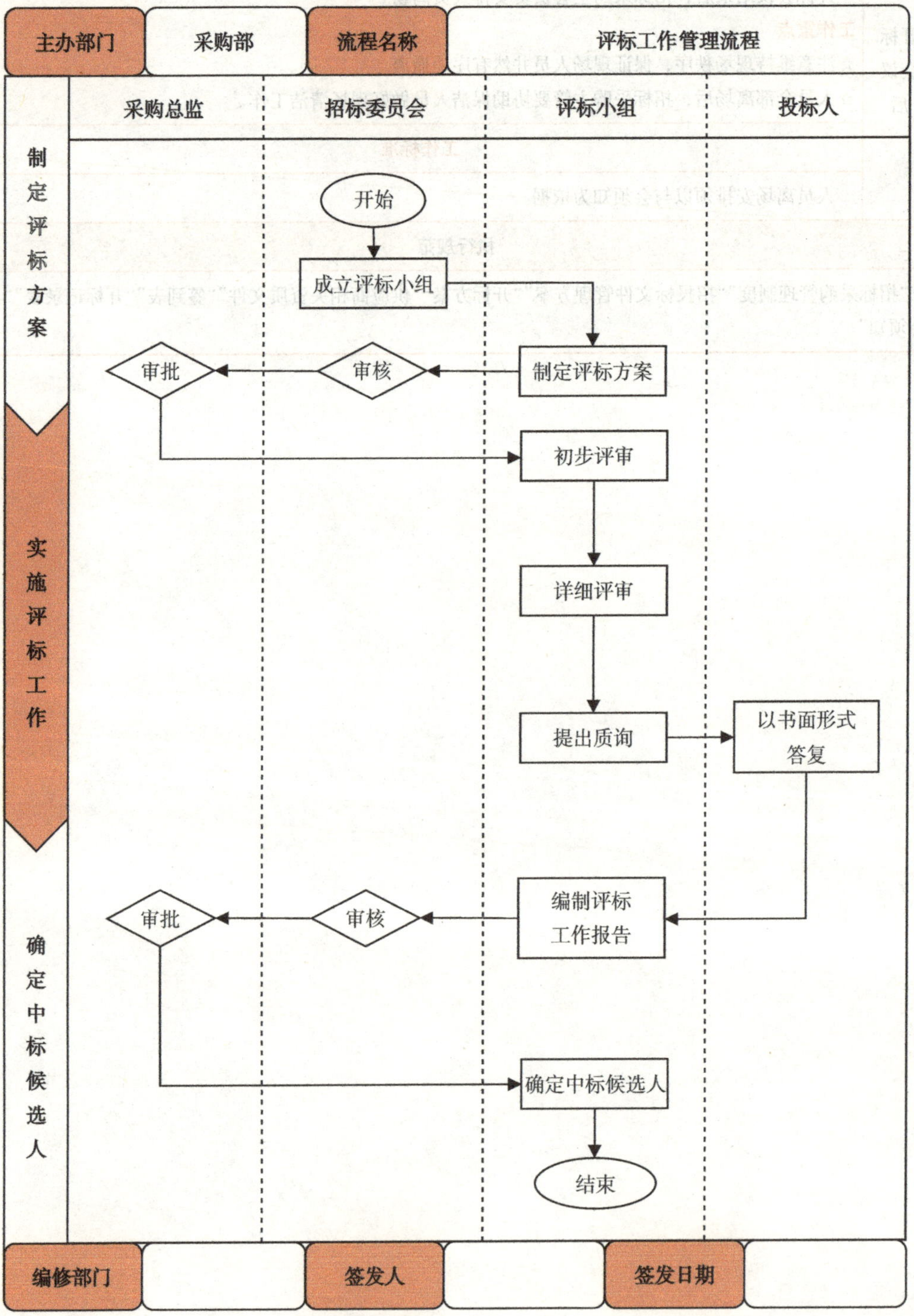

主办部门
采购部
流程名称
评标工作管理流程
采购总监
招标委员会
评标小组
投标人
制定评标方案
实施评标工作
确定中标候选人
开始
成立评标小组
审批
审核
制定评标方案
初步评审
详细评审
提出质询
以书面形式答复
审批
审核
编制评标工作报告
确定中标候选人
结束
编修部门
签发人
签发日期

12.4.2 评标工作管理执行程序、工作标准、考核指标、执行规范

任务名称	执行程序、工作标准与考核指标
制定评标方案	**执行程序**
	☆招标委员会负责成立评标小组。 ☆评标小组应研究招标文件，了解和熟悉招标概况、招标范围及性质、技术要求和标准、商务条款、评标方法和标准，制定评标方案。 ☆评标小组将制定好的评标方案报招标委员会审核、采购总监审批。 **工作重点** ☆招标委员会应合理选择评标小组成员。如果小组成员选择不当，那么可能会造成评审结果不权威、不合理。 ☆与投标人有利害关系的人，不得进入相关项目的评标委员会；已经进入的应当更换。 ☆企业应加强对评标小组人员的培训，确保所有人员掌握和熟悉各种评标方法，能够根据具体的项目选择合适的评标方法，维护本企业的利益。
	工作标准
	评标小组成员应具有较高的职业道德水平，具备招标项目的专业知识和丰富经验。
实施评标工作	**执行程序**
	1. 初步评审 评标小组根据招标文件对所有投标文件进行初步评审。 **2. 详细评审** ☆评标小组应先对投标文件进行技术和商务方面的审查，评定其合理性，然后对投标文件的分项进行量化比较，评出先后次序。 ☆评标小组对投标文件中不易理解的地方，可以书面形式向供应商提出质询，并要求投标人以书面形式答复。 **工作重点** ☆评标小组应重点评审投标人的资格、投标担保的有效性、投标文件是否符合招标文件的实质性要求、报价计算的正确性及资料的完整性。 ☆报标人在澄清问题时，不允许改变投标价格和投标文件中的实质性内容。 ☆招标委员会成员和参与评标的有关人员，不得透露对投标文件的评审和比较、中标候选人的推荐情况及与评标有关的其他情况。
	工作标准
	评标小组对招标文件的评审须以招标文件为依据。
确定中标候选人	**执行程序**
	1. 编制评标工作报告 评标小组根据招标文件中规定的评标标准和方法，编制评标工作报告，并将其报招标委员会审核、采购总监审批。 **2. 确定中标候选人** 评标小组根据审批通过的评标工作报告，确定中标候选人。

（续）

任务名称	执行程序、工作标准与考核指标
确定中标候选人	**工作重点** ☆评标工作报告应由评标小组全体成员签字。 ☆对评标结论有异议的评标小组成员，须以书面形式阐述个人意见和理由。评标小组成员拒绝在评标工作报告上签字且不陈述个人意见和理由的，视为同意评标结论。评标小组应当对此做出书面说明并记录在案。 **工作标准** ☆内容标准：评标工作报告的内容包括招标情况、开标情况、评标情况及推荐意见。 ☆数量标准：中标候选人不超过三个。
执行规范	
“招标采购管理制度”“招投标文件管理方案”“评标方案”“供应商相关资质文件”“招标文件评审制度”“评标工作报告”“投标文件评审制度”“招标比价表”。	

12.5 定标工作管理流程设计与工作执行

12.5.1 定标工作管理流程设计

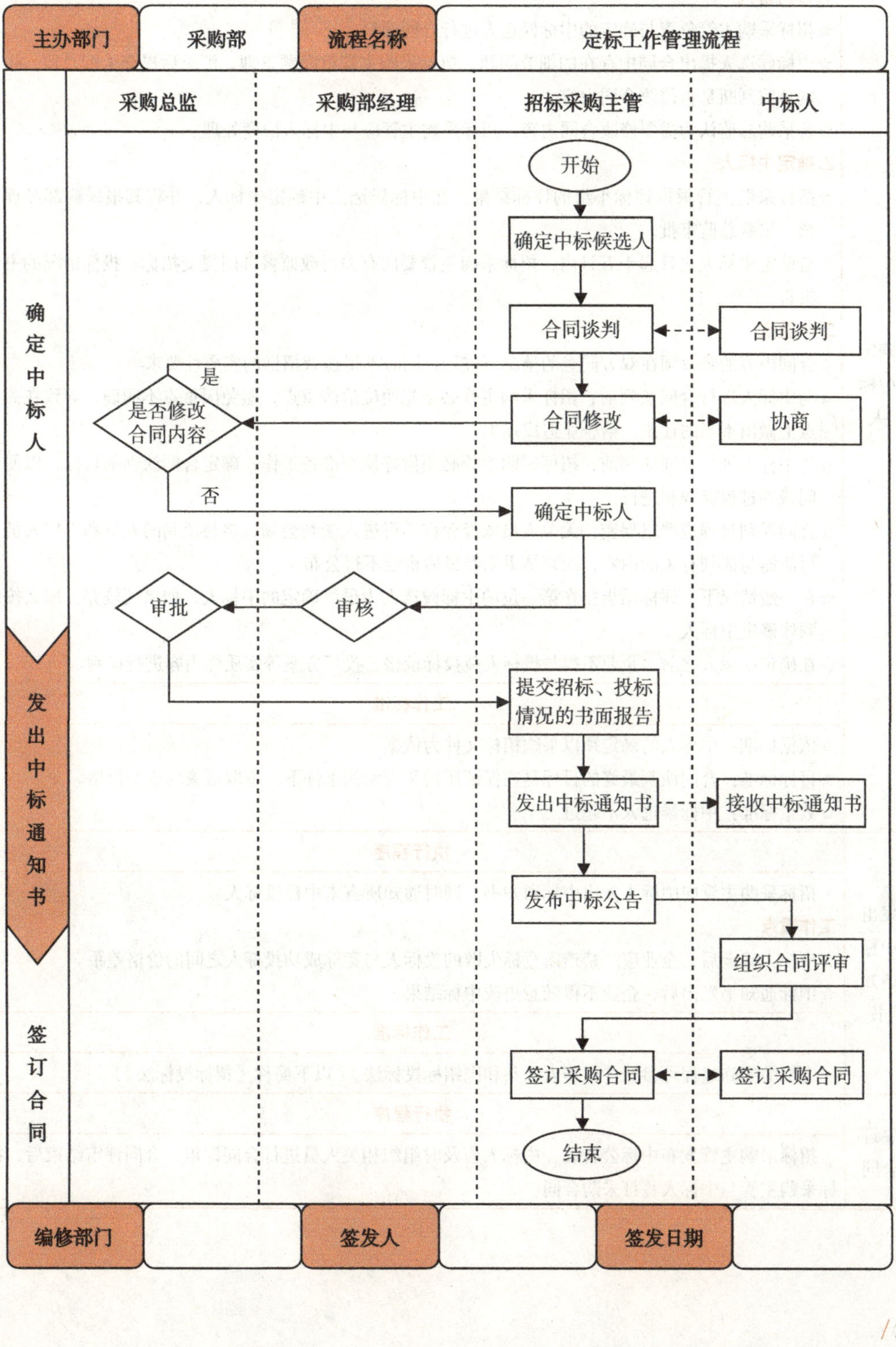

主办部门
采购部
流程名称
定标工作管理流程
采购总监
采购部经理
招标采购主管
中标人
确定中标人
发出中标通知书
签订合同
开始
确定中标候选人
合同谈判
合同谈判
是否修改合同内容
是
否
合同修改
协商
确定中标人
审批
审核
提交招标、投标情况的书面报告
发出中标通知书
接收中标通知书
发布中标公告
组织合同评审
签订采购合同
签订采购合同
结束
编修部门
签发人
签发日期

12.5.2 定标工作管理执行程序、工作标准、考核指标、执行规范

任务名称	执行程序、工作标准与考核指标
确定中标人	**执行程序** **1. 合同谈判** ☆招标采购主管负责与确定的中标候选人进行合同谈判。 ☆中标候选人提出合同中存在的细节问题，招标采购主管将问题整理、汇总后提交采购总监，由采购总监判断是否修改合同内容。 ☆若采购总监认为需要修改合同内容，招标采购主管应与中标人协商处理。 **2. 确定中标人** ☆招标采购主管根据评标小组的评标结果，在中标候选人中确定中标人，并将其报采购部经理审核、采购总监审批。 ☆自确定中标人之日起十五日内，招标采购主管要向有关行政监督部门提交招标、投标情况的书面报告。 **工作重点** ☆合同内容的修改须在双方同意的情况下进行，同时不得违背招标的实质性要求。 ☆与中标人进行合同谈判前，招标采购主管必须先明确洽谈重点，避免因重点不明确，导致在关键点上做出不当的让步，给企业造成损失。 ☆与中标人进行合同谈判前，招标采购主管必须做好谈判准备工作，确定合同谈判的目标，以便合同谈判过程能顺利进行。 ☆合同谈判过程应严格保密，无关人员未经允许不得进入谈判会场，参与谈判的人员和工作人员不得泄露与谈判有关的内容，谈判结果未经最后审定不得公布。 ☆在一般情况下，评标结果排在第一位的中标候选人为最终确定的中标人，如果其放弃，那么按照顺序确定中标人。 ☆在确定中标人之前，企业不得与投标人就投标价格、投标方案等实质性内容进行谈判。 **工作标准** ☆依据标准：中标人的确定须以采购招标文件为依据。 ☆目标标准：合同谈判最终的目标是在保证质量和交期的条件下，争取低廉的成交价格。 ☆数量标准：中标候选人不超过三个。
发出中标通知书	**执行程序** 招标采购主管向中标人发出中标通知书，同时通知所有未中标投标人。 **工作重点** ☆中标人确定后，企业应严禁透露竞标失败的投标人与竞标成功投标人之间的价格差距。 ☆中标通知书发出后，企业不得随意更改中标结果。 **工作标准** 定标的实施过程可参照《中华人民共和国招标投标法》(以下简称《招标投标法》)。
签订合同	**执行程序** 招标采购主管发布中标公告后，中标人应及时组织相关人员进行合同评审。合同评审结束后，招标采购主管与中标人签订采购合同。

（续）

<table>
<tr><th>任务名称</th><th>执行程序、工作标准与考核指标</th></tr>
<tr><td rowspan="3">签订合同</td><td>工作重点
☆企业须加强对采购合同的评审，确保合同内容符合国家相关法律法规的规定。
☆在签订采购合同时，不得另行订立违背合同实质性内容的其他协议。</td></tr>
<tr><td>工作标准</td></tr>
<tr><td>☆依据标准：合同的拟定须符合国家相关法律法规的规定。
☆时间标准：企业应当自中标通知书发出之日起三十日内，按照招标文件和中标人的投标文件订立书面合同。</td></tr>
<tr><th colspan="2">执行规范</th></tr>
<tr><td colspan="2">《招标投标法》及企业的“招标公告”“采购合同”“招标采购管理制度”“中标通知书”“招投标文件管理制度”。</td></tr>
</table>

第13章 国际采购过程管控

13.1 国际采购过程管控流程

13.1.1 流程设计的目的

企业对国际采购过程管控进行流程设计的目的如下。

（1）指导国际采购工作的开展，使国际采购工作有章可循。

（2）设计合理的采购组织结构，明确相关部门及人员的职责，以有利于国际采购各项工作的开展。

（3）确定重大采购决策与计划，使采购工作能够更有效地作用于组织的目标和战略，同时降低国际采购风险。

13.1.2 流程结构设计

国际采购过程管控流程结构设计采取总分式结构，即先设计国际采购管理流程，再设计国际采购供应商选择管理流程、国际采购询价管理流程、国际采购运输管理流程、国际采购付款管理流程和国际采购风险管理流程，具体如图 13-1 所示。

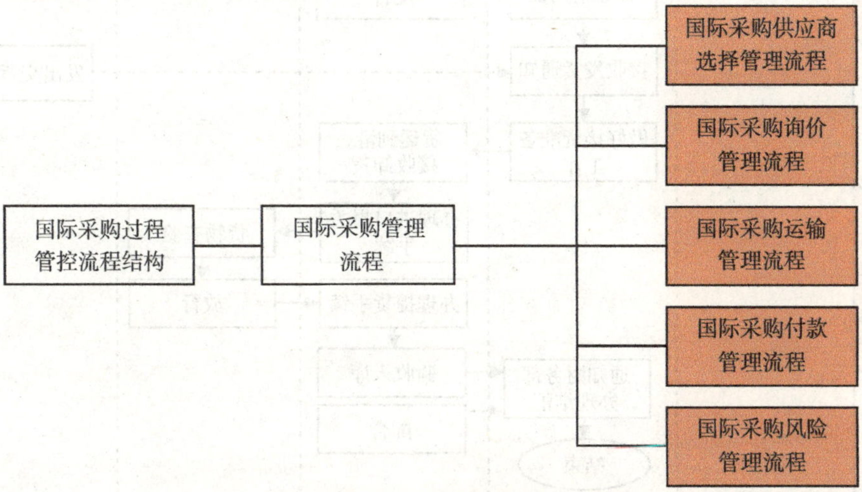

国际采购过程管控流程结构
国际采购管理流程
国际采购供应商选择管理流程
国际采购询价管理流程
国际采购运输管理流程
国际采购付款管理流程
国际采购风险管理流程

图 13-1 国际采购过程管控流程结构设计

13.2 国际采购管理流程设计与工作执行

13.2.1 国际采购管理流程设计

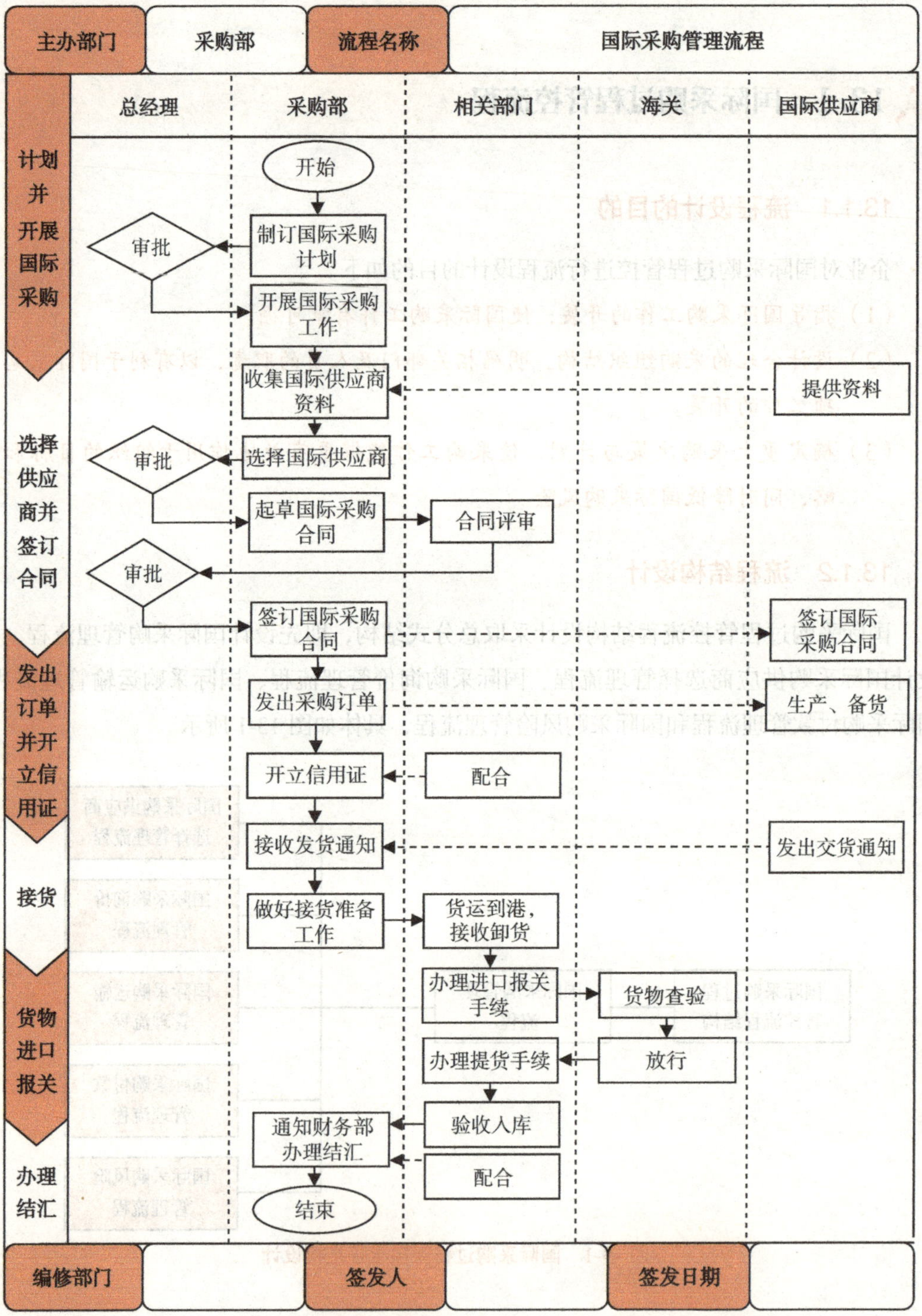
主办部门
采购部
流程名称
国际采购管理流程
总经理
采购部
相关部门
海关
国际供应商
计划并开展国际采购
选择供应商并签订合同
发出订单并开立信用证
接货
货物进口报关
办理结汇
开始
审批
制订国际采购计划
开展国际采购工作
收集国际供应商资料
提供资料
审批
选择国际供应商
起草国际采购合同
合同评审
审批
签订国际采购合同
签订国际采购合同
发出采购订单
生产、备货
开立信用证
配合
接收发货通知
发出交货通知
做好接货准备工作
货运到港，接收卸货
办理进口报关手续
货物查验
办理提货手续
放行
验收入库
通知财务部办理结汇
配合
结束
编修部门
签发人
签发日期

13.2.2 国际采购管理执行程序、工作标准、考核指标、执行规范

任务名称	执行程序、工作标准与考核指标
计划并开展国际采购	**执行程序**
	1. 制订国际采购计划 采购部根据企业的发展状况及往年国际采购情况，结合本年度相关部门的年度经营计划和国际市场的变化情况，制订国际采购计划，并将其报总经理审批。 **2. 开展国际采购工作** 采购部根据国际采购计划开展国际采购工作，具体工作内容包括考察国际市场、询价、与国际供应商接洽等。 **工作重点** 国际采购计划的制订要符合企业规范。计划内容全面、结构清晰且无重大纰漏。
	工作标准
	☆参照标准：国际采购计划的制订可参照企业过去年度的国际采购资料。 ☆内容标准：国际采购计划的内容包括国际采购数量、采购货物价位、采购预算和采购途径等。
选择供应商并签订合同	**执行程序**
	1. 收集国际供应商资料 ☆采购部应在与原有国际供应商保持合作关系的基础上，通过媒体、国际展会、行业协会和招投标等途径开发新的国际供应商。 ☆采购部应收集新开发的国际供应商资料，具体包括产品价格、产品品质、交货能力、财务状况、采购交易条件、技术指导能力和服务质量等。 **2. 选择国际供应商** 采购部根据收集的国际供应商资料，选择符合企业要求的国际供应商，并将其报总经理审批。 **3. 起草国际采购合同** 采购部根据所采购的物资的情况起草国际采购合同，并将其提交相关部门进行评审。 **4. 签订国际采购合同** ☆采购部根据评审结果对合同进行修改，并将修改后的国际采购合同报总经理审批。 ☆审批通过后，采购部派代表与国际供应商代表签订国际采购合同。 **工作重点** ☆要注意合同的合规性。在通常情况下，合同初稿拟定完成后，企业法务部、对外贸易部等部门应对合同初稿内容进行全面审查。在审查的过程中，企业相关部门既要对合同价款的形成依据、款项收取或支付条件等条款进行审查并提出意见，也要对合同条款的合法性及相关风险做出评估。 ☆国际供应商确定后，采购部要及时与之联系、接洽、谈判，以确定双方交易的条件、交易货品价格及其他方面合作细节，以降低采购成本，保证企业利益。 ☆国际采购合同的条款内容要明确具体，文字表达严谨，书写工整。另外，应使用现代标准汉语和供应商所在国两种语言作为文本合同书写语言。
	工作标准
	☆完成标准：双方正式签订国际采购合同并保持沟通。 ☆质量标准：所选的国际供应商应符合企业的相关标准，国际采购合同要经过双方充分的沟通和确认。

（续）

任务名称	执行程序、工作标准与考核指标
选择供应商并签订合同	☆时间标准：国际采购合同从起草到正式签订须在____个工作日内完成。 **考核指标** ☆国际采购合同中无有损企业利益的条款。 ☆合同评审过程的严谨性：合同评审工作完成后，合同中存在的不合理之处不多于____处。
发出订单并开立信用证	**执行程序** **1. 发出采购订单** ☆采购部根据企业生产经营的需要，按照合同约定及时向国际供应商发出采购订单。订单的内容包括采购数量、价格、交货日期等。 ☆国际供应商收到采购订单后，应及时生产、备货，保证按时交货。 **2. 开立信用证** ☆为了保证企业的利益，采购部应在相关部门的配合下，向银行开立信用证。 ☆采购部应将开立信用证所需的材料交给财务部，由财务部向企业所在地相关银行递交文件并按规定程序办理信用证。 **工作重点** 信用证的开立要及时，须按计划时限提交开立信用证所需文件，以免影响正常采购计划的进行。 **工作标准** 信用证的开立可参照企业过去年度的信用证开立政策。
接货	**执行程序** **1. 接收发货通知** ☆采购部应要求供应商按照合同约定的日期发货，并对本企业发出发货通知。 ☆采购部接到发货通知后，应做好接货准备工作。 **2. 货运到港，接收卸货** ☆当货物运达至港口卸货时，采购部要协同相关部门认真清点、核对货物数量，如果发现短缺，应及时填写货物短缺报告，并将其交由船方确认。 ☆卸货时，如果发现货物残损，应先将其存放于海关指定仓库，待保险公司会同商检局检验后再做出处理。 **工作重点** 若本企业不具备国际运输能力，企业要及时委托第三方物流企业进行货物运输，物流部应与物流企业办理委托货运手续，并努力降低运输成本。 **工作标准** 物流事宜沟通顺畅，运输方案合理，企业接货及时、准确。
货物进口报关	**1. 办理进口报关手续** ☆无论采用何种运输方式，货物到港后都应及时办理进口报关手续，由海关人员按照规定程序及要求对货物进行查验。 ☆进口报关工作完成后，企业物流部（代理货运企业）应安排货运人员进行提货及货物运输，及时安全地将货物运往企业仓库或指定地点。

（续）

<table>
<tr><th>任务名称</th><th>执行程序、工作标准与考核指标</th></tr>
<tr><td rowspan="4">货物进口报关</td><td>执行程序</td></tr>
<tr><td>☆采购部或企业物流部相关人员应配合海关人员进行货品查验，提供相应单证或对货品进行解释说明；若委托第三方物流企业进行货物运输，则报关工作由其负责。
2. 办理提货手续
货物查验通过且缴纳相应税费，海关放行后，企业物流部办理提货手续，并通过铁路、航空等方式将货物运送至企业指定地点。
工作重点
采购部要注意过关检验工作的规范性。对于国家法定检验的货物、合同规定需要在卸货港检验的货物、合同索赔期将满的货物，以及出现货损货差情况时，应提出申请，要求检验检疫部门对货物进行检验。对于检验检疫部门发现的货物与合同约定不符的情况，企业要及时拿到相关凭证，以作为索赔依据。</td></tr>
<tr><td>工作标准</td></tr>
<tr><td>通过合规的报关、查验与提货，及时将货物运送至企业的指定地点。</td></tr>
<tr><td rowspan="4">办理结汇</td><td>执行程序</td></tr>
<tr><td>1. 验收入库
如果没有进行商检，货物到达企业后，相关部门应在合同约定的索赔期限内对货物进行验收。在验收的过程中，若发现问题，本企业有权提出损害赔偿，甚至拒收货物。验收无误后，相关部门及时办理物资入库手续。
2. 通知财务部办理结汇
货物入库后，采购部通知财务部办理结汇。
工作重点
如果发生索赔，相关单证、发票、装箱单、重量明细单、品质说明书、使用说明书、产品图纸等技术资料、溢短单、商务记录等均可作为重要索赔依据。</td></tr>
<tr><td>工作标准</td></tr>
<tr><td>结汇的实施程序可参照企业过去采购工作的结汇政策。</td></tr>
<tr><td colspan="2">执行规范</td></tr>
<tr><td colspan="2">“国际采购管理制度”“国际采购计划书”“国际采购报关报检管理办法”。</td></tr>
</table>

13.3 国际采购供应商选择管理流程设计与工作执行

13.3.1 国际采购供应商选择管理流程设计

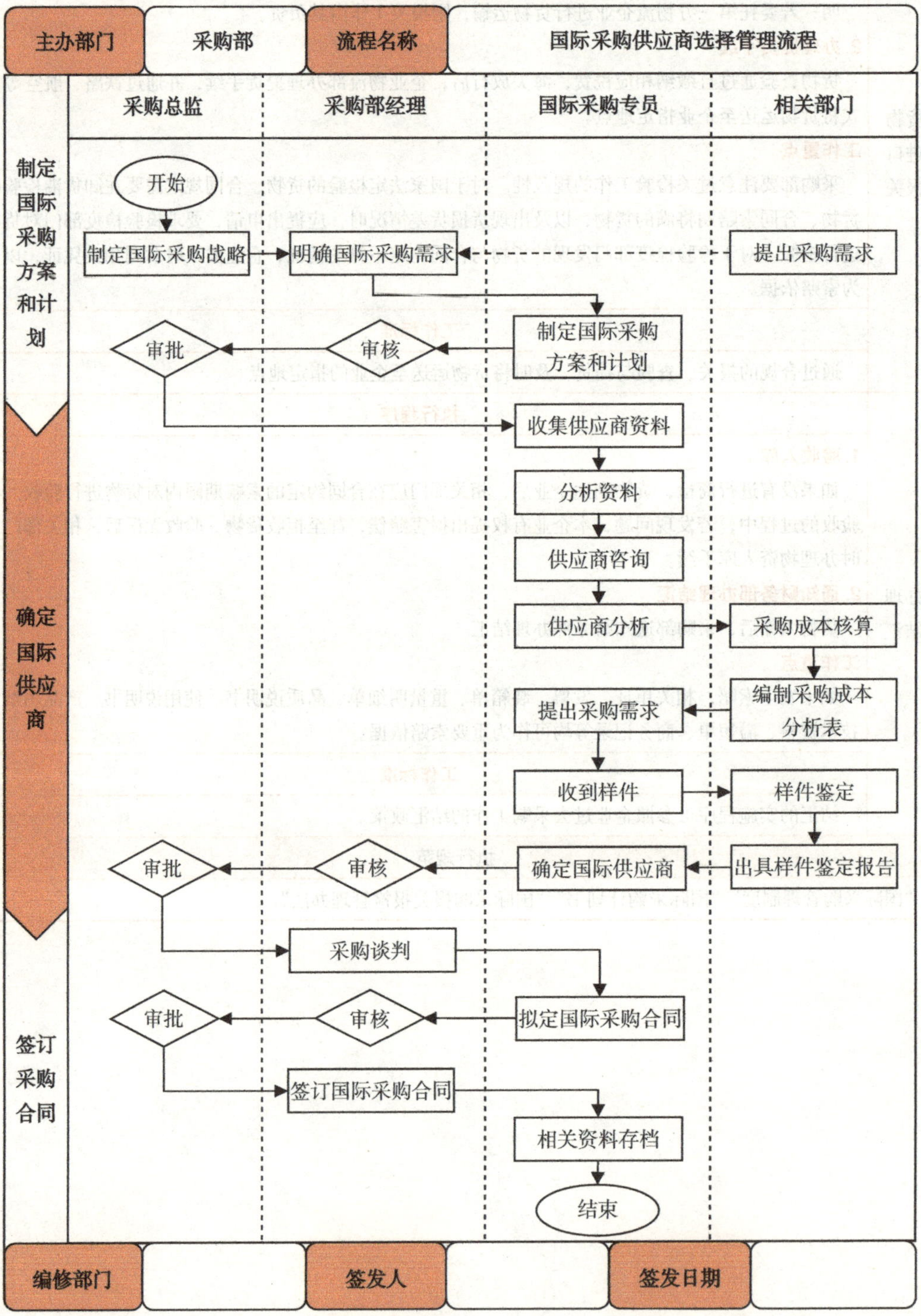
主办部门
采购部
流程名称
国际采购供应商选择管理流程
采购总监
采购部经理
国际采购专员
相关部门
制定国际采购方案和计划
确定国际供应商
签订采购合同
开始
制定国际采购战略
明确国际采购需求
提出采购需求
制定国际采购方案和计划
审批
审核
收集供应商资料
分析资料
供应商咨询
供应商分析
采购成本核算
编制采购成本分析表
提出采购需求
收到样件
样件鉴定
确定国际供应商
出具样件鉴定报告
审批
审核
采购谈判
拟定国际采购合同
审批
审核
签订国际采购合同
相关资料存档
结束
编修部门
签发人
签发日期

13.3.2 国际采购供应商选择管理执行程序、工作标准、考核指标、执行规范

任务名称	执行程序、工作标准与考核指标
制定国际采购方案和计划	**执行程序** **1. 制定国际采购战略** 采购总监根据企业的年度生产战略，制定国际采购战略。 **2. 明确国际采购需求** 采购部经理根据企业的国际采购战略及相关部门提出的采购需求，明确企业在一段时间内的国际采购需求。 **3. 制定国际采购方案和计划** ☆国际采购专员根据企业的发展状况及往年国际采购情况，结合本年度企业的国际采购需求和国际市场的变化情况，制定国际采购方案和计划，并将其报采购部经理审核、采购总监审批。 ☆国际采购方案和计划的内容包括国际采购数量、采购货物价位、采购预算、采购途径、物流方式和风险防控措施等。 ☆国际采购专员根据采购总监的审批意见，对国际采购方案和计划进行修订。 **工作重点** 国际采购方案和计划不仅要具有可操作性，更要立足实际，便于后期实施和操作。
	工作标准 国际采购方案和计划的制定可参照企业过去年度的国际采购项目的方案和计划。
确定国际供应商	**执行程序** **1. 收集供应商资料** ☆国际采购专员根据国际采购方案和计划，制定供应商的选择标准，同时广泛收集供应商资料。 ☆国际采购专员需要收集的资料包括潜在供应商所在国的贸易政策和政治稳定性，国际供应商的生产规模、技术水平、产品种类、生产能力、研发能力和质量标准等，国际供应商的负债情况、盈利情况等，国际供应商的质量认证、环境认证等。 ☆国际采购专员收集资料的途径包括参加贸易展览会，行业报纸、杂志、期刊等，政府、商会、贸易协会安排的内部代表团，大使馆的商业部门，网络。 **2. 分析资料** 国际采购专员应对收集的供应商资料进行分析，筛选出符合企业要求的供应商。 **3. 供应商咨询** 如果存在疑问，国际采购专员应及时向供应商咨询，以进一步了解其产品情况。 **4. 供应商分析** 国际采购专员要对供应商情况进行综合分析。 **5. 采购成本核算** 相关部门根据供应商提供的初步报价，对采购成本进行核算，并编制采购成本分析表，将其提交国际采购专员。 **6. 提出采购需求** ☆国际采购专员根据企业的采购预算及采购成本核算情况，提出具体的采购需求。 ☆国际采购专员向供应商通报企业的具体采购需求，并向其发出限期样件鉴定通知。

（续）

任务名称	执行程序、工作标准与考核指标
确定国际供应商	**7. 样件鉴定** 国际采购专员组织相关部门对供应商提供的样件进行鉴定，并出具样件鉴定报告。 **8. 确定国际供应商** ☆国际采购专员根据国际供应商及样件检测信息、现场评审结果，按照国际供应商评审标准对国际供应商进行综合评审，对各项指标进行评分并加权汇总，确定国际供应商。 ☆国际采购专员将确定的供应商名单报采购部经理审核、采购总监审批。 **工作重点** ☆国际供应商的评审标准包括产品价格、供货能力、质量水平和信用状况等。 ☆企业可组建采购调查小组对国际供应商进行实地考察。采购调查小组须对国际供应商的管理体系及合同履行能力、设计开发与工艺水平、生产运作及质量控制的稳定性与可靠性等方面进行现场评审和评分。
	工作标准
	国际供应商选择标准科学、合理，过程公开、公正、透明，且其产品满足企业的采购要求。
	考核指标
	国际供应商评审的规范性：按照企业规定的程序、标准进行，过程公开、透明、公正。
签订采购合同	**执行程序**
	1. 采购谈判 国际供应商确定后，国际采购专员应及时与之联系、接洽、谈判，以确定双方交易的条件、交易货品价格及其他方面合作细节，以降低采购成本，保证企业利益。 **2. 拟定国际采购合同** ☆采购谈判结束后，国际采购专员根据谈判结果拟定国际采购合同。 ☆国际采购合同的条款内容应明确具体，文字表达严谨，书写工整。另外，应使用现代标准汉语和供应商所在国两种语言作为文本合同书写语言。 **3. 签订国际采购合同** ☆国际采购合同经采购部经理审核、采购总监审批通过后，由采购部经理代表企业与国际供应商代表签订国际采购合同。 ☆合同签订后，国际采购专员应及时将相关资料存档。 **工作重点** 要注意合同的合规性。在通常情况下，合同初稿拟定完成后，企业法务部、对外贸易部等部门应对合同初稿内容进行全面审查。在审查的过程中，企业相关部门既要对合同价款的形成依据、款项收取或支付条件等条款进行审查并提出意见，也要对合同条款的合法性及相关风险做出评估。
	工作标准
	双方正式签订国际采购合同并保持沟通。
	考核指标
	合同中无有损企业利益的条款。
执行规范	
“国际供应商选择制度”“国际采购管理制度”“国际采购计划书”“国际采购合同”。	

13.4 国际采购询价管理流程设计与工作执行

13.4.1 国际采购询价管理流程设计

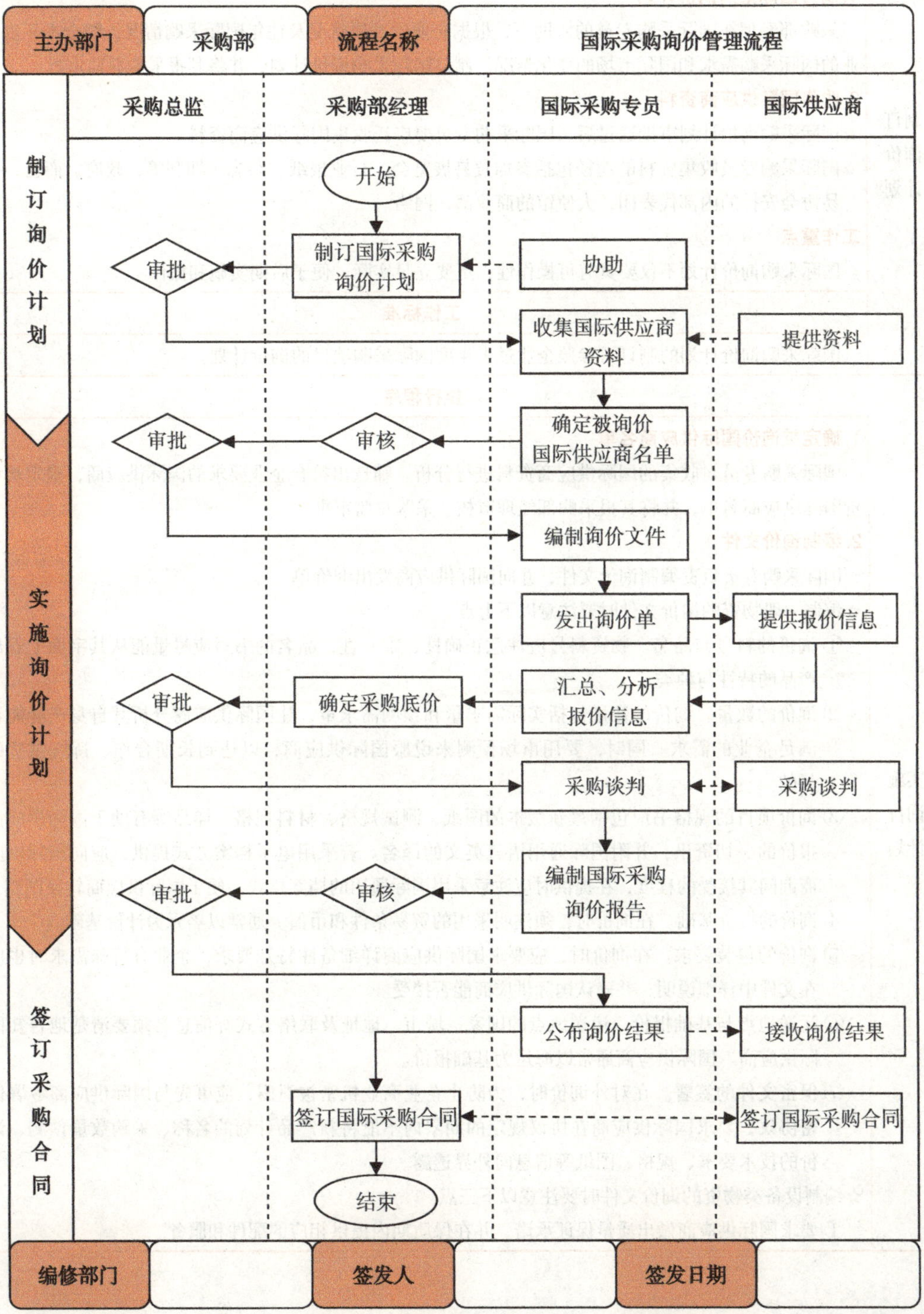
主办部门
采购部
流程名称
国际采购询价管理流程
采购总监
采购部经理
国际采购专员
国际供应商
制订询价计划
实施询价计划
签订采购合同
开始
制订国际采购询价计划
审批
协助
收集国际供应商资料
提供资料
确定被询价国际供应商名单
审核
审批
编制询价文件
发出询价单
提供报价信息
汇总、分析报价信息
确定采购底价
审批
采购谈判
采购谈判
编制国际采购询价报告
审核
审批
公布询价结果
接收询价结果
签订国际采购合同
签订国际采购合同
结束
编修部门
签发人
签发日期

13.4.2 国际采购询价管理执行程序、工作标准、考核指标、执行规范

<table>
<tr><th>任务名称</th><th>执行程序、工作标准与考核指标</th></tr>
<tr><td rowspan="4">制订询价计划</td><td>执行程序</td></tr>
<tr><td>1. 制订国际采购询价计划
采购部经理在国际采购专员的协助下，根据企业的发展状况及往年国际采购情况，结合本年度企业的国际采购需求和国际市场的变化情况，制订国际采购询价计划，并将其报采购总监审批。
2. 收集国际供应商资料
☆国际采购询价计划审批通过后，国际采购专员要广泛收集国际供应商资料。
☆国际采购专员收集资料的途径包括参加贸易展览会，行业报纸、杂志、期刊等，政府、商会、贸易协会安排的内部代表团，大使馆的商业部，网络。
工作重点
国际采购询价计划不仅要具有可操作性，更要立足实际，便于后期实施和操作。</td></tr>
<tr><td>工作标准</td></tr>
<tr><td>国际采购询价计划的制订可参照企业过去年度国际采购项目的询价计划。</td></tr>
<tr><td rowspan="2">实施询价计划</td><td>执行程序</td></tr>
<tr><td>1. 确定被询价国际供应商名单
国际采购专员对收集的国际供应商资料进行分析，筛选出符合企业要求的国际供应商，确定被询价国际供应商名单，并将其报采购部经理审核、采购总监审批。
2. 编制询价文件
☆国际采购专员负责编制询价文件，并向国际供应商发出询价单。
☆编制一般物资的询价文件时要注意以下七点。
① 询价的料号与品名。物资料号应注意正确性、唯一性，品名的书写应尽量能从其字面上看出产品的特性与种类。
② 询价的数量。询价的数量包括实际需求量和预测需求量，让国际供应商分析其自身产能能否满足企业的需求。同时，要用市场预测来说服国际供应商，以达到长期合作、持续供货的目的。
③ 询价项目的规格书应包括最新版本的图纸、测试规格、材料规格、样品等有助于国际供应商报价的一切资讯，并附国际通用语言英文的译名。若采用电子档案方式提供，应向国际供应商询问其接受的程度，在提供时应注意采用国际通用的档案格式，便于国际供应商转换图档。
④ 询价的报价基础。在询价时，须注明采用的贸易条件和币值。通常以美元为计价基础。
⑤ 询价的包装要求。在询价时，应要求国际供应商详细备注特殊要求，企业有特殊需求时也应在文件中详细说明，并确认国际供应商能否接受。
⑥ 运送地点与基础报价。运送地点的国家、城市、地址及联络方式等信息必须要清楚地告知国际供应商。国际供应商通常以海运为基础报价。
⑦ 保密文件的签署。在对外询价时，为防止企业商业机密被泄露，应事先与国际供应商签署保密协议，要求国际供应商在协议规定的期限内不能将新产品计划的名称、采购数量预测、询价的技术要求、规格、图纸等信息向外界透露。
☆编制设备类物资的询价文件时要注意以下三点。
① 要求国际供应商做出质量保证承诺，并在保质期内提供相应的配件和服务。</td></tr>
</table>

（续）

<table>
<tr><th>任务名称</th><th>执行程序、工作标准与考核指标</th></tr>
<tr><td rowspan="5">实施询价计划</td><td>②要求国际供应商列举保质期满后物资保养所需的配件明细单，并注明配件的参考价格和替代规格等。
③要求国际供应商提供设备的装运条件、体积、重量等，以及设备安装、试运行的条件。
3. 汇总、分析报价信息
☆接到供应商发回的报价信息后，国际采购专员应及时进行汇总、分析，并将这些信息提交采购部经理。
☆采购部经理根据采购专员提交的信息，确定采购底价，并将其报采购总监审批。
4. 采购谈判
采购底价审批通过后，国际采购专员与国际供应商进行采购谈判。
5. 编制国际采购询价报告
国际采购专员根据谈判的内容编制国际采购询价报告，并将其报采购部经理审核、采购总监审批，最后由采购总监核定国际供应商。
工作重点
☆在选择国际供应商时，应注意其所在国的贸易政策及政治风险。
☆国际采购专员应充分了解国际供应商的报价信息，当企业对所购物资有严格的控制标准并需要提供认证时，须确认此认证是否为国际标准，国际供应商能否提供。
☆在确定国际供应商时，应综合评估其产品品质、规格、付款条件等，必要时应索取样品、测试报告、目录或说明书、产地证明等。</td></tr>
<tr><td>工作标准</td></tr>
<tr><td>国际供应商的选择标准科学、合理，询价过程公开、透明、公正且符合企业规范。</td></tr>
<tr><td>考核指标</td></tr>
<tr><td>国际供应商询价的规范性：按照企业规定的程序、标准进行，采购价格合理，领导满意。</td></tr>
<tr><td rowspan="6">签订采购合同</td><td>执行程序</td></tr>
<tr><td>1. 公布询价结果
国际采购询价报告审批通过后，国际采购专员公布询价结果。
2. 签订国际采购合同
采购部经理代表企业与国际供应商代表签订国际采购合同。
工作重点
合同拟定人员要注意合同的合规性。在通常情况下，合同初稿拟定完成后，企业法务部、对外贸易部等部门应对合同初稿内容进行全面审查。在审查的过程中，企业相关部门既要对合同价款的形成依据、款项收取或支付条件等条款进行审查并提出意见，也要对合同条款的合法性及相关风险做出评估。</td></tr>
<tr><td>工作标准</td></tr>
<tr><td>双方正式签订国际采购合同并保持沟通。</td></tr>
<tr><td>考核指标</td></tr>
<tr><td>国际采购合同中无有损企业利益的条款。</td></tr>
<tr><td colspan="2">执行规范</td></tr>
<tr><td colspan="2">“国际采购询价管理制度”“国际采购管理制度”“国际采购计划书”“国际采购合同”。</td></tr>
</table>

13.5 国际采购运输管理流程设计与工作执行

13.5.1 国际采购运输管理流程设计

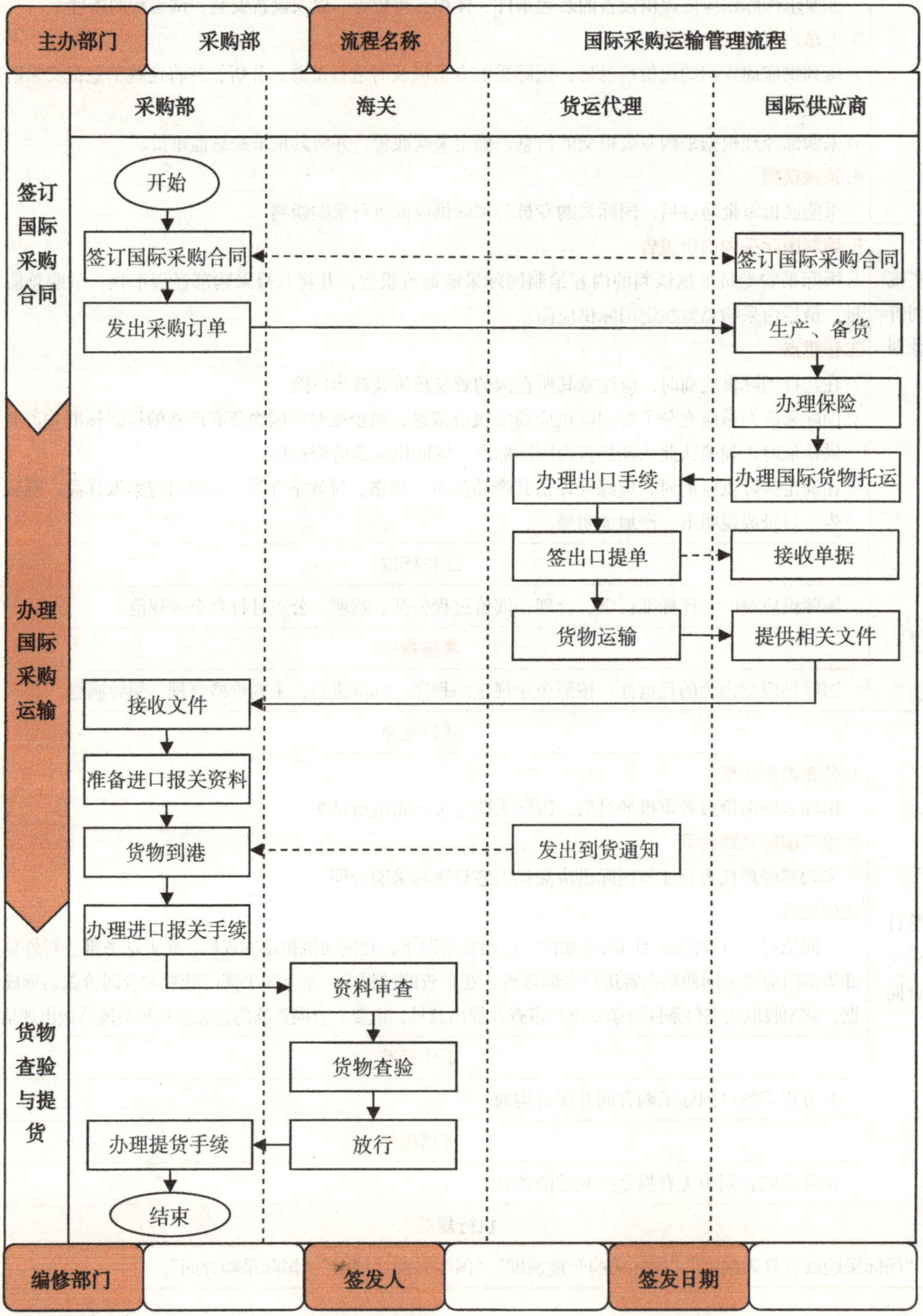

主办部门
采购部
流程名称
国际采购运输管理流程
采购部
海关
货运代理
国际供应商
签订国际采购合同
办理国际采购运输
货物查验与提货
开始
签订国际采购合同
签订国际采购合同
发出采购订单
生产、备货
办理保险
办理出口手续
办理国际货物托运
签出口提单
接收单据
货物运输
提供相关文件
接收文件
准备进口报关资料
货物到港
发出到货通知
办理进口报关手续
资料审查
货物查验
办理提货手续
放行
结束
编修部门
签发人
签发日期

13.5.2 国际采购运输管理执行程序、工作标准、考核指标、执行规范

任务名称	执行程序、工作标准与考核指标
签订国际采购合同	**执行程序** 1. 签订国际采购合同 采购部经理代表企业与供应商代表签订国际采购合同。合同签订完成后，国际采购专员应与国际供应商保持沟通。 2. 发出采购订单 ☆采购部根据企业生产经营的需要，按照合同约定向国际供应商发出采购订单。订单的内容包括采购数量、价格、交货日期等。 ☆国际供应商接到采购订单后，组织生产、备货，保证按时交货。 工作重点 采购订单的编写要符合企业规范，内容全面、结构清晰且无重大纰漏。 **工作标准** 采购订单的编写可参照企业过去年度国际采购项目的采购订单。
办理国际采购运输	**执行程序** 1. 办理国际货物托运 ☆为货物办理保险后，供应商应按照合同约定及时办理国际货物托运。 ☆供应商在办理国际货运托运前，采购部如有新的要求，应提前与供应商沟通。 2. 办理出口手续 货运代理按照当地政府的要求办理出口手续，签出口提单，并将完整的手续文件发送给国际供应商。 3. 准备进口报关资料 采购部收到国际供应商的发货通知及出口手续文件后，应时刻关注物流信息，并准备进口报关资料。 工作重点 办理国际采购运输业务要注意一些细节，如遇特殊或者异常情况，需详细记录并及时上报。 **工作标准** 货物运输手续参照企业过去年度的国际采购项目的运输手续办理。
货物查验与提货	**执行程序** 1. 办理进口报关手续 无论采用何种运输方式，货物到港后，采购部应及时办理进口报关手续，由海关人员按照规定程序及要求对货物进行查验。 2. 货物查验 ☆采购部或企业物流部人员应配合海关人员进行货物查验，提供相应单证或对货品进行解释说明；若委托第三方物流企业进行货物运输，则报关检验工作由其负责。 ☆对于国家法定检验的货物、合同约定需在卸货港检验的货物、合同索赔期将满的货物，以及出现货损货差情况时，采购部应提出申请，要求检验检疫部门对货物进行检验。对于检验检疫部门发现的货物与合同内容不符的情况，企业要及时拿到相关凭证，以作为索赔的依据。

（续）

任务名称	执行程序、工作标准与考核指标
货物查验与提货	**3. 办理提货手续** 货物查验通过且缴纳相应税费，海关放行后，采购部办理提货手续，并通过铁路、航空等方式将货物运送至企业仓库或指定地点。 **工作重点** 企业要严格按照规定程序为货物办理进口报关手续。
	工作标准
	通过合规的报关、查验与提货，及时将货物运送至指定地点。
	考核指标
	查验与提货的规范性：按照规定的步骤、标准进行，不能有不合规的行为发生。
执行规范	
“国际采购运输管理制度”“国际采购管理制度”“国际采购计划”“国际采购报关报检管理办法”。	

13.6 国际采购付款管理流程设计与工作执行

13.6.1 国际采购付款管理流程设计

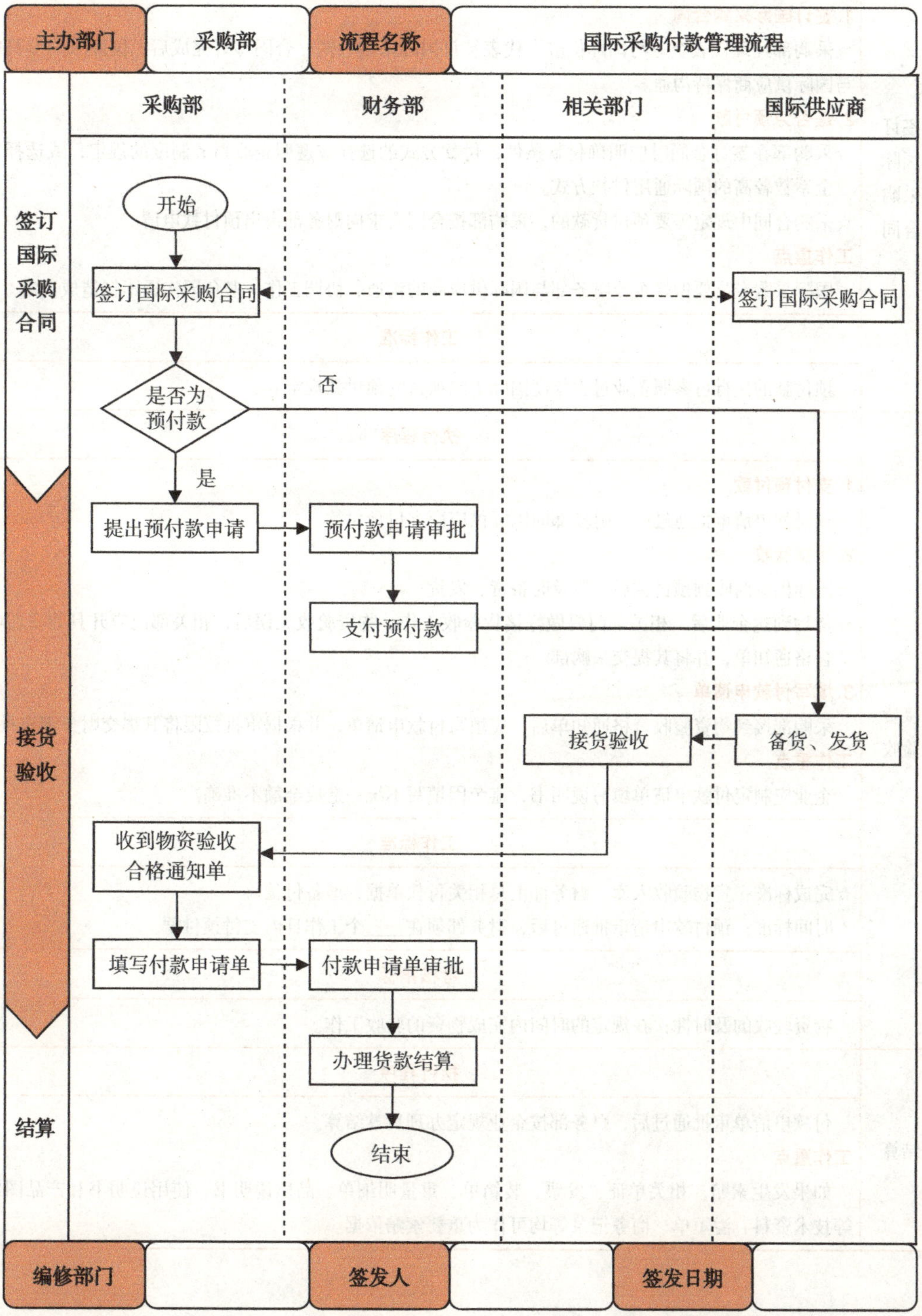

主办部门
采购部
流程名称
国际采购付款管理流程
采购部
财务部
相关部门
国际供应商
签订国际采购合同
接货验收
结算
开始
签订国际采购合同
签订国际采购合同
是否为预付款
否
是
提出预付款申请
预付款申请审批
支付预付款
备货、发货
接货验收
收到物资验收合格通知单
填写付款申请单
付款申请单审批
办理货款结算
结束
编修部门
签发人
签发日期

13.6.2 国际采购付款管理执行程序、工作标准、考核指标、执行规范

<table>
<tr><th>任务名称</th><th>执行程序、工作标准与考核指标</th></tr>
<tr><td rowspan="4">签订国际采购合同</td><td>执行程序</td></tr>
<tr><td>1. 签订国际采购合同
采购部经理代表企业与国际供应商代表签订国际采购合同。合同签订完成后，国际采购专员应与国际供应商保持沟通。
2. 是否为预付款
☆采购部在签订合同时应明确付款条件，付款方式的选择应遵照企业财务制度的规定，或选择安全系数较高的国际通用付款方式。
☆采购合同中规定需要预付货款的，采购部按合同要求向财务部提出预付款申请。
工作重点
国际采购专员要做好企业财务部与国际供应商的沟通、协调工作，避免因沟通不畅造成误解。</td></tr>
<tr><td>工作标准</td></tr>
<tr><td>预付款的执行可参照企业过去年度国际采购项目的预付款规定。</td></tr>
<tr><td rowspan="6">接货验收</td><td>执行程序</td></tr>
<tr><td>1. 支付预付款
预付款申请审批通过后，财务部向国际供应商支付预付款。
2. 接货验收
☆国际供应商收到预付款后，应及时备货、发货。
☆货物到达企业后，相关部门要做好接货验收工作。物资验收无误后，相关部门应开具物资验收合格通知单，并将其提交采购部。
3. 填写付款申请单
采购部接到物资验收合格通知单后，应填写付款申请单，并根据审批权限将其提交财务部审批。
工作重点
企业应制定付款申请单填写说明书，避免因填写不统一造成金额不准确。</td></tr>
<tr><td>工作标准</td></tr>
<tr><td>☆完成标准：货物验收入库，财务部汇总相关付款单据，准备付款。
☆时间标准：预付款申请审批通过后，财务部须在____个工作日内支付预付款。</td></tr>
<tr><td>考核指标</td></tr>
<tr><td>物资验收的及时性：在规定的时间内完成物资的验收工作。</td></tr>
<tr><td rowspan="2">结算</td><td>执行程序</td></tr>
<tr><td>付款申请单审批通过后，财务部按企业规定办理货款结算。
工作重点
如果发生索赔，相关单证、发票、装箱单、重量明细单、品质说明书、使用说明书和产品图纸等技术资料、溢短单、商务记录等均可作为重要索赔依据。</td></tr>
</table>

（续）

任务名称	执行程序、工作标准与考核指标
结算	工作标准
	☆参照标准：货款的结算可参照同行业其他企业的货款结算方式。 ☆目标标准：及时向国际供应商支付货款，不断提升企业的信誉度和美誉度，同时维护企业的合法权益。 ☆时间标准：财务部须在接到付款申请后____个工作日内结算货款。
	考核指标
	货款结算的及时性：财务部在规定的时间内完成货款的结算工作。
执行规范	
“国际采购付款管理制度”“国际采购管理制度”“国际采购计划书”。	

13.7 国际采购风险管理流程设计与工作执行

13.7.1 国际采购风险管理流程设计

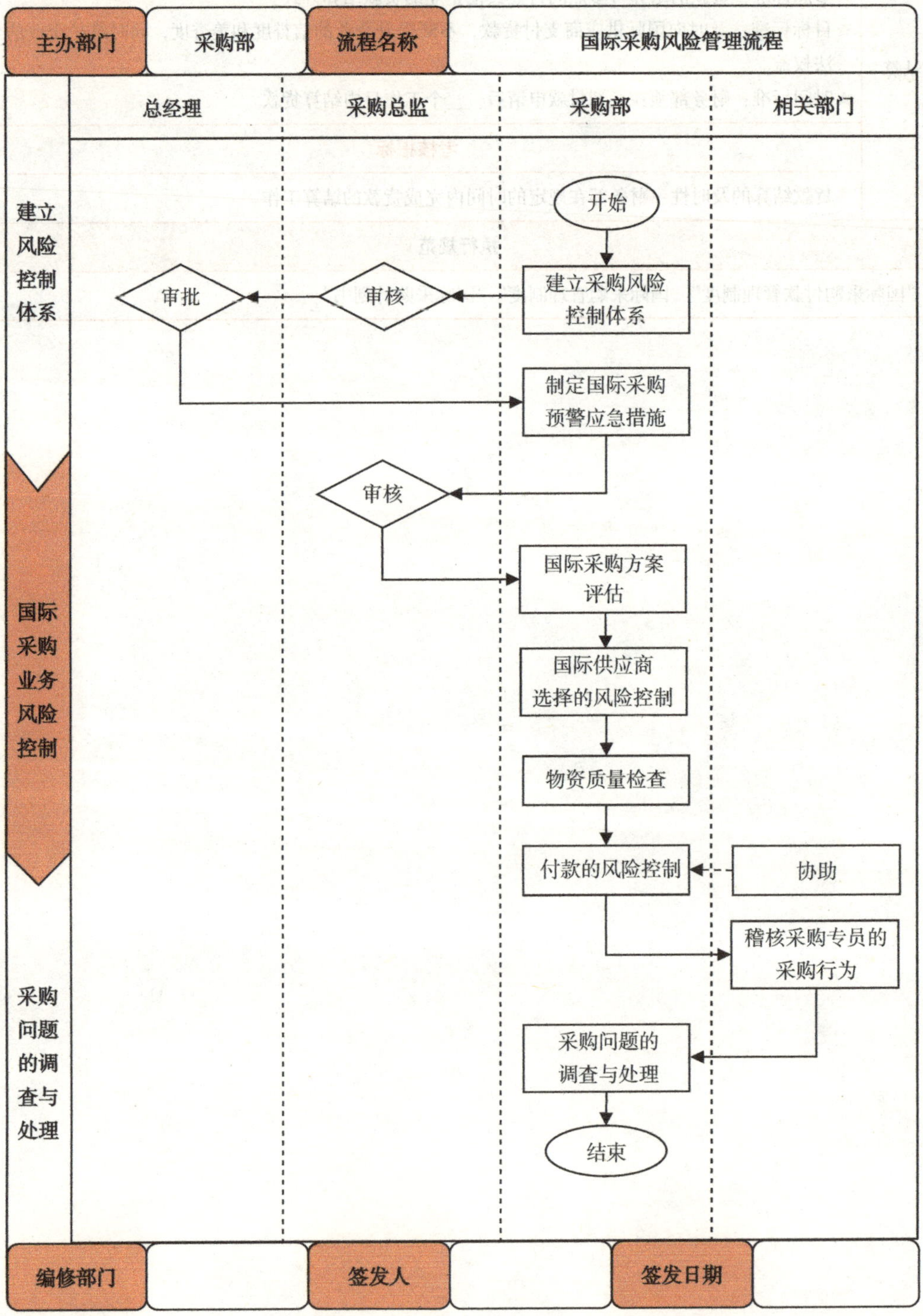

主办部门
采购部
流程名称
国际采购风险管理流程
总经理
采购总监
采购部
相关部门
建立风险控制体系
国际采购业务风险控制
采购问题的调查与处理
开始
建立采购风险控制体系
审核
审批
制定国际采购预警应急措施
审核
国际采购方案评估
国际供应商选择的风险控制
物资质量检查
付款的风险控制
协助
稽核采购专员的采购行为
采购问题的调查与处理
结束
编修部门
签发人
签发日期

13.7.2 国际采购风险管理执行程序、工作标准、考核指标、执行规范

任务名称	执行程序、工作标准与考核指标
建立风险控制体系	**执行程序**
	1. 建立采购风险控制体系 采购部应建立采购风险控制体系，并报采购总监审核、总经理审批。 **2. 制定国际采购预警应急措施** 在开展国际采购工作之前，采购部应先采用头脑风暴的方法识别风险，然后对风险的发生概率及相应的损失进行预估，最后制定国际采购预警应急措施，并将其报采购总监审核。 **工作重点** ☆为了降低风险，企业应制定信息汇报制度，保证信息畅通，同时应制定采购应急预案，使损失降至最低。 ☆企业须严格设定国际采购各阶段应达到的目标，并设定相关的约束条件。当预测到国际采购目标可能偏离实际时，应及时采取相应的补救措施。
	工作标准
	采购风险控制体系的建立可参照同行业其他优秀企业的采购风险控制体系。
国际采购业务风险控制	**执行程序**
	1. 国际采购方案评估 采购部风险管理人员应先对国际采购方案的设计效果、采购效率和采购稳定性进行评估，然后对相关的实施程序和控制手段进行分析，最后根据分析结果填写国际采购风险评估单。 **2. 国际供应商选择的风险控制** ☆采购部监管人员应定期检查采购专员是否进行供应商资信调查。 ☆采购部监管人员应对确定的合格国际供应商进行复核。 ☆采购部须对物资的交期进度进行跟催，对到货物资的质量进行监督、检查。 **3. 付款的风险控制** 采购部在相关部门的协助下，对付款中的各项风险进行核查。核查的内容包括付款单据是否齐全、完整等。 **工作重点** ☆企业要时刻关注汇率变动情况。在签订国际采购合同的过程中，企业可以通过合理选择结算货币，以及在国际采购合同中增加保值条款或币值调整条款等规避货币风险。 ☆为了降低汇率变动风险，企业可以与国际供应商对外汇期货合约和远期外汇合约进行约定，避免因货币汇率变动给企业带来风险。
	工作标准
	企业的各种风险都得到很好的控制，整体风险处于较低的水平。
采购问题的调查与处理	**执行程序**
	1. 稽核采购专员的采购行为 相关部门应对采购专员的采购行为进行稽核，以避免徇私舞弊行为及收受贿赂现象的发生。 **2. 采购问题的调查与处理** 采购部应对发现的采购问题制定解决措施，尽量挽回或降低企业损失。

（续）

任务名称	执行程序、工作标准与考核指标
采购问题的调查与处理	**工作重点** 采购部风险控制人员要及时总结经验教训，为日后改进工作提供参考依据。 **工作标准** 通过对采购问题的调查与处理，有效提升采购工作效率，进而提升企业绩效。 **考核指标** 采购工作的质量：以采购问题调查、处理的次数来衡量。
执行规范	
“国际采购风险控制管理制度”“国际采购风险控制方案”“国际采购风险应急预案”。	